集人文社科之思　刊专业学术之声

集 刊 名：乡村治理评论

主管单位：中国农村发展学会

主办单位：湖南师范大学中国乡村振兴研究院

中国农村发展学会乡村治理专委会

THE REVIEW OF RURAL GOVERNANCE

2024年第2辑（总第2辑）

集刊序列号：PIJ-2024-515

中国集刊网：www.jikan.com.cn / 乡村治理评论

集刊投约稿平台：www.iedol.cn

乡村治理评论

The Review of Rural Governance

2024 年第 2 辑（总第 2 辑）

中国农村发展学会　主管

湖南师范大学中国乡村振兴研究院
中国农村发展学会乡村治理专委会　主办

社会科学文献出版社
SOCIAL SCIENCES ACADEMIC PRESS (CHINA)

卷首语

在社会各界的关怀支持下，《乡村治理评论》正式创刊，与读者见面了。在全面推进乡村振兴、加快建设农业强国之际，《乡村治理评论》的面世可谓恰逢其时。

乡村治，社会安，国家稳。湖南师范大学中国乡村振兴研究院、中国农村发展学会乡村治理专委会创办《乡村治理评论》，就是要坚持以习近平新时代中国特色社会主义思想为指导，致力于打造为乡村治理建言献策、汇聚智慧的高水平交流平台，打造乡村治理优秀学术成果、实践创新成果的重要展示窗口，打造理论研究与实践创新紧密联系、学术智库与地方实践相互激发的合作桥梁，为不断完善乡村治理体系、提升乡村治理水平、助力乡村振兴战略实施发挥重要作用。

本刊将全面宣传新时代新征程上党领导推进乡村治理体系与治理能力现代化的理论创新、制度创新、实践创新。这是本刊的安身立命之本。乡村治理是国家治理的基石，是乡村振兴的重要内容，不仅关系农村改革发展，更关乎党在农村的执政基础，关乎农村社会大局稳定。我们将面向全社会，深入宣传党领导加强和改进乡村治理的理论成果、制度成果，全面展示乡村治理实践的创新举措、重要成就，引导各界充分认识加强和改进乡村治理的重要意义，进一步统一思想、提高认识，真正把统筹推进乡村治理的责任扛起来、工作落实好。

本刊将奋力打造有国际影响、全国领先的乡村治理学术研究交流平台。

这是本刊的创立宗旨所在。围绕乡村治理主题，为不同行动主体建立起相互交流的平台，汇聚理论研究者、政策制定者和实践工作者力量，深入探讨乡村治理的议题，推进学术交流互动，为乡村治理提供更丰富、更高端、更前沿的智力成果支持，服务乡村振兴的国家重大战略。同时，积极对接国际交流与合作平台，推动乡村治理主题的国际研讨与交流，既借鉴全球乡村治理的宽阔视野，吸收全球乡村治理的成功经验，也为世界乡村治理贡献中国智慧和中国方案。

本刊将持续搭建助力理论与实践、学术与探索紧密结合又相互促进的桥梁。理论对实践具有指导作用，但理论绝非"躲进小楼成一统"的书斋文章，必须结合实践才能真正指导实践。当前，乡村整体环境发生了较大变化，对乡村治理研究和实践均提出新要求。本刊将既展示专家学者的学术探讨，也反映地方的探索实践，呈现来自各地的乡村治理生动实践、鲜活案例。既支持和帮助研究者拓宽学术视野、探索乡村治理规律、寻找实现乡村治理有效的方式、完善乡村治理理论体系，也发挥学术智库作用，指引和激励地方根据当地实际进行探索、丰富地方乡村治理经验。

本刊创立之时正值全面贯彻党的二十大精神的关键之年。回望往岁，党的十八大以来，我国乡村治理取得历史性成就，现代乡村治理的制度框架和政策体系基本形成，党建引领"三治"融合的乡村治理体系逐步完善，群众幸福感、获得感、安全感不断提升。放眼未来，加快推进中国式现代化建设、全面推进国家治理体系和治理能力现代化，需要一代又一代人接续奋斗，需要包括学术期刊在内的宣传思想战线发挥好统一思想、凝聚力量的巨大作用，如此，《乡村治理评论》必将大有可为。

——《乡村治理评论》编辑部

乡村治理评论　　　　2024 年第 2 辑（总第 2 辑）

新质生产力与乡村全面振兴（笔谈）

    编者按： 新质生产力作为一种新型的生产关系和生产模式，是由技术革命性突破、生产要素创新性配置、产业深度转型升级而催生的当代先进生产力，强调知识、技术、信息等生产要素在生产活动中的核心作用，因而突破了传统的增长方式，为乡村全面振兴提供了新动能和新路径。在中国式现代化进程中，乡村振兴不仅关系农业农村现代化，更是实现民族复兴的关键。因此，新质生产力的理论与实践探索，成为乡村振兴领域的前沿课题。推进乡村全面振兴，需聚焦城乡发展差距问题，促进城乡融合发展，实现乡村经济与社会的全面振兴，以新质生产力引领发展乡村新产业、新业态和新模式就成为必然要求。为了深入探讨新质生产力与乡村全面振兴的内在联系，以及如何更好地发挥新质生产力对乡村全面振兴的推动作用，本辑邀请六位学者进行深入探讨，全面发掘新质生产力理论对推进乡村振兴的应用价值，助力于中国式现代化的加快推进。

以新质生产力引领现代化大农业发展

魏后凯

新质生产力最早是习近平总书记在四川考察调研时提出的概念。2023年9月份习近平总书记在黑龙江考察调研时强调，"要以发展现代化大农业为主攻方向，加快推进农业农村现代化"，同时要"加快形成新质生产力，增强发展新动能"。现在新质生产力已经在全国引起高度重视和广泛关注。

一 深刻把握新质生产力的科学内涵和基本特征

什么是新质生产力？新质生产力是习近平总书记原创性地提出来的一个概念。习近平总书记指出，新质生产力是创新起主导作用，摆脱传统经济增长方式、生产力发展路径，具有高科技、高效能、高质量特征，符合新发展理念的先进生产力质态。

新质生产力的核心特征可以归纳为以下四个方面：一是由原创性、颠覆性创新所驱动的生产力；二是以高科技、高效能、高质量为特征的生产力；三是以新要素、新组合、高配置效率为标志的生产力；四是以绿色、低碳、可持续为底色的生产力。但要明晰一个关系：新质生产力是一种绿色的生产力，但不能说绿色生产力就是新质生产力，绿色是一种底色，新质生产力一定是绿色的、低碳的、可持续发展的生产力，但反过来不一定成立。

新质生产力本质上是一种以创新特别是原创性、颠覆性创新为主导，摆脱传统生产力发展路径的先进生产力质态，所以具有一些特性，首先是先进性，习近平总书记把它界定为一种先进生产力的质态，肯定其具有先进性。

除了先进性之外，新质生产力还有以下特性。一是相对性。新质生产力是相对于传统生产力而言的，新质生产力经过一段时间的发展可能会转变为传统的生产力，二者的划分只是相对的。不能简单地把科技创新等同于新质生产力，传统的生产力也要科技创新，无论是传统还是新质生产力都需要有科技创新。二是渗透性。新质生产力最先出现在具有条件的某一些领域、某一些地方，从长远发展来看，它会逐步渗透到各个部门、各个领域、各个地区。三是不平衡性。新质生产力的出现必须具备一定条件，只有具备条件的那些部门、领域、地区才有可能最先涌现出新质生产力，所以新质生产力的分布在早期往往是不平衡的。从这个角度来看，在市场力量的自发作用下，新质生产力有可能扩大而不是缩小城乡区域发展差距。对政府来说，需要优化新质生产力的布局，通过新质生产力的空间布局优化来促进城乡区域的协调发展，促进城乡区域的共同繁荣。四是引领性。新质生产力是一种具有引领作用的驱动力，能够对产业发展、地区发展提供重要的支撑，所以要充分发挥新质生产力在现代化大农业发展、在农业强国建设、在乡村全面振兴中的引领作用。

2024年两会期间，习近平总书记在参加江苏代表团审议时发表重要讲话，强调要因地制宜发展新质生产力，而要真正做到因地制宜发展新质生产力，首先要考虑到新质生产力的适应性，不能不区分条件、一窝蜂地去推进，一定要区分不同阶段、不同领域、不同地区的差异，从自身实际出发，因地制宜地发展新质生产力。

二　发挥新质生产力对现代化大农业发展的引领作用

习近平总书记在黑龙江考察时讲了两件事：一是加快形成新质生产力，这已经引起高度广泛的重视和热议；二是要以发展现代化大农业为主攻方向，加快推进农业农村现代化。但至今为止，现代化大农业的发展还没有引起有关部门和学界的广泛高度重视。当然这里可能存在一个认识误区，一提起现代化大农业，有人就把它等同于现代化大规模农业，说现代化大农业就是大机械、大规模、大企业，谈到建设现代化大农业，就认为是东北地区的事情、黑龙江垦区的事情。这种认识是不正确的。现代化大农业应该是现代化农业与大农业有机结合的整体，是践行大农业观的现代化农业，是农业农村现代化的重要标志，也是未来主攻方向。

如果没有现代化大农业，就没有农业现代化，更谈不上农村现代化。首先，现代化大农业的本质就是践行大农业观的现代化农业。其次，现代化大农业并不是对小农户的排斥，是通过利益联结机制把广大的小农户引入现代农业体系中来。再次，现代化大农业是现代化的产业体系，要通过多方面的路径把现代化大农业发展成为一个现代化大产业。最后，发展现代化大农业的模式是多样化的，现代化大规模农业只是其中的模式之一。新质生产力对现代化大农业具有一种引领作用，从这个角度来看，新质生产力明确了现代化大农业发展的关键着力点，提供了现代化大农业发展的内在支撑，开辟了现代化大农业发展的新起点、新机遇。以新质生产力引领现代化大农业的发展，为很多地区站在新的起跑线上实现跨越式赶超、实现弯道超车提供了机遇和可能。

当然，这里面有一个核心点，就是要树立大农业观，构建适应现代化大农业的新格局：一是面向全部国土的大资源格局，加强陆地、海洋、地面、地下国土资源的全面利用；二是产业链纵横向融合的大产业格局；三是可持续发展的大生态格局；四是立体式发展的大空间格局；五是大市场格局，通过统筹国际国内两个市场构建一个大市场格局。未来适应现代化大农业的新格局应该是大资源格局、大产业格局、大生态格局、大空间格局、大市场格局有机耦合的整体，这种新格局是践行大农业观的结果。

当然，应该看到，发展现代化大农业的核心是转变农业发展方式，实现农业发展方式的现代化，而农业发展方式的转变可以归纳为规模化、科学化、智慧化、社会化、绿色化、品牌化。这里需说明的是为什么不包含机械化？原因在于机械化往后应该跟人工智能、网络、大数据等技术有机结合形成智慧化，这里的智慧化包括了机械化，因为机械化如果不与人工智能、信息化有机结合是没有出路的。

另外，还要分区域探索现代化大农业的多元发展模式，比如说东北地区人均耕地资源比较多，可以依托大基地、大企业促进现代化农业大产业发展；南方一些地区人均耕地资源比较少，应该依托适度规模经营、依托产业融合形成现代化的农业大产业；而北京、上海、武汉这些大都市的郊区，则应该重点发展现代化的都市大农业。

最后，还要打造一批具有竞争力的现代农业产业集群。过去产业集群研究主要关注非农产业，实践证明农业尤其现代农业也是可以发展产业集群的，因此要建设一批现代化大农业先行示范区，通过示范区发挥引领带动作用。

三　深化改革创新，全面激发农业发展活力

党的二十届三中全会对农业农村领域的改革创新做出了全面部署。新质生产力本身能够支撑引领现代化大农业发展，同时改革创新又对新质生产力、现代化大农业形成一种重要影响。通过改革创新能够驱动新质生产力的发展，能够激发现代化大农业的活力，通过驱动发展激发活力，从而推动新质生产力与现代化大农业的发展，进而实现以新质生产力引领支撑现代化大农业发展的目标。

无论是从改革还是从创新来看都有很多的着力点：从创新的角度来看，要通过前沿技术在农业领域的渗透，推动其在农业领域的应用。同时要采取加强农业关键技术领域的联合攻关，加强涉农知识产权的保护，完善农业技术推广服务体系等其他措施。从改革的角度来看，这次中央决定已经明确提出健全因地制宜发展新质生产力体制机制，在此基础上还应完善现代化大农业发展体制机制，完善基础设施建设和投融资机制，完善财政、金融、土地、产业等支持现代化大农业和新质生产力发展的政策体系。这些政策要同向发力，形成合力。最后还要鼓励创业就业和新型农业人才培养，为现代化

大农业发展提供人才支撑。

总之，要通过改革创新来促进新质生产力的发展，通过新质生产力的发展来引领现代化大农业的发展，进而加快推进农业农村现代化、促进乡村全面振兴。

作者：魏后凯，中国社会科学院农村发展研究所（北京市，100732）

新质生产力：一个分析框架

罗必良

一 概念体系

新质生产力不是一个独立的概念，而是一个概念体系。其核心是创新起主导作用。技术的革命性突破、生产要素的创新性配置、产业深度转型升级是新质生产力的三大催生因素，也表达了新质生产力的本质特征。新质生产力的内在特性是创新，特别是颠覆性的技术创新。外在特性是赋能三要素（劳动者、劳动资料、劳动对象）、形成新质态（高科技、高效能、高质量），基本标志是全要素生产率的大幅提升。

二 增长动因

人类社会的经济发展包括大分流这一系列问题受到经济学家，尤其是经济史学家的长久关注。因此，讨论经济增长的决定性机理有助于增进对新质生产力本质特征的理解。

（一）从长期经济增长的逻辑来理解

1800 年以前，人类经济的发展模式和其他动物并没有本质差异。虽然人类早已从采猎社会过渡到农业社会，但因受到土地等自然资源的约束，人类社会整体一直处于一种物质财富的紧平衡状态。当人均收入上升时，人口总量会增加；人口增加会导致人均收入水平下降，持续的下降则会导致饥荒与死亡；总人口的下降又导致人均收入缓慢增长；但这种增长又很快会因人口的增长而消失……这就是著名的"马尔萨斯陷阱"。

直到 1800 年之后，准确来说是 1820 年之后爆发的工业革命，第一次改变了原来长期的增长轨迹，到现在已经 200 多年时间。第一次工业革命，英国之所以成为发祥地，并非主要依靠其所拥有的煤矿、海外殖民地、宗教改革或启蒙运动。尽管这些是重要的，但当时欧洲大部分国家也具备这样的条件。英国工业革命的核心动因，在于它所具有的技术进步以及与之关联的人口结构转型、识字率提升以及劳动效率提高。由此我们得出一个重要的结论，技术的采纳和设备使用并非经济繁荣的决定性因素，而建立在技术进步基础之上的工业化生产模式（特别是工厂化、流水线生产组织），才加快了历史的大分流（发达与落后的分野）。服务于国家发展的现代生产技术总是与受过培训、认真尽责、全新投入的劳动力相匹配，与生产方式紧密关联。

这证明两个基本事实：一是技术进步的速度超过了人口增长的速度，才迎来了工业革命；二是在技术进步基础之上的工业化的生产模式才加大了国家与国家之间、民族与民族之间的发展差异，从而引发了大分流。

（二）从经济增长的长波来理解

人类社会走到今天已经大概经历了五个周期，每一个周期从波谷到波峰都能找到它的基本特点，技术创新总是发挥着核心的驱动力作用。创新能够从内部不停地革新经济结构，不断破坏旧有的结构与秩序，同时又不断创造出新的结构，这就是所谓的"创造性破坏"。所以在一个长期趋势中，长周期在不断缩短，颠覆性技术出现的频率在不断上升，今天的一天可以相当于历史上的上万年时间。

（三）从技术增长的技术逻辑来理解

研究表明，在过去 200 多年时间内，富国与穷国在技术采纳的滞后性方面差距越来越小了，技术的渗透力差异越来越大。例如，我们看到一本新书的广告几乎是同时的，但是每个人对新书的理解以及融入原有知识体系的能力是有本质差异的。正是这种差异导致了经济发展的不断分化。所以技术采纳的滞后性在很大程度上可以解释 19 世纪欧洲与世界其他国家之间的社会差距。但是大分流之所以一直延续到今天，则是由技术的渗透力差异所导致的。与技术采纳是否滞后相比，技术的通用性以及使用的渗透性具有决定性作用。可以得出一个判断，一个依赖于技术创新的产业结构体系是国家经济繁荣的关键。一个国家的技术创新水平很高，但是采纳能力很低、渗透水平很低，依然不可能获得良好的经济增长。相反，一个国家技术水平不高，但是广泛地使用与渗透一些技术，亦能够取得良好的经济增长绩效。

在新质生产力三大催生因素中，技术的革命性突破是前提，而生产要素的创新性配置和产业的深度转型升级，才是颠覆性技术采纳和渗透的结果。这三者并不是平行的，技术颠覆性创新是前因，后面才是结果。技术创新、要素配置、产业转型这三者必须实现有效的匹配，才可能达到全要素生产率的大幅提升。

三　分析框架

凡勃伦曾经提出理解人性特征即本能的基本命题。该命题由三个方面组成。一是求知本能，是指人具有探索未知的欲望，它来自好奇心、求知欲、想象力，独立于物质利益和其他任何实际的目的。这与"人的中性"假设传统一致。二是匠人本能，即动手的本能与获取的本能。在远古的自然状态，人类养成了争强好胜的竞赛天性。因此，人的行为总是有目的的，总是企图表现出自己的生命活力以及能够达到的成就。这一本能亦可视为"功利的本能"。这与"人的自利性"假设传统一致。三是亲善本能，人总是对自己的亲代、同胞、族群表现出善意关怀，这与人的利他性是完全一致的。

基于"凡勃伦命题"，将人类"三项本能"与新质生产力的"三大催生"因素联系起来，有助于打开颠覆性技术创新、采纳及其渗透的"黑箱"。其中，由"求知本能"驱动的颠覆性技术创新，其创新主体主要是思想家与战略科学家，其有效性来源于思想市场及其竞争；由"功利本能"驱动的技术采纳与生产要素创新性配置，其创新主体主要是企业家群体，其有效性来源于企业家市场及其竞争；由"亲善本能"驱动的技术渗透与产业深度转型升级，其创新主体主要是政府，其有效性来源于国家之间的战略竞争。基于上述分析，可构建新质生产力的"三项本能×三类主体×三大催生"的逻辑分析框架。

（一）求知的本能

创新性与创造力是技术革命性突破的核心驱动力。认知层面的好奇心和求知本能作为重要的内在动机，被视为激发人类创造力的先决条件。现代经济增长理论对经济增长动力的认识已经不断深化，其中，思想市场的重要性不断凸显。最新的、基于交流的内生增长理论认为，微观个体思想交流的速度以及与谁进行交流，将决定总体的经济增长率。在人力资本构成中，许多知识与技能可以通过后天习得，但有些"异想天开"的认知却来源于与众不同的先天心智，例如警觉、判断与创造性破坏。

（二）功利的本能

生产要素的创新性配置，是提升要素配置效率的基本方式。尽管新古典经济学认为市场竞争是实现要素配置的基本方式，但这一竞争过程的驱动力不是由消费者提供的，也不是由生产资料所有者提供的，而是由追求利润的企业家提供的。为此，可以将市场看作一个产业驱动的过程，看作一个与创业警觉、创业发现、创新行动相关的知识分散过程，看作企业家之间为了分散的知识展开竞争的过程。所以企业家精神的核心就是，一方面，在非均衡的市场中，企业家对其潜在利润机会的发现和把握保持着高度的"创业警觉"，并基于这种"创业警觉"而行动；另一方面，市场非均衡因市场参与方的"无知"而存在，企业家的"发现"则有助于消除初始的"无知"，并通过"创业发现"而获利。此外，企业家发现市场机会可以引发更多的创业行为，而创业行为的逐利与竞争，会诱导越来越多的创业企业为社会创造就业机会并推进国家经济繁荣。

（三）亲善的本能

政府是代表共同体（国家）行使强制权力的合法组织。逻辑上说，政府就应具有维护公民权益、保护公共利益并释放民众心底道德资源与亲善本能的重要功能。问题是，政府是由人构成的，不能排除自利性与机会主义行为动机，但长期性的国家竞争会约束政府的自利与短期行为。怎么来解决这个问题？国家开放与国家之间的竞争尤为重要。国家竞争会约束并规范政府行为。不仅如此，全球化竞争会导致大国竞争转向各国产业控制能力之间的竞争，正是基于这一点，一个国家必须针对产业政策、市场规模和尖端技术展开竞争，由此进一步构建包容性的企业家市场，由此倒逼制度建设或者制度环境建设。

综上，可以认为新质生产力的催生逻辑是：发育三大市场（思想市场、企业家市场、国家竞争市场）、做大市场范围、强化市场之间的互动性与叠加性。主体之间良性互动的创新生态，决定着新质生产力的拓展空间和提升高度。所以，强国之梦就是要把思想市场做大、企业家市场做大，国家要积极参与与其他国家之间的竞争，由此扩大这三者之间的同心圆。这是未来新质生产力发展的可能性方向，表面看是技术的创新，背后却是制度的创新。

作者：罗必良，华南农业大学国家农业制度与发展研究院（广州，510640）

发展农业新质生产力　　推进农业强国建设

毛世平

发展农业新质生产力为建设农业强国提供了新的动能。农业强国建设的基本要求，无论是共同特征、一般规律，还是中国特色，或者是具有竞争力的农业产业链，最后的落脚点都是 TFP（全要素生产率）。新质生产力无论是先进性、相对性、动态性，抑或传统产业的升级改造，落脚点也在这个方面。农业领域发展新质生产力的可行性和必要性问题，一个是内部需求的问题，产业本身的发展，无论是粮食安全，还是农业的原始创新等，需要持续的科技创新；另一个是国际竞争力的问题，外部面临百年大变局的环境，尤其是新一轮以 BT 与 IT 为代表的科技革命、数字农业、生物育种、绿色技术等发展迅速，国家间竞争激烈。

一　农业新质生产力的双重属性

农业科技创新不等于新质生产力，但科技创新毫无疑问是新质生产力非常重要的内容。从属性角度来看，农业科技具有典型的公共性、基础性和社会性特点，以及农业生产的长周期、自然属性与生命属性等特点，决定了农业新质生产力不仅具有新质生产力的共性，也有农业领域的特性。一般的属性主要有高度科技化、高度数字化、高度产业化，在农业领域也会显现其具体的表现形式。但特殊属性是什么？特殊属性就是它的高度公共性，农业新质生产力是包含了全新质态要素的生产力，代表着农业生产力水平的跃迁以科技创新带动农业生产效率与产量的提高，从而更好地保障国家粮食安全和重要农产品稳定安全供给；农业新质生产力的发展还有助于实现共同富裕，也是更好满足人民群众对美好生活需要的必然要求。

农业新质生产力具有"四新两质"的特征，"四新"指的是技术应用新、产业业态新、发展模式新、价值创造新。"两质"指的是生产力的质态新和质效新。从质态来看，农业新质生产力以数据作为新质生产要素，改变了传统生产要素的质态，且新质生产力是绿色生产力，绿色发展是农业高质量发展的底色，是传统农业质态的改变。从质效来看，农业新质生产力一方面是数据要素的乘数效应问题，另一方面是绿色低碳的促进效应问题。通过"四新两质"来培育农业新质生产力，需要加快农业技术的革命性突破，这里面有技术进步的问题，还有实现劳动者、劳动资料、劳动对象优化组合的要素配置效率提升的问题。

二 发展农业新质生产力的三重逻辑

发展农业新质生产力的理论逻辑。马克思、恩格斯讲唯物主义的生产力理论体系、生产力与生产关系的问题，往下推动就形成了系统的生产力理论，区分了物质生产力和精神生产力两个层面，每个阶段都有它的矛盾，这些矛盾以不同的形式体现。农业新质生产力是继土地生产力、劳动生产力、社会生产力和自然生产力之后的又一种生产力的样态，顺应生产力理论的农业领域的客观规律，也是对传统农业生产领域"三要素"——生产者、劳动工具和劳动对象的一种革新。

发展农业新质生产力的历史逻辑。总体来看，新中国成立以来农业生产经历了四个阶段。一是政府主导背景下的恢复生产阶段（1949~1978 年），这个阶段聚焦的是基础设施的建设，农业机械化和农村劳动力组织改造同步进行。二是农业生产力快速发展的阶段（1979～2016年），这个阶段主要是生产关系变革与技术引进促进农业生产力快速发展和生产关系纵深发展，以及科技创新能力跃升。三是农业生产力向创新驱动转型阶段（2017～2022年），农业体制机制改革纵深推进，农业科技创新应用不断普及，成为农业生产力提高的直接驱动力。四是农业新质生产力形成阶段（2023年至今），数字化、自动化、智能化成为现代农业的发展方向。

发展农业新质生产力的现实逻辑：一是加快实现高水平农业科技自立自强的现实需求，二是应对农村结构快速转变的现实需求，三是加快建设农业强国的现实需求。农业强国也是现代化强国的重要组成部分。发展农业新质生产力，推动其形成与农业强国建设的互动关系，主要可从作用机理和实践应用两个方面分析。

作用机理方面，农业新劳动者、农业新劳动工具、农业新劳动对象，核心是要以新提质、以质促新，最后以 TFP 大幅度提升为核心标准，摆脱传统农业生产力的发展路径。以新提质主要是通过创新驱动农业高质量发展，充分发挥农业科技创新优势，优化农业生产力和生产关系，向农业新技术、农业新业态、农业新模式要"动能"。以质促新就是通过农业高质量发展，推动生物技术、信息技术等新技术和绿色低碳的发展理念加快向农业领域渗透，实现农业与战略性新兴产业、未来产业相融相长、耦合共生，以充分应对新一轮科技革命和产业变革的深入发展。

实践应用方面，涉及农业领域的新质生产力最直接的就是农业生物技术，是为农业量身定制的，其他的技术应该都是在农业产业当中的一个应用场景，是一种渗透。此外，育种技术在农业生产实践中的应用，是加快突破种子"卡脖子"技术、依托种业科技创新实现种业振兴的关键，是农业新质生产力发展的重要实践应用场景。合成生物技术依托颠覆性技术有望突破传统农业的资源刚性约束，为光合作用、生物固氮、生物抗逆化及未来食品等世界性农业生产难题提供革命性解决方案。数字技术在农业中应用广泛，以智能感知、智能分析、智能控制等为代表的人工智能技术加速向农业渗透从而形成智慧农业；以加密算法、数据真实、信息共享为主要特征的区块链技术在助力农业中的产品溯源和优化农业产业体系方面具有重要作用。智能制造装备产业是国家战略性新兴产业，加快推进农机装备技术提档升级，是农业新质生产力的重要应用场景之一。这些都是我国需要关注的新质生产力发展重点。

三　发展农业新质生产力的制约因素

阻碍农业新质生产力发展的因素主要有以下几个方面。一是自主创新供给不足，这是制约农业新质生产力形成的关键因素。二是农业科技投入"边缘化"的趋势比较明显，这对农业新质生产力形成了源头制约。三是涉农企业尚不能成为科技创新的主体，这是农业新质生产力形成的市场制约。四是农业产业韧性不足，这是加快形成新质生产力的产业制约。

总体来讲，关键制约还是硬核技术的问题。公共性、基础性、社会性是农业科技创新的特点，决定了需要政府的投入支持，但现在整个投入处于边缘化局面，涉农企业没有成为农业科技创新的主体。

四　发展农业新质生产力的现实路径

发展农业新质生产力、推进农业强国建设要处理好三个关系：一是处理好全面发展与国情的关系，要根据我国独特的国情因地制宜发展。二是处理好新旧动能转换的关系，不要以为旧动能就是无用的动能，不能一味地去旧扬新。三是把握好农业新质生产力与新型生产关系相适应、相匹配的关系，比如说技术创新一定要与农业农村的改革相匹配。

现实路径有四个方面。一是运用好中国特色创新理论，做好顶层设计，中央科技委要整体部署科技创新与产业创新的融合发展，在做好顶层设计的同时，关键是要落地。二是整体谋划好系统创新，用好多方力量，促进政府与市场、不同创新主体之间的协同发展。三是推动有为政府和有效市场互促互融，政府构建好与稳定性和竞争性相适应的技术研究的投入体系，强化涉农企业的创新主体地位，最后实现创新链、产业链融合发展。四是坚持守正创新、独立自主，聚焦关键领域，实现关键核心"卡脖子"技术的突破，明确发展的优先序、聚焦要素配置，通过降低科技创新的要素错配程度，提升核心产业的全要素生产率。

五 发展农业新质生产力的政策建议

发展农业新质生产力，推进农业强国建设要做到以下几点。一要发挥科技创新对产业发展的支撑引领作用，建设现代农业的产业体系，无论是科技体制改革，还是解决种源的问题，均需解决创新主体协同的问题。二要有序实施"数据要素×现代农业"，加快农业产业的数字化转型。三要聚焦重点领域加快研发攻关，前瞻性布局未来产业在农业中的应用，抢占制高点；利用好新型举国体制，系统谋划和超前布局未来产业在农业领域的应用。更重要的是好好支持农业领域的头部企业，做好应用场景项目牵引。四要加强管理和制度层面创新，推动农业绿色转型发展，很重要的是农业补贴的政策要向绿色生产转型。虽然我们在推进农村的生态保护，但效率提升方面还有很长的路要走。五要加大农业科技人才培养力度，为发展农业新质生产力夯实人才基础，人才不足是我国的短板弱项，要从国家层面推动教育人才一体化部署，在农业领域围绕新质生产力的创新发展做好人才培养工作。同时要充分发挥产业技术体系、农业科技创新联盟的人才发掘效应，解决好科技成果转化"最后一公里"的问题，让技术需求者将好技术应用到产业实践当中。

作者：毛世平，中国农业科学院农业经济与发展研究所（北京市，100091）

新质生产力与农业新型劳动者培育

钱文荣

发展新质生产力主要通过三个途径来推进，即技术革命性突破、生产要素创新性配置、产业深度转型升级，最后实现三大要素的跃升和优化组合。

一 新质生产力与农业新质生产力

这是一般的新质生产力概念，那么，农业领域的新质生产力有什么不同呢？农业是自然再生产和经济再生产的结合，这一结合导致农业领域的三大要素与其他领域的有所不同。

一是劳动者。我国农业劳动者以小农为主，70%以上的土地由小农户经营，而小农户普遍存在老龄化、文化程度低等问题。2022 年中国农村 60 岁以上的人口比例达到了 25.03%，显著高于城市的 17.10%。2022 年，中国农林牧渔行业就业人员中有 93.1%是初中及以下文化程度，远高于全国平均数 60.0%。这样的劳动者是无法适应新质生产力发展的。

二是劳动资料。农业的自然再生产过程决定了土地是重要的劳动资料，因此传统农业受自然条件的限制非常大。农业突破土地、气候等自然条件的限制就是新质生产力发展的重要内容，比如智慧农业的发展等。

三是劳动对象。农业的主要劳动对象是生物，生物有自身的生长规律，新质生产力的发展必须遵循这些客观规律，比如能不能用颠覆性技术来突破生物的限制这个问题就很重要。

农业领域的新质生产力发展面临诸多困难，比如在科技创新方面，颠覆性农业技术和前沿农业技术的发展往往需要更强的跨领域合作体制来支撑，但农业产业本身的利润率低，使得其他基础科学和社会科学领域缺乏合作动机，加之跨领域合作交流平台较少，更多的交流只是发生在各自的领域内，缺少对其他领域的基本认知。农业技术的应用能力不足、转化率低，尤其是农业劳动者对新技术应用需求不强，不仅导致技术转化率低，而且反过来也影响研发的积极性。

二　农业新质生产力培育中的劳动者问题

劳动者在农业新质生产力当中发挥什么样的作用？科技是农业新质生产力形成与发展的核心，存在两条链，即科技产业链和产业科技链。科技产业链是科技本身作为产业，从研发到推广应用的一条链；产业科技链，是从农产品的供应到生产的一条链。在劳动者、劳动资料、劳动对象三大要素中，劳动者是核心；而劳动者涉及上述两条链上的所有主体，但最后的落脚点则是农业生产经营主体。从科技产业链的角度来讲，从研发到推广再到最后的应用，如果农业经营主体没有积极性、不想采用新技术，那肯定会影响前面的开发。从产业科技链的角度来讲，如果农业生产本身效率很低，生产出来的产品质量都有问题，那整条链的其他环节也一定会有问题。所以说农业劳动力是关键，但我国现在的农业劳动者总体上难以适应新质生产力发展的要求。

我国当前总体上以小规模经营的传统农业为主，经营规模在 10 亩地以下的小农户经营着约 15 亿亩的耕地，占了 70% 以上。第三次农业普查显示，2016 年农业生产经营者中 55 岁及以上的占比 33.6%，近几年农业生产经营者的平均年龄提升很快。一些发达地区的调查发现，不少地方的农业劳动者年龄差不多已经到 70 岁，这跟韩国、日本以及我国的台湾差不多。

总体上看，不仅传统的劳动力很难适应新质生产力的需要，而且新型劳动者培育也非常困难，这就是发展农业新质生产力的难题。

难在哪里？主要存在两大问题：一是大量传统农民增收对土地的需要与新型劳动者对土地规模要求之间的矛盾难以协调；二是城乡分割的二元体制导致的要素配置效率低和农村空心化，意味着农业新型经营主体可培育对象缺乏。上述两个因素相互制约，导致农业经营主体整体能力弱。具体来说：一是传统农民增收的需要与新型劳动者对土地规模需求之间的矛盾。小农户是实现共同富裕当中的难题，总体上看这几年的情况不容乐观，一系列的数据表明，我们国家90%以上的相对贫困人口分布在农村。二是农业是小农户增收的主要途径。如果农业是主要途径的话，他们的土地就难以流转，这也制约了新型经营主体土地规模的扩大。为什么说农业将是小农户增收的主要途径？因为现在经济进入新常态，城镇化速度减缓，导致农村劳动力转移难度加大。2018 年以来，我国已经迈入中等收入经济体之列，但增速下降、结构转型成为新常态，经济也从要素驱动转向创新驱动。在制造业曾经高速发展的时候都没能实现转移的农民，在我国经济增速下降、结构转型、整个市场对劳动力需求下降的时候他们还能转移至城市吗？再加上碳达峰目标的制约、工业化峰值已过、城镇化速度减缓等背景，农民劳动力虽然还需要向城市转移，但是难度很大。

小农户人力资本水平低导致其进城务工难度大。总体上小农户成长非常困难，这种小农户的分散性导致他们融入现代化产业体系存在困难。传统农民自身成长也非常困难，基本上现在这些小农户面临着综合成本难控制、质地质量难保障、增值渠道难实现的三重困境。

农村空心化带来农业新型经营主体可培育对象缺乏。大量人口从农村到城市的单向流动导致目前农村总体上面临着严重的空心化问题，这种空心化的本质是什么？主要有两个：一是城乡二元结构导致进城农民无法融入城市，无法融入城市就难以放弃农村的土地，包括承包地和宅基地。他们不放弃留在农村的土地，农业经营者就没法扩大经营规模，没法扩大规模，其收入就难以提高，那怎么办？就只能继续往外流。这部分人口如果没法融入城市，至于返乡、下乡就更难了，因为农村更难留住一些有能力的人，因为他们得不到更多的资源。二是城乡二元结构导致农村的公共服务基础设施落后，更加留不住人。这样的情况下要培养人就更难。

所以说空心化的本质是治理空心化，不是农村没人，是有能力的人都离开了。想离开农村的人无法真正离开并融入城市，该留下的留不下来，该来的也不愿意来。

三 新质生产力发展中劳动者培育的基本思路与对策

面对上述情况，我们应该怎么办？需要以新型城镇化引领下的城乡融合来促进要素双向流动，以融合来吸引新型经营主体下乡返乡创业。同时通过对小农户的全方位支持政策，尽量推动小农户融入现代农业，逐步实现小农户的有机衔接。

以城乡人口双向流动融合来吸引新型主体下乡返乡创业。具体来说有以下几大举措。一是全面推动城乡居民地位平等，是城乡人口双向流动的制度基础。长期的二元结构导致城乡之间居民社会保障资源、医疗资源、基础教育资源配置严重失衡。城乡居民的劳动权益、土地财产权益等各方面权益到现在依然不平等，能不能通过系统的改革真正让城乡居民和城乡各类经济主体都能享受公平的公民待遇，拥有平等的权利义务和发展机会，这是基础。二是让农民放心离开农村是前提。什么是放心？离开以后农村利益能不能得到保障，包括土地和集体经营性资产，这里面主要涉及两大改革，集体经营性资产的产权制度改革和农地制度改革，要按党的二十届三中全会精神，"保障进城落户农民合法土地权益，依法维护进城落户农民的土地承包权、宅基地使用权、集体收益分配权"。三是让进城农民融入城市是双向流动的重要目标，关键是农民进城以后能否跟城镇居民享受同等权益？党的二十届三中全会提出的"推行由常住地登记户口提供基本公共服务制度"，为这一改革指明了方向。四是让返乡入乡的居民融入乡村是核心。中国农村的治理体系相对封闭，外来入乡人口融入农村存在严重的制度性障碍。因此，需要对农村治理体系进行创新，将农村居民的"经济身份"与"社会身份"分开。经济身份即集体经济组织成员的身份，按《中华人民共和国农村集体经济组织法》认定并享有相应的权利；社会身份即"村民"身份。在此基础上，明确外来入乡人口达到一定的条件（比如居住 1 年以上）即可认定为村民，并享有与原住村民同等的权利，有效推动入乡人口融入乡村，从而真正实现城乡人口的双向流动融合。

以对小农户的支持政策逐步实现小农户的有机更迭。尽管现在以小农户为主，但是未来 20 年是推动农民有机更迭的窗口期，因为现在经营农业的人员大部分是 50 后、60 后，70 后、80 后可能不像前者那么对土地有感情了。2021 年，日本在农业从业的骨干群体中，60 岁及以上老年农民占比高达 79.4%，其中 75 岁及以上的老农占比 31.5%。即使我国经营农业的人员能干到 75 岁的话，未来 20 年这一代人也将逐步退出，年轻人能不能够逐步进入、如何进入，怎么样对小农人进行培育，可能是关键。总的来讲，要通过劳动者素质提升工程培育新型经营主体，包括孵化工程、新农人培训等措施。当然，也需要创新型企业的进入，再加上政府力量的支持。

作者：钱文荣，浙江大学中国农村发展研究院（杭州市，310009）

从转型发展的视角看乡村振兴中的粮食安全

朱 晶

确保国家粮食安全是推进乡村全面振兴的底线。乡村振兴的总要求是产业兴旺、生态宜居、乡风文明、治理有效、生活富裕。这一要求与保障粮食安全息息相关。首先，粮食安全是乡村振兴的根本基石，而产业兴旺则是实现粮食安全的必要条件。此外，生态宜居的环境无疑对保障粮食安全具有积极作用，而农民的生活富裕更应成为实现粮食安全的重要目标。

乡村振兴中粮食安全面临着转型挑战，而应对这样的转型挑战需要新质生产力，这不仅包含创新性技术而且需要配套相应的制度体系。

随着乡村振兴进入新阶段，粮食安全的关注点也随之转变。以前关注怎么"吃得饱"，现在可能更关注怎么"吃得好"；以前只关注"米袋子"，现在不仅关注"米袋子"，还关注"菜篮子"，而"菜篮子"和"米袋子"是相关的。我国食物消费总量不断攀升，同时伴随着膳食结构的不断升级，无论是从热量、蛋白质还是从脂肪的角度看，动物性食物所占比重都在上升，植物性食物占比相应下降。这意味着食物热量在迅速上升的同时，食物成分更多从以前的以粮为主，转向粮、肉、果、菜均衡发展。

实际上，我国现在的粮食安全较大的压力来自饲料粮供给。饲料粮安全问题成为解决温饱问题以后要吃得好、吃得营养的新问题。而对于饲料粮供给，如果要缓解当前不断加大饲料粮进口的压力，尤其是大豆进口，就需要扩大国内产出。如何提升国内饲料粮产量，其实又回到"米袋子"的自给问题。

我国的总播种面积基本上来说没有太多扩大空间，不缩减已有播种面积已经是非常好的局面。实际上，粮食和非粮食作物的播种面积存在此消彼长的关系。也就是说，既要保住口粮，还要保住饲料粮，同时还要生产果蔬、棉花、糖料等其他产品，这也成为我们面临的最大挑战。如果饲料粮的单产能够提高，那么这将成为应对转型发展压力的关键所在。

提高产量既要关注粮食的单产，也要关注生态环境是否可持续发展。现在遇到的问题已经非常明显，我国化肥使用强度远高于世界平均水平，单位面积农药施用量也处于较高水平，这不仅不利于农业绿色可持续发展，而且对产量也有影响。南京农业大学的杂草研究室通过20年的研究发现农药不仅对环境产生影响，而且也有隐性药害。在农药杀死杂草过程中，植物也要拿出能量防止农药侵害，这将会减少其自身用于果穗生长的能量，造成产量下降。因此，从长远来看，过量的化肥、农药的使用不利于生态环境的可持续发展以及后续的作物高产。

原来讲多种粮，种粮是义务也是责任。某种意义上来说，大家都有这样的责任，但是发现种粮收益在不断下降，随着生产向粮食大省集中，"粮财倒挂"现象也让现在的制度安排提出不能让种粮农民没钱赚、谁种粮谁吃亏。现在要保障粮食安全，就要让种粮农民有钱赚，要让种粮人有收益。实施乡村振兴战略对粮食安全提出的要求是，要高产高效、绿色生态，同时要让种粮市场化、有高收益水平。

在转型发展的过程中，如果要饲料粮的单产有本质性的提高，首先想到的是种子。种子确实是体现新质生产力的关键。我国饲料粮的单产显著低于全球领先水平，尤其以大豆为典型。实际上，我国粮食单产的增长率，从"十一五"到"十二五"再到"十三五"一直处在下降的过程中。

对于种子，新质生产力是什么？从原来最基本的自然种子，到杂交技术，毫无疑问杂交技术在当时就是新质生产力。但是我们知道杂交有一定的局限性，就是要从几万份种质资源里面去筛选，而且从杂交到稳定要很长时间。比如大豆，从杂交之后的F0代到F5代，即使去海南播种选育也要4年，如果说没有海南的加代，育种时间可能得达到8年。在此基础上，转基因提供了一种新质的创新性技术。而现在有了基因编辑，相当于让作物剔除坏的基因，把好的基因留下。虽然新质生产力现在有序推进，但也还是遇到了很大问题，比如说转基因编辑技术确实是很好，但是对增产效果也相对有限。

我国大豆的单产为什么这么低？实际上，这不仅仅是种子品质的问题。根据中国农业科学院作物科学研究所的研究，在产量的各种决定因素权重中，种子大概占40%的权重，技术到位率和立地条件分别大概占30%的权重。也就是说即使有了良种还需要良作来配套。比如说我国和美国的密植差距是影响我国大豆单产的一个重要因素。实际上，密植对种子品质、播种质量以及出苗条件都有非常高的要求。不同的栽种管理模式对产量有非常重要的影响，比如大豆的示范田亩产能达到 300 公斤，但是全国平均亩产也就 132 公斤而已。所以良作配套很重要，如果不配套的话产量会受很大的影响。另外，在整个配套技术层面，要求品种研发与栽培、农机相互配合，栽培研发需与品种、农机相契合，农机也要和品种栽培相适配。然而，就目前的情况而言，我国在这方面的体系尚未形成有效的关联。也就是说，已有的组织形式、制度安排，以及彼此间的利益联结机制等都无法支撑让优质种子充分发挥高产效能。

我国需要发展农业新质生产力，不光要有创造性生产力的生产技术，同时也需要有配套的体系，让新质生产力和既有的生产力发挥最大的潜力。如果没有与之相应的更科学的组织形式、制度安排，突破性技术也会受到影响。比如说育种，我国农作物品种选育大约88%是由科研院所完成的，而美国的育种研发主要来自商业化种子公司。实际上，科研体制育种主要通过单个科研项目完成的，这些零散的项目从长期来看不利于积累，在短期内也会由于规模小而影响试验结果。因此，新质生产力也意味着更多的配套体系。

另外一个转型在于绿色生态。绿色生态需要突破性技术，若既有体系不匹配，新质生产技术便难以发挥作用。例如，南京农业大学强胜教授课题组"降草减药稻—麦连作田定量可持续控草技术"是非常好的技术，但推广受阻，急需探索推广方式及更多支持途径。这种精准控草技术可将原本"两封两杀一补"五次用药减少至两次甚至更少。如今好的技术既能降成本又能提产量，还能实现绿色可持续发展，有望被更好地推广。

然而，当前该技术推广困难重重。地方政府推广不能仅靠号召，必须深入基层体系，而这一体系与除草剂企业、技术推广人员相关联，农机人员可能也牵涉其中，推广此技术对这些主体并无益处。也就是说，对他们而言，并无激励机制，这无异于自我革命。此外，对于种粮大户而言，他们租种土地仅两三年或三四年，若新技术将田地改造好，杂草基本消除，原承包人定会要求加价或收回土地，这反而会损害自身利益。无论是农业的科研推广体系还是多方主体的利益联结机制，当然也包括土地承包经营机制，这种既有体系如果不被突破，那么这个新质生产技术可能也没有办法发挥它的潜能。

新质生产技术属于突破性技术，如果存在一些与之不配套的现有体系或架构，可采用更优的配套技术来填补这一缺口，构建技术闭环，这也是新质生产力之外应有的另一种思维。以大豆—玉米带状复合种植技术为例，这是项能提高粮食单产的好技术，但对农民而言，从经济收益角度看可能并非最佳模式。其最大瓶颈在于需要充足的品种空间，植保打药不能相互干扰，且收割时间不同导致机械难以运作，这些都是现有配套技术的缺陷。若循着这些技术缺口进一步创新，通过新质生产力实现技术闭环，那么新质生产力及原有生产技术的潜能就能充分释放。

再比如，测土配方施肥技术虽好，但利用率不高，这主要因为小农户实施成本太高。虽然可将土地规模化，但这需要时间，在过渡阶段怎么办？这或许可以利用新质生产技术，比如运用大数据与人工智能算法的预测，借助机器学习，通过大尺度数据采集来提供小尺度配肥方案。也就是说，当新技术推广受现有配套、组织技术、体制机制约束时，我们可以用更新的技术进一步弥补缺口，形成技术闭环。

转型发展依赖新质生产力，这既要有更高生产力的突破性技术，也要与生产关系协同发展，需建立适配新技术、能激发新动能的生产方式和组织机制，以及助力新技术配套生效的新兴技术体系。其最终目的是实现产出最大化，提高全要素生产率，这不仅涵盖硬技术，也涉及资源配置效率和体制机制，与党的二十届三中全会全面深化改革、推进中国式现代化的目标任务紧密相关。今后要深化科技体制改革、完善农地制度改革、优化利益主体联系，打通束缚农业领域新质生产力发展的堵点，提高资源配置效率，让农业全要素生产率大幅提升，从而提升粮食安全保障能力，助力实现乡村振兴的战略目标。

作者：朱晶，南京农业大学经济管理学院（南京市，210095）

文化与生态引领的乡村振兴模式研究

郑德高

新质生产力要有底色，绿色肯定是底色，文化也是底色。文化和生态引领的乡村振兴是新质生产力很重要的方面。

一　文化与生态引领的乡村振兴模式

乡村振兴从国家要求来看，可以从产业兴旺、生态宜居、乡村文明、治理有效、生活富裕开始讲起。现在聚焦在宜居宜业、和美乡村的新画卷，而绘就新画卷需要有新的场景。在党的二十届三中全会上特别强调城乡融合发展，核心是要在城市和乡村之间形成双向流动，包括文化、技术、资金、人才等方面的双向流动，确实要把乡村里独特的文化资源和丰富的生态资源充分转化出来，如果转化出来了就是新质生产力，没有转化出来就是沉默的资产。

要营造具有"文化+"和"生态+"的新场景，做好文化保护和生态保护，经常讲三种境界。第一种境界为"用绿水青山换金山银山"，彼此好像有点对立。第二种境界为"既要绿水青山也要金山银山"，追求二者要兼顾。第三种境界为"绿水青山就是金山银山"，这其实就是一种新质生产力。生态也是这样，文化也是这样，要从纯粹的保护到"文化+"与"生态+"的新场景营造，这是新质生产力发展的重要方面。

在营造新场景中可能核心是两个方面：第一是在传承中创新，保护也不是纯粹保护老的、旧的东西，要在保护中创新。第二是活化，城乡实现双向流动，城市的人到农村去，农村的东西也能够到城市里来。所以核心是要在人的体验中谋划，而不是放在展览馆中谋划。现在乡村的"文化+"做得也非常不错，也需要营造"生态+"，这是生态和文化本底上的新质生产力、新的生活方式，也是要营造的新场景。

这种生态与文化引领的新场景，让我想到过去我在全国层面做过一些工作，从国家层面识别国家最重要的文化要素和自然要素及其分布图。把这两个要素合起来就是中华民族的颜值表，生态最好的地方、文化最好的地方，我们能够把它们的颜值给展示出来。但是还要继续把颜值转化为价值，不能光好看，还要发挥它的价值。能够让这些颜值高的地方实现价值，就能形成共同富裕的底色，这也是新质生产力的底色。

营造这种大场景一定要有小切口，这个事情才能干得下去，所以在"文化+"和"生态+"上营造了很多场景，这些场景就是小切口的模式，包括现在做的很多探索的工作、魅力景观区的构建、小流域的治理、传统村落的保护等，都是营造大场景、小切口的新模式。

既要有生态价值，又要有文化价值。小流域综合治理，其实不仅仅是治理水，关键是通过生态流域治理带动乡村的发展。当然还有文化引领，传统村庄的保护与活化越来越多，把这几种新场景塑造出来，这就是文化和生态引领的乡村振兴的重要模式。

二　三种场景营造

这种生态与文化引领的新场景，需要通过场景营造，创造出具有特定氛围和情感体验的人文环境。

（一）国家魅力景观区构建

这是原来在做全国城镇体系规划草案的时候提出的概念，在我国20个城市群以外，在生态和文化好的地方建设国家魅力景观区。跟都市圈城市群对应，希望都市圈的人均收入与国家魅力景观区的人均收入差不多，这样的话就可称作城乡等值（城乡平等），那就营造了一种共同富裕、城乡等值的新场景。希望这些相对落后或者相对消极的空间转型为价值空间，成为国家魅力景观区。国家魅力景观区的概念可以定义为，自然和文化资源富集、城镇与乡村特别发达、面向休闲消费需求、具有国际影响力的广域地区。这个概念跟国家的城镇密集区对应，规划的时候画一张城镇密集区的图，再画一张文化与生态密集的魅力景观区的图，代表我国更平衡、更均衡的发展模式。

国家魅力景观区不在城市群或者城市群周边地区，而是在更偏远的风景优美的乡村地区，形成一个更加平衡的发展模式。形成这种平衡的发展模式后，再往下的工作，就是结合老区、贫困县、魅力生态、文化旅游所在的地理单元，初步规划了 30 个国家魅力景观区。国家魅力景观区，这是一个很好的概念，谁来推动、有什么政策？这可能需要重点去探讨。在规划里面也提出一些发展的策略，包括资金、用地安排、财政安排、整体的保护等，这个概念大家觉得很好，但实现起来好像没有一个比较好的途径，到目前为止，也只是从研究的角度先提了一个这样的概念。

（二）生态引领的小流域综合治理

规划描绘的场景太大的话不容易实现，那就找一些小切口继续做，我们现在做的一个工作是小流域的综合治理，国家流域治理是一件很重要的事，面对的是一个完整的自然地理单元。我们希望通过自然地理单元来弥补在行政单元治理上的不足。行政区域是按行政管辖范围划分的，流域则是按照自然地理单元划分的，它同时也是一个文化单元，因为现在治水成为越来越重要的工作，所以从这个角度找一个小切口来推进工作。探索流域综合治理，从省级、市级到最后可以直接操作的项目导向的小流域尺度的治理，通过治水来治理周边的乡村发展，已经取得一定的成效。

目前治水过程中核心是下面几件事。一是源头减。也就是污染减量，特别是农业发展中有没有可能减少一些农业面源污染，从源头上降低农业污染。二是过程控。通过生态湿地等各种方法来净化水，实现自然的治理。三是末端治，前面的两项工程都还没有达标，就要通过雨污分流、污水处理厂等工作来治。这样从一条河、一张网慢慢地把小流域的生态做好。同时小流域综合治理不仅仅是水上的事，还有岸上的事，岸上的核心是宜居与活力的村庄建设。首先是宜居，就是让村庄、房子更美丽、配套更完善一点，通过治理把周边的环境水平也提升，包括把房前屋后的小山园、小菜园、小花园、小果园做出来。其次是活力，主要是盘活农村的闲置资源，农村的闲置资源比城市还多，村庄开始衰落之后还有很多的集体资产，利用这些资产打造新的消费场景，带动多元主体在这里适当投资，可以让农村或者周边地方变得宜居，适当盘活资产，让老百姓宜居、有点产业，这样就能形成活力，这是在小流域综合治理上做的工作。

（三）文化引领的传统村落保护

保护传统村落，因为这是实现文化引领的乡村振兴很重要的方式。关于这方面的工作住建部联合文旅部、国家文物局和财政部出台了很多文件，目前已经定义8155个传统村落，这是很重要的工作。传统村落被确认以后，核心是保护优先、利用为基、传承为本，同时强调村民主体、政府引导、社会助力，找到这些村落以后既要保护也要发展。过去的村庄改造经常是"涂脂抹粉"，而对传统村落的空间改造，是要把村落的文化挖掘出来，并把它彰显出来，然后再进行整村的运营，这个工作很有价值和意义，因为除了政府关心传统村落文化保护以外，一些第三方的公益组织对这个领域也很关心，也做了很多很好的工作，目前也取得了初步的成效。比如吉水县，它一个县里面有29个传统村落，从一张图到一个体系集中彰显和运营，把它的文化功能、休闲功能和农业功能集中打造出来，这样保护的价值更高，彰显度也更高，因为这种村落大家爱去，这个工作也是很有价值和意义的。

传统村落保护的另外一个工作是建设数字博物馆，实现村落的数字化，搭建一个平台，这样做的好处是既可以保护，也可以利用这个平台做点事，现在这8000多个村落全部在打造数字化场景。福建做了一个数字博物馆，把传统村落数字化之后放到一个平台，也做成传统村落的租养平台，引进外来的投资者和运营团队。

三　场景营造中的共同缔造

场景营造的核心还是共同缔造，所谓共同缔造主要是共建、共治和共享。

（一）共建

村落跟城市不太一样，不像城市里面找一个开发商就可以开干，要发挥村民、发挥社会组织的作用，做村落规划是不可能赚钱的，重点是陪伴、动态发展，这是在共建过程中很重要的事情。村民做的事情可以算工分，好像有点像传统计划经济，但是它很有价值和意义，因为发挥了共建的作用，不同的共建有不同的主体，有单个村民自己关心的事情，有若干村民聚合起来关心的，也有全体村民共同关心的事情，大家关心的事情还是要大家办、集体参与，这就是共建。

（二）共治

政府要充分发挥统筹作用，以前的共治是政府给钱，然后村民就拿这个钱去做。现在更多的是强调以奖代补，你做得好我给你钱，或者说你有积极性我给你钱，不是说给你钱让你做。转变了一种方式，从我们要他干，变成了他要干，他要申请这个工作，做得好就给予奖励。转变方式以后发现效果还不错。

（三）共享

做的过程中大家还有很多意见，但是只要做出来以后，大家觉得成果还是好，收获了美好环境，实现了产业发展与成果共享。共享是大家最容易达成共识的，共建和共治都需要一个过程。

文化与生态引领的乡村振兴是促进国家空间格局再平衡、共同富裕、城乡融合发展的重要路径，发展新质生产力也要营造新的场景、激发新的活力、发挥共同缔造的作用，通过大场景、小切口的方式逐步实现乡村振兴。

作者：郑德高，中国城市规划设计研究院（北京市，100044）

以改革创新精神推进党建引领乡村治理

翁　鸣*

内容提要　党建引领是党领导乡村治理的重要方式，乡村治理是农村党组织的主要任务。本文以党的建设为主线，结合党的农村工作体系和农村党组织建设，分析了在现有乡村治理整体框架和总体要求下，地方农村工作体系和基层党建引领乡村治理取得的成就和存在的问题，以及导致这些问题的主要原因。本文提出，以全面深化改革为创新动力，加快乡村治理体系建设。从地方治理来看，加强顶层设计和总体谋划，健全本地区治理制度和实施细则，推动乡村治理趋于分工合理、规范有序。从基层治理来看，加强县乡村治理联动机制建设，以支部制度规范为重点、党群服务中心为阵地，加强基层治理队伍建设，推动乡村治理实践创新。

关 键 词　改革创新　党建引领　乡村治理

党的二十届三中全会明确了进一步全面深化改革的总目标，继续完善和发展中国特色社会主义制度，推进国家治理体系和治理能力现代化。这次全会强调，把中国式现代化蓝图变为现实，根本在于进一步全面深化改革，不断完善各方面体制机制，为推进中国式现代化提供制度保障。乡村治理体系是国家治理体系的重要组成部分，也是党领导农村工作的关键环节和重要抓

---

* 基金项目：中国社会科学院新时代党建研究中心研究课题"党建引领我国乡村治理现代化研究"（项目编号：DJZX2025010）的阶段性成果。

手。加强党的农村工作体系和引领能力建设，以党的自我建设引领治理体系建设，推进自治、法治、德治相结合的乡村治理体系建设，更好地把我国制度优势转化为治理效能，是实现我国乡村治理现代化的根本路径。

一　党建引领是党领导基层治理的重要方式

习近平总书记强调，要"引领基层各类组织自觉贯彻党的主张，确保基层治理正确方向"①。党的二十届三中全会通过的《中共中央关于进一步全面深化改革　推进中国式现代化的决定》（以下简称《决定》）指出，要加强党建引领基层治理②。党建引领是指党的建设在各项工作中具有指导作用，这不仅包括党组织的自身建设、提升党员队伍的战斗力和发挥先锋模范作用，而且包括党的建设能增强对其他工作的领导能力和带动群众作用。在新的历史条件下，即在社会主义市场经济条件下，党建引领是加强和改善党的领导的重要方式，也是适应时代变化和社会变化、推进基层治理现代化的有效手段，尤其是在地域辽阔、远离中心城市的农村地区，更要发挥地方党委和农村基层党组织的引领作用，团结、组织和带领农民群众共同建设和谐幸福向上的理想家园。

党建引领不仅是坚持党的全面领导的政治要求，而且是党的农村工作实践的经验总结。乡村治理是指在党和国家确定的治理框架下，以农村党组织为代表的治理主体依据相关法律制度规定，对乡村社会进行引导、组织、调控和管理，推进乡村经济社会协调、稳定和可持续发展。党的二十大报告强调要坚持和加强党的全面领导。《中共中央国务院关于加强基层治理体系和治理能力现代化建设的意见》明确指出，加强党的基层组织建设、健全基

---

① 中共中央党史和文献研究院编《十九大以来重要文献选编》（上卷），中央文献出版社，2019，第561~562页。

② 《中共中央关于进一步全面深化改革　推进中国式现代化的决定》，人民出版社，2024，第41页。

层治理党的领导体制。① 我国农村改革开放实践表明，坚持党对农村基层治理的全面领导，确立党组织在乡村治理中的核心地位，充分发挥党组织建设引领的功能和作用，才能保证中国式农业农村现代化的正确方向，更好地贯彻落实党的"三农"政策到农村基层，最大程度地发挥制度优势、资源优势和综合优势，科学有序地推进乡村治理现代化建设。

党建引领是党的农村工作体系的重要环节。虽然党建引领乡村治理落实在农村基层，但从系统论观点看，这与党的农村工作系统整体运作紧密联系。《中国共产党农村工作条例》明确指出，要实行中央统筹、省负总责、市县乡抓落实的农村工作领导体制。党中央全面领导农村工作，统一制定农村工作大政方针；省级党委定期研究本地区农村工作，决策农村工作重大事项；市级党委重视和安排农村工作，做好上下衔接、域内协调、督促检查工作；县级党委处于党的农村工作前沿阵地，应当结合本地区实际，制定具体管用的工作措施，建立健全职责清晰的责任体系，贯彻落实党中央以及上级党委关于农村工作的要求和决策部署。② 只有做好党的建设每个方面和每个环节，才能最大程度地发挥党建引领乡村治理的整体功能。

党建引领乡村治理具有鲜明的时代特征。即在社会主义市场经济条件下，农村社会经济主体多元化、职业选择多元化、思想观念多元化，客观上要求在坚持党的领导的同时，注重基层工作方式方法转变调整，要善于联系群众、团结群众，多从群众的利益和困难角度考虑问题，用群众易于接受的方式开展思想教育，做好新时代党的群众工作。因此，在乡村治理过程中，多用说理引导和示范带动的方式方法，减少传统的行政化管理方式方法，更要改变依靠官威压制群众的错误观念。同时，乡村治理是一场社会变革和制度创新，社会实践不断提出新思想、新问题和新要求，并且对党的建设不断提出新的、更高要求，要求党员干部提升实践创新和理论创新能力，不断推

① 《中共中央国务院关于加强基层治理体系和治理能力现代化建设的意见》，人民出版社，2024，第3页。
② 《中国共产党农村工作条例》，人民出版社，2019，第4~5页。

进党的制度建设和制度创新，实现以党的建设引领社会治理、以社会治理加强党组织建设。

党建引领是乡村治理体系建设的重点内容。乡村治理体系建设是乡村治理的基础工程，也是党的农村工作建设的重要部分。乡村治理体系包括基层组织体系、村民自治管理体系、信法守法行为体系、崇德向善民风体系、乡村公共保障体系以及乡村产业发展体系等多重制度体系。在党的统一领导下，上述体系建设被纳入地方党委政府的制度安排和工作部署，获得了大量的人力、物力和财力，其要旨是坚持和完善党对基层治理的全面领导，准确、完整地贯彻落实党的大政方针，为农业农村现代化提供基础支撑和制度保障。因此，发挥党的领导体制和制度优势，坚持和发挥党的各级领导机关及其组织系统特别是农村基层党组织的核心地位和引导作用，就成为党建引领乡村治理体系建设的重要工作。

二 改革创新是党建引领乡村治理的内生动力

党提出了进一步全面深化改革的新要求。《决定》指出：以调动全党抓改革、促发展的积极性、主动性、创造性为着力点，完善党的建设制度机制[①]。党中央提出深化党的建设制度改革，有其极为深刻的、长远的重要含义。为此，习近平总书记作了说明，他指出：完善中国特色社会主义制度是一个动态过程，必然随着实践发展而不断发展，已有制度需要不断健全，新领域新实践需要推进制度创新、填补制度空白[②]。党中央通过全面深化改革完善各方面制度，进一步激发全党和全国人民的创新动力，用改革创新精神完善党的建设等各方面制度机制，确保党的先进性和长期执政能力，以实现中国式现代化的宏伟目标。同样，党建引领乡村治理也要以改革创新精神为

---

① 《中共中央关于进一步全面深化改革　推进中国式现代化的决定》，人民出版社，2024，第 44 页。

② 《中共中央关于进一步全面深化改革　推进中国式现代化的决定》，人民出版社，2024，第 49 页。

动力，在新的起点上推进理论创新、实践创新、制度创新、文化创新等多方面多层次创新，形成以守正创新、有序推进、充满活力为特征的党建引领乡村治理新局面。

改革创新是新时代制度建设的动力源泉。改革创新的内涵是与时俱进、锐意进取、勤于探索、勇于实践。社会发展史证明：人类的一切文明进步，都是创新思维的丰硕成果。人类进步的历史，就是一部创新的历史。乡村治理体系作为党和国家管理农村的制度体系，一方面，需要改革不适应新时代发展要求的原有部分，用新的制度规则满足社会新变化和人民的新要求。另一方面，新时代社会发展超越了制度创新，造成了制度缺失或制度不足情况，需要用创新制度来填补制度空白。同样，党的建设制度和乡村治理也存在上述问题，需要激发改革创新的内生动力和社会力量，汲取和积聚破除体制机制弊端的强大动能，克服落后观念、自身惰性、制度障碍和避险求稳等影响因素，推动党建引领乡村治理制度建设新进程。

制度建设是乡村治理的核心和基础部分。制度建设不同于方法创新，制度具有指导性、规范性和长期性特征，以及不同制度之间协调的系统整合特征。无论是从社会价值、政策要求还是从实践需要来看，健全治理制度体系都是乡村治理的关键内容，也是党建引领乡村治理的主要着力点。《中共中央国务院关于加强基层治理体系和治理能力现代化建设的意见》《关于加强和改进乡村治理的指导意见》等文件，为乡村治理构建了一个总体性框架。地方党委需要结合本地区实际，注重政策导向与问题导向相结合，加强制度建设顶层设计和总体谋划，深入开展调查研究和案例剖析，制定针对性强、可供实际操作的制度建设方案，通过以县带乡促村等工作方式，让干部群众掌握制度、运用制度，推动乡村治理制度建设落实到位。

乡村治理涉及多个领域和多种社会问题。乡村治理涉及经济、政治、社会、文化、生态等领域，乡村治理体系是上述领域制度集成和相互协调的成果。同时，制度建设面临根深蒂固的传统观念和利益樊篱的抵制。这不仅需要深层次体制机制改革，而且要摒弃落后的传统观念和陈规陋习，并且触动某些既得利益群体，这反映了治理制度建设的困难障碍和复杂程度。乡村治理既有巩固根基、发扬优势的制度建设，又有弥补短板、强化弱项的制度创新；既有党组织建设和自我完善，又有党组织引领群众推进基层自治；既有改革更新不适应新时代要求的管理内容，又有满足新时代新实践需要的制度创新。党建引领乡村治理不断破冰前行，需要引入改革创新的强大动力，集聚理论、实践、制度、文化等多重改革创新动能，克难攻坚，不断推进我国乡村治理现代化建设。

三 党的建设为乡村治理提供引领和支撑

党的建设为乡村治理建设提供支持和引导。党中央、国务院颁布的《关于加强和改进乡村治理的指导意见》明确指出，坚持把治理体系和治理能力建设作为主攻方向，坚持把保障和改善农村民生、促进农村和谐稳定作为根本目的①。党建引领就是围绕乡村治理的主攻方向和根本目的，发挥党组织的先锋模范和战斗堡垒作用，为乡村治理建设提供示范引导和模范带动效应。根据推进乡村治理现代化的总体要求和主要任务，党建引领发挥作用的主要方面有党员的先锋模范作用、规范村级组织工作事务、增强村民自治组织能力、丰富村民议事协商形式、全面实施村级事务阳光工程、培育和践行社会主义核心价值观、实施乡风文明培育行动、发挥道德模范引领作用、加强农村文化引领、推进法治乡村建设、加强平安乡村建设、健全矛盾纠纷调处化解机制、支持多方主体参与乡村治理、提升乡镇和村为农服务能力等②。

党的建设为乡村治理提供了组织上的支持。根据《中国共产党农村工作条例》《关于加强和改进乡村治理的指导意见》等的要求，建立以基层党组织为领导、村民自治组织和村务监督组织为基础、集体经济组织和农民合

---

① 《关于加强和改进乡村治理的指导意见》，新华社，2019 年 6 月 23 日。
② 《关于加强和改进乡村治理的指导意见》，新华社，2019 年 6 月 23 日。

作组织为纽带、其他经济社会组织为补充的村级组织体系①。党的组织部门提倡"一肩挑"模式，即村党支部书记兼任村委会主任，部分村两委交叉任职，加强农村党支部的核心地位和基层治理主导权。从理论上讲，党的基层组织进入农村治理体系并直接领导基层治理，这不仅为乡村治理提供人力资源，确保党对基层治理的全面领导，而且通过治理实践培养和锻炼了基层干部，提升了解决"最后一公里"问题的工作能力和治理效力，确保党的农村工作体系完整性和各级党组织负责制，更好地贯彻落实党的"三农"工作政策。基于农村党支部建设与乡村治理建设存在重叠性，党建引领不仅是基层党组织的主要工作，而且也成为乡村治理的重要内容。

党的领导体系为乡村治理提供多方面支持。按照我国乡村治理体系和治理能力现代化的要求，建立健全党委领导、政府负责、社会协同、公众参与、法治保障、科技支撑的现代乡村社会治理体制②，并把乡村治理工作摆在重要位置，纳入经济社会发展总体规划和乡村振兴战略规划③。根据党和国家有关文件，将乡村治理工作纳入乡村振兴考核体系，市县乡党委书记要把乡村治理成效作为抓基层党建述职考评的重要内容，省级党委和政府要将乡村治理工作向党中央、国务院汇报。在现有治理体制下，乡村治理工作不仅获得国家政策的大力支持，包括党和政府有关部门的专项政策，而且得到地方党委、政府的直接支持，充分发挥了党的总揽全局、协调各方和调动资源的功能作用，体现了中国特色社会主义治理的制度优势、资源优势和综合优势。

党提出了乡村治理总体目标和组织实施办法。我国乡村治理总体目标：到2020年现代乡村治理的制度框架和政策体系基本形成。到2035年，乡村公共服务、公共管理、公共安全保障水平显著提高，党组织领导的自治、法治、德治相结合的乡村治理体系更加完善，乡村社会治理有效、充满活力、

---

① 《关于加强和改进乡村治理的指导意见》，新华社，2019年6月23日。
② 《关于加强和改进乡村治理的指导意见》，新华社，2019年6月23日。
③ 《关于加强和改进乡村治理的指导意见》，新华社，2019年6月23日。

和谐有序，乡村治理体系和治理能力基本实现现代化①。为实现上述目标，党中央、国务院提出了组织实施办法，其中包括强化党组织领导的乡村治理工作考评机制、党委政府协同推进乡村治理机制，强化乡村治理人才队伍建设、保障乡村治理经费和干部报酬机制，开展乡村治理示范村镇活动、开展乡村治理先进典型宣传交流、加强乡村治理分类指导和经验总结等。

在党中央领导下构建乡村治理整体性框架。这为地方乡村治理指明了总体目标、主要任务和实施路径。根据党中央的决策和部署，地方党委做好谋划推进，即从本地区实际出发，围绕加强和改进乡村治理的主要任务，找出具体的难点和障碍问题，分类确定落实治理方案和实践创新；抓住重点问题突出体制机制改革，充分调动干部群众的积极性和主动性，勇于探索创新和开拓进取，总结可复制可推广的经验做法；借力于科研机构和专家学者，注重理论、实践、政策综合性研究，推动理论创新、实践创新向政策创新转化。地方乡村治理能否有效推进和创新实践，这是实现乡村治理目标的关键所在。

四　现阶段我国乡村治理主要成就与问题

进入21世纪以来，特别是党的十八大以来，我国乡村社会面貌发生了显著变化，乡村治理体系和治理能力建设得到了明显加强。尤其是党的十九大以来，党中央强调：坚持和加强党的全面领导，以党的政治建设统领党的建设各项工作，以党的建设引领社会建设，健全基层党组织领导的基层群众自治机制。为此，党和政府出台了一系列有关基层治理的政策文件，加快了乡村治理体系和治理能力建设进程。在取得党建引领乡村治理主要成就的同时，与党和国家对乡村治理的目标要求相比较，我国乡村治理仍然存在不少深层次障碍和问题，亟待认真研究存在的问题及其根源，促进乡村治理建设高质量发展。

---

① 《关于加强和改进乡村治理的指导意见》，人民出版社，2019，第3页。

（一）党领导下乡村治理取得的主要成就

健全党组织领导的乡村治理体制机制。党的十八大以来，乡村治理体制建设最突出的变化，就是从体制机制上明确了农村党组织在基层治理中的核心地位，并以"一肩挑"方式解决了原有的村两委矛盾，从而解决了农村基层干部内耗问题。《中国共产党章程》规定，街道、乡、镇党的基层委员会和村、社区党组织，统一领导本地区基层各类组织和各项工作，加强基层社会治理①。《中共中央　国务院关于加强基层治理体系和治理能力现代化建设的意见》指出，加强党的基层组织建设，健全党对基层治理的领导体制。这种治理体制的显著优势在于，强化党的治理体制的系统性和整体性。从理论上讲，党组织系统贯彻落实党的方针政策，有助于排除外部干扰和障碍，特别是村级党组织处于基层末端，有利于党的"三农"政策有效落实到位。

构建了乡村治理体系建设的总体框架。《中共中央　国务院关于加强基层治理体系和治理能力现代化建设的意见》《关于加强和改进乡村治理的指导意见》等文件，提出了我国乡村治理的总体性框架，明确了乡村治理的主要目标、基本要求和工作内容，这为各地乡村治理体系建设提供了整体性指导，并且提出了工作进程要求。《中国共产党农村工作条例》明确规定，农村基层党组织承担宣传党的主张、贯彻党的决定、领导基层治理等主要任务②，即农村党支部领导乡村治理。农村党支部是党建引领的重要载体，党的建设是党建引领乡村治理的前提和基础。上述党和国家相关文件出台，不仅构建了党建引领乡村治理的工作平台，而且提供了强有力的政策支持和保障机制。

进一步完善党的农村工作领导体系。习近平总书记指出，实施乡村振兴战略是关系全面建设社会主义现代化国家的全局性、历史性任务③。《中国

---

① 《中国共产党章程》，人民出版社，2022，第25页。
② 《中国共产党农村工作条例》，人民出版社，2019，第7页。
③ 习近平：《论"三农"工作》，中央文献出版社，2022，第274页。

共产党农村工作条例》明确规定，实行中央统筹、省负总责、市县乡抓落实的农村工作领导体制①，坚持农村基层党组织领导地位不动摇，乡镇党委和村党组织全面领导乡镇、村的各类组织和各项工作②。村级党组织全面领导行政村各类组织和各项工作，即从党中央决策部署直至农村基层党组织具体实施，形成了一个完整的党的农村工作领导体系。健全这个体系的重要意义在于，把党中央坚持农业农村优先发展的要求，具体落实到党的农村工作领导体制建设，形成主线清晰、自上而下、职责分明、分级管理的农村工作领导体系，以便推动"三农"工作有条不紊开展。党建引领是党的农村工作的重要部分，实行党的农村工作领导体制，不仅为党建引领乡村治理提供制度保障，而且推动党建引领乡村治理规范化持续发展。

加强整顿和优化农村基层干部队伍。习近平总书记强调，要把扫黑除恶同反腐败结合起来，同基层"拍蝇"结合起来，不断增强人民群众的获得感、幸福感、安全感③。党的十九大以来，党中央领导开展扫黑除恶包括整治村霸、宗族恶势力、基层黑势力等专项斗争，解决了多年危害农村公共安全的黑恶势力，特别是摧毁了一批黑恶势力与基层干部勾结作案的犯罪团伙。据中央政法委统计，三年扫黑除恶专项斗争，全国共打掉农村涉黑组织1289 个，农村涉恶犯罪集团 4095 个，依法严惩"村霸"3727 名。组织系统会同有关部门排查清理受过刑事处罚，存在"村霸"、涉黑涉恶等问题的村干部 4.27 万名④。党中央持续开展反腐败斗争攻坚战，推动全面从严治党向农村基层延伸。2023 年，全国纪检监察机关共立案乡科级干部 8.9 万人，立案现任或原任村党支部书记、村委会主任 6.1 万人⑤。党的组织部门调整了村干部任职的年龄、学历等要求，推动村干部年轻化、知识化。上述措施

---

① 《中国共产党农村工作条例》，人民出版社，2019，第 3 页。
② 《中国共产党农村工作条例》，人民出版社，2019，第 7 页。
③ 习近平：《论"三农"工作》，中央文献出版社，2022，第 224 页。
④ 史兆琨：《专项斗争取得胜利 扫黑除恶常态化如何推进》，《检察日报》2021 年 3 月 31 日。
⑤ 曹溢、陆丽环：《始终保持严的基调严的措施严的氛围》，《中国纪检监察报》2024 年 1 月 26 日。

优化了农村基层组织建设环境，促进基层治理能力明显提升、党员干部整体素质显著提高，党的执政基础更加巩固。

推动党组织建设提升党建引领实效。习近平总书记高度重视基层党组织建设，他指出，党中央制定了一系列重大战略、部署了一系列重大工作，基层党组织就要在贯彻落实中发挥重要作用①。根据党中央的指示精神，省级党委抓党建促落实取得不少实效。例如，河南省委开展创建"五星"党支部引领乡村治理，其重点任务包括以下几方面：一是聚焦"两个作用"，建设支部过硬村；二是聚力"一村一品"，建设产业兴旺村；三是聚力环境整治，建设生态宜居村；四是聚力"三零"创建，建设平安法治村；五是聚力为民服务，建立文明幸福村②。同时，探索农村有效治理的体制机制，如建立党员联户、干部包片、支部会商机制，建立村报告、乡处理、县办结机制等。通过评星评奖激励村党支部干部机制，让村干部明方向、鼓干劲、有办法、能干事，扎实推动党建引领乡村治理深入发展。

（二）乡村治理中存在的主要问题及其原因

地方农村工作体系有待于完善和调整。乡村治理是一个涉及面广泛、关联性很强的立体型系统工程。从纵向来看，党中央设立中央农村工作领导小组，下设办公室，承担中央农村工作领导小组日常事务。但是省（自治区、直辖市）大多不设立专门的党委农村工作办公室，农村工作办公室与省农业农村厅合署办公，有的省级农村工作办公室只保留秘书处，党的农村工作体系功能有所弱化。同样，有些市县党的农村工作体系也相应弱化。这不仅容易导致与中央农村工作衔接问题，而且地方党委农村工作力量明显减弱。从横向来看，有的地方乡村治理工作主要是转发公文和应付情况，其治理工作的前瞻性、主动性、研究性有待加强；有的新成立职能部门不能较快地融

---

① 习近平：《论"三农"工作》，中央文献出版社，2022，第225页。
② 杜焕来：《探索党建引领乡村治理与乡村振兴"互融共进"新路子》，《党建研究》2022年第10期。

入乡村治理工作之中，部门之间紧密合作与协调机制有待加强，上述情况与机构频繁调整、思考谋划不足和专业能力缺乏直接相关。

县级党委的治理认知与治理能力需提升。治理能力是治理现代化的根本要素，治理能力提升很关键。有些地区乡村治理能力不足显而易见，有的地区偏爱形式主义东西，难以抓住治理关键、解决难题。虽然乡村治理集中在行政村，但需要县乡村形成联动机制。其中，县委具有不可替代的重要作用，县级党委既在农村前沿阵地，熟悉了解全县农村工作，能够深刻领会中央和上级指示精神，掌握较多的行政资源和工作权力，能实施统筹、谋划和组织制度创新，领导农村基层治理走深走实。我国农村改革创新典型案例证实，县委书记主动抓住农村社会关键问题，谋划、探索和推进治理制度改革，已成为我国农村治理改革发展不可缺少的重要因素。一些县级党委对乡村治理认识不深刻以及不愿承担改革风险，并把治理工作和责任推给乡村基层党组织，造成"小马拉大车"现象。增强县级党委的治理能力和改革创新决心，是推动农村基层治理更上一层楼的关键因素。

农村基层干部队伍需要进一步整顿提升。虽然近 10 年农村基层党组织有了明显提升，但是与党中央和农民群众的要求相比，差距依然非常明显。现阶段还存在一些软弱涣散的农村基层党组织，部分村党组织制度不完善或形同虚设，村两委工作不规范或者随意性较大，村务财务党务不公开或不完全公开，村干部"小微腐败"现象依然存在，乡村治理不规范不科学较为普遍。部分村干部的执政理念有明显问题，他们争当村干部并非想要为群众服务，而是为自己或为亲属朋友谋取利益，这是导致农村工作不规范和进展缓慢的主要原因。这种情况的出现有农村干部自身原因，如不注重学习政策和思考工作，不注重自我反思和自觉反腐；也离不开农村社会环境的影响，乡村社会的封建思想残余和不良风俗习惯，熟人社会的特殊环境和市场经济负面作用，它们对农村基层干部都会产生重要影响。

乡村治理面临社会力量支持不足的问题。我国农村治理进展缓慢反映了乡村治理的复杂性、长期性，以及制度创新的艰难性。解决乡村治理难题不仅需要政策支持和行政力量，而且需要科学方法和专业人员参与，即实现理论创新、实践创新和政策创新相结合，使实践创新更有方向感、方法论和成功率，使理论创新更有科学性、学术性和社会价值，使政策创新更有可复制性、可操作性和推广价值。这需要党委政府主动争取研究单位和智库的支持，避免自身研究能力不足而影响乡村治理发展。我国有社会影响力的乡村治理成功案例，均有权威性研究机构和知名学者的参与，这证实了乡村治理体系改革创新需要社会知识界支持。

农村干部教育培训工作亟待实质性提高。《决定》提出，健全常态化培训特别是基本培训机制，强化专业训练和实际锻炼，全面提高干部现代化建设能力①。在新时代新形势的条件下，提高农村干部的政治素质、工作能力和创新思维，健全常态化教育培训是重要路径。对照党中央有关干部培训工作要求，部分市县党校和干部学院有明显的差距。例如，有的市县党校配备年龄较大的领导，造成工作主动性和创新思维不足；有的市县党校办学思路有偏差，尚未认真落实"党校姓党"的办校方针，推行与普通高校相同的制度安排；有些党校和干部学院缺乏领悟和创新能力，未能及时宣传阐释党的重要方针政策。有些党校和干部学院教师缺乏基层锻炼经历，理论知识与基层实践脱节，造成教学过程中自信心和说服力不足，从而影响干部培训的实际效果。

五 推进党建引领乡村治理的思考与建议

认真贯彻落实党的二十大和二十届三中全会精神，深化党的建设制度改革，以制度建设管干部促工作出成效，扎实推进党建引领乡村治理，促进乡村治理现代化建设。

积极推动深化改革的制度创新。按照《决定》精神和中央部署，以调

---

① 《中共中央关于进一步全面深化改革　推进中国式现代化的决定》，人民出版社，2024，第45页。

动全党抓改革、促治理的积极性为着力点，推进党建引领乡村治理制度创新。从地方治理来看，以党的制度建设为主线，加强顶层设计和总体谋划，完善本地区治理制度和实施细则，推动乡村治理趋于分工合理、规范有序和注重实效。从基层治理来看，加强县乡村治理联动机制建设，以支部制度规范为重点、党群服务中心为阵地，加强基层治理队伍建设，推动乡村治理实践创新。

发挥县委领导乡村治理的作用。县级党委具有承上启下的特殊作用，县级党政部门比较齐全并有各方面资源，可以支持县域治理制度改革创新。县级治理制度创新主要有：建立县乡村共同需要的治理联动机制，为农村基层治理提供可操作方案，厘清各种制度之间关系及其边界；健全党组织建设与乡村治理互相融合机制，发挥党建引领乡村治理机制的功能；健全以党支部为领导核心的村民自治机制，实现坚持党的领导与人民当家作主、依法治国有机统一，形成党组织决议转化为农民群众自觉行动的党建引领机制。

营造促进改革创新的社会氛围。针对部分干部想改革又怕风险，应该采取有针对性的鼓励性政策措施，消除他们的不正确思想和心理负担。例如，省级党委牵头组织调研和讨论会，激发和释放改革创新能量；明确治理制度建设的主要内容，确保改革创新不超出边界；省委、省政府划定乡村治理试验区，有针对性出台免责政策措施；加强乡村治理建设的宣传报道，注意收集社会各界的意见、建议。

提高干部培训质量和受训效果。配强市县党校和干部学院领导，加强省市党委和上级党校指导帮助。多渠道提升教学培训质量，聘请资深学者提高现有师资水平，组织全国或全省党校教学评价考核，增强党校教学的竞争压力和内生动力。严格遵守"党校姓党"办校原则，突出党校办学特征和教学特点。实行教师下基层挂职锻炼，促进理论与实践相结合，加强其政策理解和运用能力。

持续加强基层党组织队伍建设。党组织建设是"引领"治理的基础和前提，以党的制度建设带动乡村治理制度化。强化干部定期培训、思想教育和腐败惩处等制度效能，促进农村干部素质与能力提高。加强乡村办事程序规范性，提高村务、财务工作透明度，纠正农村治理随意性、主观性，提高群众满意度和参与积极性。加大基层巡察工作力度，做好村民群众监督工作，压缩农村小微腐败生存空间。加强对不合格党员的处理，保持党组织的先进性和纯洁性。

作者：翁鸣，中国社会科学院农村发展研究所（北京市，100732）、中组部全国党建研究会（北京市，102445）

县域基础教育以普惠均衡优质促进教育公平的机制[*]

——以浙江省 P 县和 T 县为案例

王习明　王子愿

　　内容提要　教育公平是推动中国式现代化和共同富裕的动力，县域教育公平是教育公平的基础，县域基础教育普惠均衡优质是促进教育公平的着力点。浙江省 P 县和 T 县创建学前教育普及普惠县、义务教育优质均衡县的实践表明，高收费的民办学校多，更易导致择校热；如果不解决留守儿童和偏远农村儿童读幼儿园和小学的难题，很难普惠均衡；高考政策和中考政策对县域基础教育实现均衡优质有重大影响。要促进县域教育公平，学前教育、义务教育、高中教育都必须立足于普及普惠，学前教育和小学低年级更应注重普及，小学高年级和初中更应注重均衡，高中教育更应注重优质；改革考试制度，推动民办教育普惠化。

　　关 键 词　学前教育普及普惠　义务教育优质均衡　县中振兴　租房陪读

　　"建设教育强国，是全面建成社会主义现代化强国的战略先导……是促进全体人民共同富裕的有效途径""教育公平……是建设教育强国的内在要

---

　　* 国家社科基金重点项目"国家重点生态功能区共同富裕的县域推进策略研究"（项目编号：23AKS013）的阶段性成果。

求"①。县域教育公平是教育公平的基础，因为县域教育资源配置既是乡村教育振兴的支撑点，也是国家总体教育公平推进的着力点②。本文将以浙江省 P 县和 T 县为个案，探讨促进县域教育公平的政策体系的实施机制及其效果，重点探讨如下两个问题：县域学前教育普及普惠、县域义务教育优质均衡普惠、县域高中（简称县中）振兴等政策如何实施才能有效促进教育公平？国家高考政策、市级基础教育政策、县域资源禀赋是如何影响县域教育公平的？

一 研究综述

关于县域教育公平、县域基础教育的研究成果大体上可分为综合性研究和分学段研究两类：综合性研究从整体上、宏观上研究，分学段研究只研究学前教育阶段、义务教育阶段、高中阶段等三个学段中的一个。

综合性研究县域教育公平的角度主要有教育空间、公共教育服务、教育评价等。从教育空间视角研究的成果认为，影响县域教育公平的主要因素是县域内的多重教育空间区隔与分层问题和县域空间本身的自足性所隐含的自我空间封闭③。从公共教育服务角度研究的成果认为，构建优质均衡基本公共教育服务体系要着力于健全标准、补齐短板、缩小差距④，以促进人的身心成长和全面发展作为根本目的和落脚点，形成符合具体发展情境的基本公共教育服务目标模式⑤。教育评价角度的研究成果认为，学校应尽可能地满

---

① 习近平：《扎实推动教育强国建设》，《求是》2023 年第 18 期。
② 常亚慧：《倾其所能：县域家长教育参与的资本动员逻辑》，《甘肃社会科学》2023 年第 6 期。
③ 刘远杰：《迈向教育更加公平：县域教育改革的空间尺度、问题及其破解》，《清华大学教育研究》2021 年第 5 期。
④ 邬志辉、杨清溪：《新发展阶段需要什么样的基本公共教育服务体系?》，《中国教育学刊》2022 年第 7 期。
⑤ 阮成武、高守东：《优质均衡的基本公共教育服务：旨向、进路与架构》，《教育发展研究》2022 年第 21 期。

足教育需求，尽量无须家长补充额外的资源，应当赋予孩子一生中重要的情感资源；教育是在生命和生命之间的互动中完成的，很多教育的结果是无法用成绩或者数据来衡量的[①]。

县域教育公平的分学段研究领域主要有县域学前教育普惠、县域义务教育均衡、县中振兴等。学前教育普惠研究的重要观点有：普惠性学前教育资源的空间布局关乎教育公平的实现，应注重幼儿园选址和规划布局的科学性，致力于城乡均衡发展，寻求效率和公平的平衡[②]；解决农村尤其是西部贫困农村"入园难"的关键在于增加学前教育的供给，但"全日制""机构化""学校式"的幼儿园并不是唯一的选择，可以因地制宜丰富学前教育的供给模式[③]；乡村学前教育高质量发展要重塑教育质量观、完善教育资源分配制度、深化教育特色化课程与教学改革、创建"家园社"三级联动体系[④]。县域义务教育均衡研究的重要观点有：县域义务教育优质均衡应由政府保障教育资源充足均衡、教育质量实质性提高、区域整体性协调[⑤]；应立足于个体实质性享受优质资源的机会均等，完善质量标准体系，构建核心共识，促进薄弱学校内部的质量提升[⑥]。县中振兴研究的重要观点有：县中振兴可以通过政策的直接干预和专门的制度安排对教育资源及教育机会等进行结构性调整和偏向性分配[⑦]；必须优化高等教育类型结构，支持更多高水平大学建设，实现县中职能转变，建立起与普及化时代相适应的多元质量观，

---

① 林小英：《县中的孩子：中国县域教育生态》，上海人民出版社，2024，《代序》第 19~20 页。

② 赵琳、严仲连：《教育公平视域下普惠性学前教育资源的空间布局研究——基于 L 省 P 县的 GIS 技术分析》，《湖北社会科学》2023 年第 1 期。

③ 卢迈、方晋等：《中国西部学前教育发展情况报告》，《华东师范大学学报》（教育科学版）2020 年第 1 期。

④ 王鉴、谢雨宸：《乡村学前教育高质量发展的内涵、逻辑与长效机制》，《东北师大学报》（哲学社会科学版）2022 年第 2 期。

⑤ 李潮海、李卓、褚辉：《教育强国背景下县域义务教育优质均衡发展的政策演进与实践突破》，《现代教育管理》2023 年第 9 期。

⑥ 孟卫青、姚远：《国际视野下义务教育优质均衡发展的中国路径》，《教育研究》2022 年第 6 期。

⑦ 刘丽群、张文婷：《振兴县中：何以必要及如何可能》，《湖南师范大学教育科学学报》2021 年第 6 期。

提升教育质量与教育公平①。

总的来说，关于县域教育公平的综合性研究提供了多种研究角度和多种理论，但没有观照县域的差异性和县域与市域的相关性；关于县域教育公平的分学段研究有助于深入研究县域教育公平的某个具体问题，但不够系统，没有将县域内的学前教育普惠、义务教育均衡、县中振兴等政策视为促进县域教育公平的政策体系，没有揭示政策之间的互动机制。本文将学前教育、义务教育、高中教育视为县域基础教育相互影响的阶段，将县域基础教育的普惠、均衡、优质等政策视为促进县域教育公平政策体系中相互影响的子政策，比较不同县域教育公平政策体系的运行机制，致力于揭示普惠、均衡、优质之间的相互作用机制及其与市级政策、县域资源禀赋的关系。

二　案例概况

本文以浙江省的 P 县和 T 县为例，是因为浙江省是全国的共同富裕示范区、现代化先行省，也是高考综合改革试点区，两县都正在创建学前教育普及普惠县和义务教育优质均衡县，都试图振兴县中，其经验对全国具有重要启示。P 县和 T 县都是山区，都离大城市、海港、机场较远，都无高校；户籍人口数量相近，常住人口城镇化率都低于 50%（即农村人口占主体）；其基础教育体系都相对独立完整，而且各个阶段的在校生占常住人口的比例相近，但常住人口、辖区面积、生产总值（GDP）、在校生占户籍人口比相差很大，且两个县分别属于 J 市和 W 市，分别属于人口流入县、人口流出县；两市的户籍人口数相差不大，在校生数相近（见表1），便于教育政策执行情况的比较，有利于揭示县域教育公平发展的影响因素，提出针对性促进县域教育公平的政策建议。

---

① 胡娟、陈嘉雨：《怎样理解高等教育普及化进程中的"县中困境"——基于高等教育类型结构变迁的探讨》，《教育发展研究》2023 年第 2 期。

表1　P县和T县及其所在市、省、国2022年经济、人口与教育发展数据

	辖区面积（平方公里）	年末户籍人口数（万人）	年末常住人口数（万人）	常住人口城镇化率（%）	GDP（亿元）	幼儿园幼儿占户籍人口比（%）	幼儿园幼儿占常住人口比（%）	小学在校学生占户籍人口比（%）
P县	920	39.84	46.30	45.4	274.76	3.79	3.26	8.35
T县	1768	36.79	26.78	44.8	143.98	2.46	3.38	5.29
J市	10942	496.87	712.7	69.4	5562.47	5.10	3.55	9.68
W市	12103	831.82	967.9	73.7	8029.8	3.45	2.96	7.66
浙江省	105500	5110.5	6577	73.4	77715	3.86	3.00	7.69
全国	9600000	141175	141175	65.2	1210207	3.35	3.35	7.60

	小学在校生占常住人口比（%）	初中在校学生占户籍人口比（%）	初中在校生占常住人口比（%）	普高在校学生占户籍人口比（%）	普高在校生占常住人口比（%）	职高在校学生占户籍人口比（%）	职高在校生占常住人口比（%）
P县	7.19	4.00	3.44	1.51	1.30	1.76	1.52
T县	7.27	2.77	3.80	1.16	1.59	0.61	0.84
J市	6.75	3.88	2.70	1.95	1.36	0.94	0.66
W市	6.58	3.51	3.01	1.66	1.43	1.14	0.98
浙江省	5.98	3.31	2.57	1.69	1.31	1.04	0.81
全国	7.60	3.63	3.63	1.92	1.92	0.95	0.95

资料来源：《中国统计年鉴2023》（https：//www.stats.gov.cn/sj/ndsj/2023/indexch.htm），2023年浙江统计年鉴（http：//tjj.zj.gov.cn/col/col1525563/index.html），2023年J市统计年鉴，2023年W市统计年鉴，2022年P县统计年鉴，2023年T县统计年鉴。

　　P县隶属于J市，位于浙江省中部、J市北部，县域面积920平方公里，辖7镇5乡3街道，有244个行政村（社区）。其县城距杭州市区、J市区分别为70公里、130公里。P县虽是山区，农村人口占主体，但工业较发达，一直是人口流入县。P县一直重视教育事业，2009年成为浙江省教育强县，2014年通过全国义务教育发展基本均衡县评审，2018年被认定为浙江省教育基本现代化县，2020年通过全国学前教育普及普惠县评估。目前正在创建全国义务教育优质均衡发展县。

　　J市位于浙江省中部，为省辖地级市，以境内T山得名。辖区面积10942平方公里，南北跨度129公里，东西跨度151公里。辖2区4市3县。

是"全国基础教育综合改革实验区"、基础教育改革"双减"示范区。

T县隶属于W市，位于浙江南部，是国家重点生态功能区县、发达地区的欠发达县，人口外流严重。县域总面积1768平方公里，辖12镇7乡，下设16个城市社区、1个未改制居委会、272个行政村。其县城距杭州市、W市分别432公里、152公里。在教育方面先后获得全国义务教育发展基本均衡县、浙江省教育基本现代化县等称号。

W市位于浙江省东南部，陆域面积12103平方公里，海域面积8649平方公里，辖4区5县3市。

三 分学段促进县域教育公平的政策及其实施效果

近几年，两个县都分学段实施了促进县域教育公平的政策：学前教育普及普惠政策、义务教育优质均衡发展政策、县中振兴政策。学前教育普及普惠政策，主要是加强公立幼儿园建设和通过财政补贴引导民办幼儿园普惠化，解决幼儿园学位不足和学前教育家庭负担重问题。促进义务教育优质均衡发展政策，主要是通过薄弱校建设、城乡小学和初中集团化发展、集体备课、招生制度和分班制度改革等措施，缩小县域内校际差距，缓解择校压力，促进县域义务教育高质量发展。县中振兴政策，主要是改革中考制度和高考制度，加大县域高中特别是公办普高的投入，缩小县中与市中的差距。

（一）学前教育普及普惠政策 vs 租房陪读、搭老师

学前教育普及普惠政策的目标应是所有适龄儿童都能就近就读公办幼儿园或普惠性民办幼儿园，学前教育不能成为家庭的沉重负担，适龄儿童不应因家庭问题而就读困难。

P县自2018年开始加大学前教育的财政投入。2018~2020年，县财政分别投入4114.9万元、6141.1万元和6604.6万元，其中公办幼儿园和普惠

性民办幼儿园的每年生均公用经费 500 元、支持公办幼儿园实行同工同酬雇员制的专项经费 3000 万元、支持公办幼儿园对其聘任的劳动合同制教师予以分类分档补助的专项经费 900 万元。2020 年秋，每个乡镇都有至少 1 所公办幼儿园，公办园在园幼儿占比 50.32%，普惠性幼儿园在园幼儿占比 94.7%，通过全国学前教育普及普惠县评估。2022 年秋，全县在园幼儿 15087 万人，而 2017~2019 年全县户籍人口出生数只有 12580 人，这说明 P 县不仅实现了适龄幼儿全部入园，而且还招收大量的外县幼儿（主要是在 P 县务工人员的子女）。2023 年秋，公办幼儿园在园幼儿占比接近 80%，普惠性民办幼儿园在园幼儿占比 100%。所有适龄幼儿都能就近入园，不存在择园压力。

T 县于 2021 年开始大力实施学前教育普及普惠政策：将学前教育经费纳入财政预算，新增教育经费向学前教育倾斜，确保财政性学前教育经费占财政性教育经费比例不低于 7%。2022 年投入学前教育的财政经费达到 8966.5 万元。其财政投入主要用于：公立幼儿园的新建、扩建和改造提升，社区中心小学附属幼儿园建设，民办幼儿园的等级提升奖励和普惠性服务补贴。同时，启动幼儿园结对帮扶工作，选定县机关幼儿园等质量较高公办幼儿园结对民办幼儿园，在等级创建和办园质量提升方面进行帮扶；给低收入农户发放学前教育补助，其标准为 2000 元/人·学年。至 2023 年秋，已有 26 所公办幼儿园投入使用并全部达到了一级或二级幼儿园标准，实现乡镇公办幼儿园全覆盖，公办园在园幼儿占比达 64.4%；民办幼儿园的一、二级幼儿园覆盖面达到 73.6%，提供普惠性服务的比例达 100%。所有的幼儿园都不招收寄宿生，只有一个因达不到标准、办不了证而将被取缔的村办幼儿园①，而

---

① 即 Z 村幼儿园，开办于 2000 年，都是村聘老师。以前学生多，能够收支平衡。近几年，村中儿童减少，且大多在城里上幼儿园，村幼儿园只能招收村中无人陪读的留守儿童，学生数一直不超过 10 人。由于收费 2500 元/学期·生，村聘老师每年报酬需 6 万元，无法达到收支平衡，村集体收入不够支出，村干部和幼儿园老师只能找村中的爱心人士捐款。2020 年以来，每年都有捐款 5 万多元。付教师工资后，结余用来买玩具、学习用品。Z 村幼儿园因条件达不到标准，一直没有获得相关资质，T 县教育局不承认它是幼儿园，它不享受民办幼儿园普惠服务补贴。T 县教育局准备在 2024 年秋取缔它。

离乡镇幼儿园较远的偏远农村儿童上幼儿园仍需要家庭派人租房陪读①或者是"搭老师"②。租房陪读需要支付房租费，还会因不能干农活或打工而减少收入。由于父母要外出打工，陪读者多是祖父母，祖父母大多只有小学以下学历，且隔代教育容易产生溺爱，而且不懂或不重视儿童习惯养成教育。搭老师每年每生也需多支付近 2 万元。偏远居民点中家庭经济困难且没有家人接送或陪读的儿童不能按时上幼儿园；而偏远农村所在乡镇的公办幼儿园的生源严重不足，有的不到 20 名。T 县 2017~2019 年出生的儿童有 15700人，但 2022 年秋在园幼儿只有 9047 人，在园幼儿数远远低于适龄幼儿数，其原因除部分幼儿在县外就读外，主要是偏远农村有相当数量的适龄幼儿没有入学。2023 年秋季，T 县偏远乡镇小学所招新生中约有 1/3 学前教育时间不到 2 年。

（二）义务教育优质均衡发展政策 vs 高价就读民办学校

义务教育优质均衡发展的政策目标应是所有适龄儿童都能免费或低费就近上小学和初中，所有家庭不应有择校的压力和负担，不应因家庭问题而导致学生接受学校教育有很大的差异。

P 县、T 县都通过了全国义务教育发展基本均衡县评估，并分别在 2019年、2020 年开始实施创建全国义务教育优质均衡发展县的政策。近几年，

---

① 许多偏远农村离乡镇幼儿园超过 5 公里且是山路，开车需 10 分钟以上，带着小孩步行需 2 个小时以上且不安全。偏远农村青壮年大多外出打工，村中老人大多没有机动车，因此只能由老人在乡镇幼儿园附近租房陪读。

② 这是 T 县对请老师托管幼儿园和小学阶段的儿童的说法。最初是班主任老师和科任老师受外出务工的父母委托帮助管理学生的生活和学业，后来发展成为部分老师的第二职业，现在成为一种职业。"搭老师"都是老师介绍和朋友委托，没有登记注册，也不搞招生宣传，并不是专门的培训机构，大多吃、住在老师的家里。每个老师托管学生数约10 名，大多包含周末托管。"搭老师"分为两种：一种既管学业又管生活（含住食、吃饭、洗衣服等），每学期每生收费一般在 8000 元以上；另一种是只管学业，每晚两小时左右，每学期每生收费一般在 3000 元以上。其他居住分散且交通不便的县也有类似现象，但只有招收全托生（即节假日和周末也由幼儿园或小学管理和教育的学生）的幼儿园和小学，没有"搭老师"的现象。

因硬件条件基本达标，着力点都是提升薄弱校的生源质量、师资水平和教育质量，使之向优质校看齐。提升薄弱校生源质量的主要政策是改革招生政策和编班政策：优质公办普通高中招生名额分配（即分配生，有的也称定向生）比例逐年提高并向农村初中倾斜，公办初中和小学就近划片入学且随机均衡编班；提升薄弱校的师资水平和教育质量的主要政策是让农村学校加入县城优质校牵头的教育集团（又称城乡义务教育共同体）、规范民办学校；义务教育整体提升的主要政策有加强师资建设，提升教师的学历层次、职称等级和工资待遇。

P 县的优质公办普高、县域内最好的普高都是 P 中，其分配生比例在 2023 年已达到 75%，分配依据是各初中学校的毕业生人数和优秀率，录取时既要看学生初中学业水平考试成绩在初中学校的内部排名又要看全县排名（必须是前 800 名）；2024 年入学的初中生升高中时分配生比例将提升到 95%，分配依据主要是毕业生人数，而且录取时不看全县排名只看学校排名。T 县优质公办普高是 T 中，但其考上好大学的人数远不如民办的育才高中。分配生比例在 2023 年只有 60%，分配依据是各初中学校毕业生数，分配生录取分为保底和调剂两类，比例为 3∶7，先按学校排名录取保底类名额，再录调剂类名额。录调剂类名额既要看学校排名，又要看初中学业水平考试成绩的总分（必须在 T 中统招分数线下 50 分内）。许多乡镇初中一个调剂类定向生也没有。

P 县由于义务教育的优质资源集中于县城中的公立学校①，为了确保公立义务教育学校生源分配均衡、师资配置均衡，自 2020 年秋季开始，严格实行公办的义务教育学校按户籍所在地的学区入学并均衡编班的政策。编班"三公开"，即公开编班方案（含各班的任课教师团队）、公开编班过程、公开编班结果。任课教师团队根据任课教师的教龄、性别、职称、学科等合理均衡配置，并按随机抽签方式确定。小学起始年级采用电脑随机自动编班。初中起始年级编班按学校确定的分班依据，按照"S"形均衡分配。在编班

---

① 自 2022 年 P 县最好的初中由民办改为公办后，义务教育的优质资源学校全部变成了公办。

过程中，学校邀请家长代表、责任督学以及纪检、教育行政部门等代表参与现场监督。

P 县义务教育阶段的薄弱校主要是公办农村学校（含城郊或乡镇学校，没有乡村小规模学校①）和民办学校。提升公办农村学校师资水平和教育质量的主要政策是集团化办学。P 县自 2018 年开始县域集团化办学全覆盖：26 所公办小学组成 5 大小学教育集团，11 所公办初中组成 3 大集团，每个教育集团的牵头学校都是城中优质校。集团内各学校的财务、人事独立，但在学校管理、师资配备、教科研学、教育装备、评价考核等五方面实行一体化管理。在学校管理一体化方面，牵头学校校长任集团校长，其他学校校长任集团副校长，每月定期召开行政班子会议，统一各校区工作部署，讨论决定集团内重要事务。在师资配备一体化方面，打破教师"一校所有"的格局，探索"一师多校"等模式，加大集团内干部和教师学习交流力度，推行小学科（主要是体、音、美、科技等）专职教师走教模式，使集团内各校区教师学科结构更加优化，师资力量更加均衡。优质校有 20% 的教师下沉到其他校。在教科研学一体化方面，成立集团学科教研组，在教育教学计划制定、常规检查、教学质量和学生综合素质评价等方面同步推进，并定期开展集团内教育教学研讨、研修活动，以"名师+"等形式开展活动，提高集团内各校组织研讨研修活动的水平；还通过优质课的在线教学让各校实时同步共享。在教育装备一体化方面，积极投入资金改善农村薄弱学校办学条件，努力实现教育装备均衡配置。在评价考核一体化方面，全面采用捆绑式考核评价，将集团考核与学校考核相结合。提升民办学校教育质量的政策是，加强对民办学校的管理和规范，关停不合格的民办学校，要求合格民办学校按县教育局规定的招生计划、招生程序招生并按学位给予财政补贴（政府购买学位），县政府教育督导室经常督导。2021 年撤并了 3 所民办学

---

① 指不足 100 人的乡村小学和教学点。参见《国务院办公厅关于全面加强乡村小规模学校和乡镇寄宿制学校建设的指导意见》（国办发〔2018〕27 号），https://www.gov.cn/zhengce/content/2018-05/02/content_5287465.htm。

校，2023 年秋还有 10 所（其中教学点 7 所）在招生，民办学校在校生 6073 人，全部由政府购买学位（每年财政总投入 8000 多万元）。在民办学校就读的全部是符合条件的随迁子女（其父母在县域内工作但户籍未迁入），而且随迁子女大多只能在民办学校就读，只有优质民营企业和规上民营企业的高管及骨干的子女经县优化营商环境服务办公室和教育局批准并公示才可以就近就读公办学校。

T 县义务教育阶段的优质资源主要集中于 3 所民办学校和县城的优质公办学校，薄弱学校全部是公办的乡村学校，其中乡村小规模学校有 27 所。3 所民办学校都收费高，每生每年学费住宿费等合计收费超过 3 万元；仍没有实施就近划片入学的政策，都可面向全县招收学生，所有年级（包括小学一年级）都招收全托生。T 县的民办初中和部分公办初中仍然按中考成绩分重点班和普通班。公办初中如七中每年级 7 个班，有 2 个重点班，重点班的学生都是同年级统考成绩前 100 名，老师都是同年级教学成绩最好的，每天晚自习多上一节。民办初中如育才初中初一有 12 个班，有 2 个重点班，重点班语、数、外教师只带 1 个班，教学进度快，普通班语、数、外教师要带 2 个班。

T 县提升薄弱校教育质量的主要政策有：①办学集团化，成立城乡教共体，实现农村学校与县城、镇级优质学校教共体全覆盖，其具体做法与 P 县类似。②与 W 市主城区的优质学校密切合作、深度交流。③改善办学条件，并在教职工配备和公用经费核定方面给予特殊政策。改善的办学条件主要是宿舍、食堂、饮用水、厕所、浴室等学生住宿条件，能给小学高年级学生和初中生提供寄宿服务①并免收住宿费和对贫困学生给予生活费补贴。在教职工配备方面，每年级不到 20 名学生的学校按每班 2 名配备专任教师，按住宿生数量配备生活教师；公用经费核定方面，不足 100 名学生的学校按 100

---

① 国办发〔2018〕27 号文件规定：原则上小学 1~3 年级学生不寄宿，就近走读上学，路途时间一般不超过半小时；4~6 年级学生以走读为主，在住宿、生活、交通、安全等有保障的前提下可适当寄宿。

名学生核定。④落实乡村教师生活补助政策。对在偏远乡镇和农村工作的教师依据艰苦边远程度实行差别化补助，最低每人每月补贴300元，最高每人每月600元。⑤逐渐取消民办学校中的公办教师编制。T县规定2016年后从公办学校调入民办学校的教师不再保留公办教师编制，以前在民办学校任教的保留公办教师编制的教师在2022年前根据县教育局安排逐渐回归公办学校任教。但T县直到2023年仍在实行优秀农村教师经过考试选调进县城公办学校的政策，民办学校教师仍可保留公办教师的编制，因此乡村学校特别是小规模乡村学校的师资力量仍与城镇学校师资力量存在很大差距，民办学校因收费高而能用高薪留住部分优秀公办教师从而师资力量整体比公办学校高。初中分重点班和普通班，也使得同校的教学资源分配失衡。

两个县在提高教师待遇方面都基本上做到了教师的工资水平不低于当地公务员水平；在招聘和选拔优秀大学毕业生担任教师方面都是以到高校直接招聘应届优秀大学毕业生（以下简称校招）为主，以社会招考为辅：两县教育部门每年都要组织需要招聘的中小学派人到教育部直属师范大学、浙江省重点大学招聘，每年校招人员占当年招聘人员总额的80%以上。两县都重视集体备课和教研，但相对而言，P县小学、初中教师的集体备课、集体教研更聚焦如何精选讲课内容和学生作业：讲课内容必须是各种知识的融合点（即能够从已有知识产生新的知识和培养学生的思维能力）并能够将教学目标情景化（即通过问题驱动达成教育目标），学生作业必须能查漏补缺（检查学生对教材或教学内容的把握面）、提高学生解决问题或运用知识的能力和数量不多（教师能全批全改、多数学生能在校内完成）。为了提高教师的学历，P县于2019年开始实施教师高学历"倍增计划"：在优秀教师引进中，同等条件下，对高学历教师予以适当倾斜；在公开招考教师中，对高学历教师予以加分奖励；在职教师取得研究生学历或学位的，攻读期间的学费予以补助2/3；将教师学历提升纳入各校考核指标，将高学历纳入教师晋升职称或评特级教师的重要条件。P县政府对教师的奖励力度也更大：自2019年起，每年都有300万元的义务教育质量奖、300万元的名师名校长奖和每学年班均 6000 元的班主任考核奖。

整体而言，P 县义务教育阶段的公办学校都比民办学校办学质量好，优质公办高中招收的定向生比例高，且小学和初中都严格实行按学区就近入学并均衡编班的政策。因此，P 县义务教育逐渐优质均衡，家住城里、在农村学校任教的教师也愿意将子女放在自己任教的学校就读，所有的居民都没有择校的焦虑。当然，P 县没有"搭老师"、上高价民办学校的现象，其原因还在于每所公办学校能提供每周 5 天每天 2 小时的优质校内课后服务，小学生作业大多能在校内的课后服务时间里由老师辅导完成。T 县优质公办高中招收的定向生比例低且其中的调剂类占比大，小学和初中都没有严格实行按学区就近入学并均衡编班的政策，民办学校收费仍然很高但可面向全县招收全托生，优秀教师仍然在向民办学校和城中公办学校集中。其结果是，义务教育阶段的学校差距仍然较大：民办学校不仅可高薪聘请优质教师而且能因为招收全托生和教育教学质量好而吸引家庭条件较好的优秀生源；农村公办学校特别是乡村小规模学校不仅师资水平较低，而且生源也较差，其校内课后服务也不到位，在乡村小规模学校上学的学生家庭都是既无人租房陪读又没有钱"搭老师"或让孩子上民办学校，相当比例的学生没有享受完整的 3 年学前教育，在乡村学校任教的教师都不愿将自己的子女放在自己任教的学校就读。因此，多数居民有择校压力，要为择校付出沉重的经济代价：近几年报名就读民办学校的学生很多，需要摇号才能进入；因公办小学不招收低年级寄宿生，小学生家长需要租房陪读或"搭老师"。

（三）振兴县中政策 vs 优质生源外流

振兴县中政策的目标是缩小县域内高中（特别是普高）与县域外优质高中的差距，给县域内学生提供同等的上好大学机会，让县域内优质高中生源自愿留在县内。

适当扩大普通高中特别是公办高中的招生规模，满足学生特别是贫困家庭学生上普通高中的需求，是振兴县中的重要举措。2019~2023 年，P 县普通高中的招生人数由 2379 人增长到 3207 名，增长 34.8%，初中毕业生升普高的比例由 46.84% 提高到 60%，公办普高招生比例提高到 67.26%，民办普高全部普惠化，与公办普高相差不大；T 县普高招生人数由 1290 人提高到 1580 人，增长 22.48%，初中毕业生升普高的比例由 54.84% 提高到 61%，但公办普高招生比例基本上没有提高，仍只有 63.29%，而且民办普高收费仍是公办普高的 10 倍左右，每生每学年需缴纳各种费用 4 万元左右。

提升县域内普通高中的质量，满足县域内学生上好高中的需求，是县中振兴的重要内容。P 县提升县中质量的主要举措有：严禁县外普高招生，确保优质生源不外流；为公办普高引进优质教师出台专门的支持政策，特别优秀的本科毕业生年薪可达到 60 万元；设立专门的高中教育教学质量奖，自 2019 年起每年 1200 万元。T 县提升县中质量的主要举措是：逐渐缩小县外普高的招生规模，尽可能不让优质生源外流；引进优质民办高中，计划 2024 年秋季开始招生。

从人民群众对高中教育的满意度来看，P 县远远高于 T 县。其表现是，P 县的优秀初中生都在本县公办高中就读，初中生上普高的需求基本能满足，不会因家庭原因而读不起普高，读职高的基本上是自愿，因为 P 县职高升大学比率超过 95%；T 县优秀学生都想方设法转到县外，T 县最好高中的教师也要想方设法将有希望考上好大学的子女转到县外就读。从高考成绩特别是考上好大学的比例来看，P 县不仅远远高于 T 县，而且远远高于浙江省平均水平，T 县在享受高考招生优惠政策后仍远低于浙江省平均水平。自 2021 年以来，P 县普高每年超过浙江省 C9① 线（高考实考生的前 2%）、特控线（高考实考生的前 20%）、一段线（高考实考生的前 60%）的比例分别为 2.5%~3%、28%~33%、65%~70%，每年都有 3~5 名学生被北大、清华录取，而且公办普高的高考成绩远远超过民办普高，全县高考成绩前 200 名

---

① C9 即九校联盟，是中国首个顶尖大学间的高校联盟。2009 年 10 月启动，包括北京大学、清华大学、浙江大学、复旦大学、上海交通大学、南京大学、中国科学技术大学、西安交通大学、哈尔滨工业大学。

基本上是公办普高的考生；其职业高中通过各种渠道升入大学的比例也很高，2023年为95%，毕业后直接就业也较受欢迎。T县高中自1992年以来没有考入北大、清华的；自2021年以来包括大学定向生[①]每年达到浙江省C9线、特控线的比例分别不到1%、18%，而且民办普高上好大学的比例多于公办普高，2023年T县高考前15名中民办普高占11名。

P县由于普高基本能满足县域内户籍人口的需求，收费低且高考成绩好，因此，高中的优质生源基本上没有外流的；T县由于县域内公办普高不如民办普高，县域内民办普高不如县域外的优质民办普高，因此，高中的优质生源仍在想方设法外流。

四 基础教育普惠均衡优质的县际差异及其成因

公平的教育应是学生的发展主要由自己决定而不是由家庭决定，应是促进阶层流动和社会平等的动力而不是固化阶层的壁垒和促进阶层分化的催化剂。县域教育公平程度主要通过县域基础教育普惠、均衡、优质发展程度来体现，即是否缩小了县域内幼儿园、小学、初中、高中教育教学质量的校（园）际（含校内班际）差异，能否给不同家庭条件的学生提供基本公平的上学机会，能否给不同学校（含同一学校的不同班级）的学生提供公平的发展机会，能否在发展机会上缩小本县与大城市或教育发达县之间的差距。而考察县域基础教育普惠均衡优质发展程度的最直观指标是，适龄儿童免费或低费就近上幼儿园和小学（简称幼小）的比率，就读中学面临的择校（含想方设法到县外就读）压力的大小，在农村学校任教的教师是否将适龄的子女放在本校就读。

县域基础教育普惠均衡优质发展程度的衡量指标还有高考成绩和户籍人口在校生比例：县域基础教育质量与高考成绩、户籍人口在校生比例正相

---

① 只面向不发达县。T县每年约有60名。P县不属于浙江省的欠发达县，没有被纳入大学定向生计划。

关。高考成绩是衡量县域基础教育质量的最直观标准，近几年虽因强调素质教育、批判应试教育而不被县以上领导在正式场合认可，但县乡干部和普通群众仍然认可。县域基础教育普惠均衡优质发展水平高，不仅会吸引户籍人口在本县上学（含幼儿园，下同），而且会吸引非本县户籍人口来本县上学。因为我国各县公办学校招生都是优先满足户籍人口的需求，在有空余学位的情况下才满足常住人口的需求；学龄儿童在面临户籍地学校和常住地学校选择时，都是首选户籍地学校，只有户籍地教育质量不如常住地时，才选择常住地。

从第三部分的描述和分析来看，2021 年以来，P 县基本上没有择校的焦虑也不存在择校的代价：既不会在县域内择校择班，也不会在县际择校（即想方设法转到县外的好学校）；不仅高考成绩高于浙江省平均水平，而且户籍人口中的在园幼儿数、义务教育在校生数的比例均高于全国平均水平。P 县在常住人口城镇化率远低于浙江省、全国平均水平的情况下，各学段在校生占户籍人口的比例还高于全国平均水平，说明县域教育普惠均衡优质发展政策促进了教育质量的提高，其县域教育水平已经不低于城市教育水平。因为我国存在明显的教育资源特别是优质教育资源向城市集中的趋势，很多人到城市都是为了优质教育，教育城镇化已成为城镇化的重要动力。P 县作为山地多且不靠海、不靠大城市的县，在近几年能吸引大量的人口，教育优质均衡且普惠是其重要原因。P 县以优质教育招商引资留才的战略，确实收到了实效。

而 T 县直到 2023 年择校压力和择校代价依然巨大。报名参加县内民办小学和民办初中招生摇号的人数是实际录取数的 2 倍，在初二学年统考结束后转学到县外民办学校的有 100 多人，到民办学校就读每生每年比到公办学校就读需要多支付 3 万元。而且，偏远农村的儿童就读乡镇公办幼小需要租房陪读或"搭老师"，租房陪读、"搭老师"每年每生要比就近就读公办幼小分别多支付 1 万元和近 2 万元。T 县高考成绩远低于浙江省平均水平，各学段在校生占户籍人口的比例均低于浙江省、全国平均水平（见表1）。这说明 T 县基础教育的不均衡、低质量导致了巨大的择校压力，已经使 T 县大量适龄儿童转到县外就读。这也印证了 T 县"要上清北，必须从小学就转学县外"的说法。

P 县与 T 县在县域基础教育发展方面出现这么大的差异，其原因是多方面的，下面主要从县域内部因素、市级政策两个方面分析。

（一）公办幼小的布局、公办中学的质量、教育文化：基础教育县际差异的县域因素

上文分析表明，就县域基础教育普惠、均衡、优质的程度而言，P 县远远高于 T 县。要分析其形成的原因，必须从多方面入手。

首先分析经济因素。因为教育的发展与投入有关，经济发展水平高的县理应有更多的财政资金投入教育。P 县的人均 GDP 是 T 县的 1.76 倍，按户籍人口平均的对教育的财政投入，P 县确实高于 T 县；但按基础教育（含幼儿园、义务教育、高中）学生数、专任教师数平均的教育财政支出，T 县高于 P 县；而且各个学段的专任教师与学生的比（简称师生比）均是 T 县高于 P 县（见表 2）。相对于 P 县，T 县的财政收入低，但财政支出高，主要是因为 T 县是欠发达县，财政支出的主要来源是转移支付。这说明，对于欠发达县来说，县级教育的财政投入即经济因素并不是县域教育发展最重要的影响因素。

表 2　2022 年 P 县和 T 县教育财政投入与师生比

	一般公共预算支出（万元）	一般公共预算支出中的教育支出（万元）	教育占一般公共预算支出比（%）	教育财政投入占 GDP 的比例（%）	户籍人口人均教育财政支出（元）	生均财政支出（元）
P 县	541578	102497	18.93	3.73	2573	13249
T 县	597331	79582	13.32	5.53	2163	17605

	教育财政支出按专任教师平均（元）	幼儿园在校生与专任教师比	小学在校生与专任教师比	初中在校生与专任教师比	普高在校生与专任教师比	职高在校生与专任教师比
P 县	209306	13.41	18.27	13.46	11.66	28.23
T 县	224491	12.65	13.66	12.98	8.73	17.33

资料来源：2022 年 P 县统计年鉴和 2023 年 T 县统计年鉴。

那么，为何师均、生均教育财政投入、师生比都较高的 T 县租房陪读、"搭老师"、读高价民办学校的现象较普遍？从第三部分的分析可以看出，学前教育阶段租房陪读和"搭教师"较普遍，主要原因是 T 县的偏远农村离幼儿园较远且幼儿园不招收全托生；小学阶段租房陪读、"搭老师"、读高价民办学校较多，主要原因是 T 县的公办小学不招收寄宿生而民办学校招收全托生；初中和高中阶段读高价民办学校（包括转到县外就读高价民办学校）的较多，主要原因是公办中学教育教学质量差。这说明基础教育的普惠、均衡、优质可能主要与公办幼小（含普惠性民办幼小）的布局、公办中学的教育教学质量有关。

T 县有许多生源严重不足的公办幼小，但租房陪读、"搭老师"、读高价民办学校的现象仍很严重，其原因是其公办幼小的布局不能适应县域的人口分布和人口年龄、学历结构（见表 3）。T 县是国家重点生态功能区，限制工业发展，青壮年（父代）大多外出（含到县城）打工或经商，在家照看小孩的大多是老年人（祖代），这些留守老人大多只有小学以下学历，根本承担不了公办幼小因每天放学早、每周要放两天假而导致的家庭教育责任——在校外即家庭培养学习生活习惯和辅导学业；人口密度小，居民点小、多、散，偏远居民点离乡镇幼小较远且没有公交车，其儿童上学必须由家人接送，但留守的祖父母大多没有机动车也不会开车，每天步行需 4 小时以上，在接送过程中还存在安全问题特别是在暴雨天道路被毁和冰冻天道路被冻的情况下。因此，在乡镇公办幼小（含普惠性民办幼小）不能招收全托生的情况下，留守儿童特别是偏远农村的留守儿童家庭只能租房陪读或"搭老师"或让孩子上能招收全托生的民办学校，而且其选择顺序是能招收全托生的民办学校、"搭老师"、租房陪读，与择校的经济成本正相关。总之，公办幼小的布局特别是招收全托生公办幼小的布局不能适应县域人口分布特征和人口年龄学历结构，是县域幼小发展不均衡和学前教育及小学教育阶段择校压力大的重要原因。

表3　第七次人口普查时的人口密度、常住人口的年龄结构与学历结构

区域	每平方公里户籍人口数（人）	每平方公里常住人口数（人）	0~14岁人口占比（%）	15~59岁人口占比（%）	60岁及以上人口占比	小学及文盲合计占比	高中(中专)及以上占比
全国	147.06	147.06	17.95	63.35	18.7	27.44	30.56
P县	433.04	503.26	14.22	66.65	19.13	29.44	24.68
T县	208.09	151.47	19.05	58.53	22.42	38.36	20.26

资料来源：国家统计局人口普查公报（https://www.stats.gov.cn/sj/tjgb/rkpcgb/），P县第七次人口普查主要数据公报，T县第七次人口普查主要数据公报。

　　T县读高价民办中学（包括转到县外就读高价民办学校）多，与其公办中学教育教学质量明显不如民办中学有关。而T县公办中学教育教学质量不如民办中学，与T县允许民办中学高收费和不划片招生有重要关系：收费高，可以高薪聘请优秀老师，给老师更多的奖金激励，在师资配备上相对于公办学校有优势；收费高加不划片招生，可以通过奖学金吸引特别优秀的学生。民办中学的师资力量强、生源好，当然教育教学质量好，民办中学教育教学质量好又为其高收费创造了条件，形成正向激励。但民办中学的高收费却排除了大多数普通家庭的学生，因为T县大多数普通家庭难以承受每学年每生4万多元的学费支出，而能获得民办中学奖学金的学生比例极少。大多数学生因家庭原因而丧失了公平教育机会，从而难以充分发挥学习潜力；公办学校特别是小规模乡村学校的老师也因生源流失而容易失去成就感，从而难以安心钻研教学。而且，高收费的民办学校以营利为目的，只注重应试教育和少数成绩好的学生，不注重全体学生的全面发展，也不利于教育教学质量的整体提高。因此，允许民办学校高收费和不按学区招生，是公办学校教育教学质量不如民办学校、县域整体教育质量下降的重要原因。

　　T县只注重应试教育，P县更注重全面发展，还与县域教育文化有关。P县素有"文化之邦""书画之乡""诗词之乡"等美誉，每个学校都重视美育和体育，县教育局经常举办中小学体育文艺活动，还开展了全体师生参加的大阅读和大书写活动。T县素以"状元之乡"自称，非常重视应试教

育。全县 19 个乡镇成立 21 个民间教育基金，实现乡镇全覆盖，累计募集奖教奖学基金总额超 7000 万元，每年发放奖教奖学金超过 400 万元，其发放依据均是学年统考成绩（含中考成绩)[①]，乡镇初中毕业班教师最高可获得超过 10 万元的奖励。有的村或宗族还成立了奖学基金会，如 G 村王氏基金会有近 300 万元，考上清华、北大的可奖 10 万元，考上国家一流专业的可奖 5 万元，考上一般本科的奖 1.2 万元，考上重点中学（含民办初中）的奖 1000 元。学校的音乐、美术、技术等非统考课经常被统考课占用，教师评优晋升职称也主要看统考成绩。总的来说，T 县重视统考成绩的应试教育文化加剧了教育竞争，导致家庭、教师、学生都急功近利，不注重潜能的开发，从而导致整体教育质量下降。这也是 T 县自 1992 年以来县内高中生考不上北大、清华但每年都有 T 县户籍学生在县外考上北大、清华的重要原因。

（二）中考政策：基础教育县际差异的市级政策因素

T 县高中的优质生源大量流向县外民办高中，P 县高中的优质生源基本上留在县内高中，与两县所在地级市 W 市、J 市的高中招生政策有关。自 2018 年浙江省实施高中阶段学校考试招生制度改革以来，J 市就没有核准过普通高中跨县招生，也不准市区的高中到市辖县招生，并要求市内各县优质示范普通高中学校分配比例从 2018 级学生开始不低于 60% 且逐年提高：2023 年达到 75%，计划 2024 年达到 95%，分配名额以初中毕业生人数为主要依据按比例分配到初中学校，向农村初中倾斜。而 W 市直到 2023 年还允许市内民办普通高中经所属县和生源县教育行政部门协商同意跨县招生，其中 T 县 2023 年被县外民办高中录取的就有 55 名，均是 T 县中考前 100 名；仍只要求各县公办优质普通高中分配生比例不得低于 60%。

J 市与 W 市在普通高中跨县招生和分配生比例等政策上存在如上所说的差异，其主要原因是，两个市基础教育发展的均衡状况和政策导向有明显不同。

---

① T 县小学四、五、六年级和初中一、二年级都要进行统考，由县组织统一阅卷；小学一、二、三年级由村小联盟组织统考，交叉阅卷；初中三年级要参加全市组织的中考。

J市基础教育县际和县域内学校间的差距都较小，每个县最好的公办普高（统称县一中）近几年高考都有考入清华、北大的，能够让县域内人民群众产生本县基础教育并不差的感觉；民办普高不仅占比小，而且大多比公办普高差，在 J 市民众印象中有可能超过县一中的民办普高只有 T 市外国语学校，但只招收外语特长生，且近几年招生为 360 人左右。J 市在基础教育发展的政策导向方面，很重视均衡、普惠，并通过大力发展公办教育和政府购买民办学校的学位来实现均衡、普惠。2021 年，J 市先后成为"全国基础教育综合改革实验区"（全国有 12 个，J 市是浙江省唯一入选地市）、浙江省首个"双减"试点市。为了促进基础教育的均衡和普惠，J 市在全省率先研发入学入园报名系统"入学通"，义务教育段真正实现"公民同招"，高中段率先实现"公民同招、普职同招"，实现了公平招生、阳光招生；在全市范围启动实施了"三百工程"，计划到 2026 年，总投资约 650 亿元，新（迁）建大中小学校 114 所，新（迁）建公办幼儿园 117 所，改（扩）建中小学校 105 所，新增公办中小学（幼儿园）学位约 22 万个；通过规范民办幼儿园、民办学校和政府购买学位降低民办幼儿园、民办学校的收费标准。为了"双减"，J 市有过半县（市、区）的"双减"组长由县（市、区）委书记担任，并将建好学校教育主阵地、规范整治校外培训机构等情况进行量化打分纳入各地的考核，把每个月的进度和排名情况报给当地党政"一把手"；成立校外培训机构"双减"监督组，邀请了公安、市场监管和消防等部门联合执法，聘请退休人员、法律顾问、教育工作者等志愿者担任"24 小时全天候"行风监督员，24 小时接听群众举报电话，不分时段地明察暗访；研发"双减通"应用平台，涵盖学校作业管理、课后服务管理、校外培训管理、家校协同管理等四大功能板块。义务教育的"双减"工作有力促进了基础教育的普惠，从而促进了基础教育的均衡。J 市基础教育发展的均衡，也促进了基础教育的优质，人民群众对教育的满意度大幅提高。

W 市基础教育县际和校际差距都较大，所辖 5 县 3 市中，有 2 个县和 1

个市近 20 年没有考入清华、北大的学生；民办普高不仅占比大，而且大多比公办普高好，所辖 8 县（市）中有 5 个县（市）的最好普高是民办的。W 市在基础教育发展的政策导向方面，更重视升学率，也没有要求民办学校提供普惠教育（即通过政府购买学位降低收费标准），而且有默许民办学校通过高收费和抢夺优质生源来满足人民群众对优质教育的需求和提高升学率的倾向。据说，W 市教育局在 2022 年高考成绩较好（有多人进入全省总分前十和成为单科第一）时曾计划在 2024 年开始逐渐提高优质普高分配生的比例，但 2023 年 W 市高考成绩差（没人进入全省总分前十），市教育局受到市领导批评。因此，市教育局放弃了提高普高分配生比例的计划，在 2024 年高中招生时仍给民办普高提前跨县抢夺优质生源留了政策空间；也没有严厉禁止初中分重点班和普通班、校外培训机构或老师周末补课。W 市基础教育阶段的民办学校高收费、抢夺优质生源、分重点班和普通班，加大了择校的压力，损害了学生的身心健康。

五　县域基础教育的普惠、均衡、优质政策如何促进教育公平？

P 县和 T 县的案例表明，县域教育公平既指县域内每所幼儿园、小学、初中的设备配置、师资水平、生源质量等基本均衡，每个儿童都有就近上学（含幼儿园）的权利和基本公平的教育机会，其享受高质量教育的权利不会因家庭贫困或居住偏远而丧失；又指县内教育质量与县外教育质量基本相同，在整体上不会因在县内就读而降低全面发展特别是上好大学的概率。促进县域教育公平，必须实施推动学前教育普及普惠发展、义务教育普惠均衡发展、高中教育多样特色优质发展的政策，必须通过补短、减负、提效，缩小县域内幼儿园之间的差别和中小学的校际差别并提升幼儿园和中小学的整体教育质量，必须完善市级基础教育政策特别是高中招生政策、国家的大学招生政策，必须根据县域的资源禀赋调整基础教育发展战略并充分发挥农村基层组织的作用。

推动县域基础教育普惠均衡优质发展，应将普及普惠放在首位并贯穿于学前教育、义务教育、高中教育三个阶段，学前教育和小学低年级教育应更注重普及，小学高年级和初中教育应更注重均衡，高中教育应更注重优质。县域基础教育的普及普惠就是县域内的每个儿童都能免费或低费上学（含幼儿园，下同）且能在校内完成学业，不会因家庭贫困或居住偏远而不能上幼儿园，也不会因家庭贫困而不能上好学校或进校外辅导班而影响学业完成；不允许县域内民办幼儿园和民办学校因高收费而拒收家庭贫困的儿童、只招收较富裕且重视教育的家庭的儿童，从而导致优质生源向高收费的民办学校集中。将普及普惠放在首位，是因为县域基础教育的普及普惠是县域内幼儿园和中小学校保证生源质量基本相同的前提，生源质量基本相同是教育均衡的重要内容；只有县域内基础教育均衡发展，才能促进县域内学校（含幼儿园，下同）之间、同学之间、教师之间平等合作、公平竞争，才能激发每个学生的发展潜力和每个教师的教育热情，从而促进县域基础教育的优质发展。学前教育和小学低年级教育应更注重普及，是因为留守儿童和偏远农村儿童上幼儿园和小学低年级面临特殊困难；小学高年级和初中教育应更注重均衡，是因为小学高年级和初中的校际差距较明显，容易导致择校热，只有设备配置、师资力量、生源质量都均衡，才能消除择校热和促进教育优质；高中教育应更注重优质，是因为只有县内高中（特别是普高）优质，才能避免县内优质生源外流，而且严禁县内优质生源外流是避免县中塌陷的重要抓手，而严禁县内优质生源外流需要改革高中招生制度和大学招生制度。总之，县域基础教育的普惠、均衡、优质是递进的（见图 1）。

（一）学前教育、义务教育、高中教育都应立足于普及普惠，学前教育和小学低年级应更注重普及

县域基础教育各阶段都应立足于普及普惠，就是各个阶段都要既提供足够的学位满足县内所有适龄儿童上幼儿园和中小学的需求；又要通过政府购

普惠
低收费或免费（增加公办学位或政府购买民办学校的学位，资助贫困生）
方便（为留守儿童和偏远农村儿童上幼儿园和上小学提供寄宿或校车服务，基层党组织引领互助或志愿服务）
校内课后服务（学生作业在校内老师辅导下完成）
规范校外培训

均衡
设备配置（生均投入基本相同，乡村小规模学校略高）
师资力量（办学集团化、集体教研、城乡交流）
生源质量（所有幼儿园、小学、初中都就近入学和均衡编班；高中段招生"公民同招、普职同招"，优质高中招生指标分配到区域内初中）

优质
适当增加普高学位（不强迫普职分流）
严禁普高跨县招生（办好县内公办普高）
扩大大学定向生的规模（将高校专项计划、国家专项计划、地方专项计划招生数按在校高中生数分配到国家重点生态功能区县、农业主产区县、民族县、边疆县）

图1　县域基础教育普惠、均衡、优质的逻辑

买民办学校（含民办幼儿园，下同）的学位降低民办学位的收费标准，让所有的民办学校提供普惠教育；还要为留守儿童和偏远农村儿童提供寄宿服务或接送服务，并通过校内课后服务让所有儿童都能在校内完成作业。

学前教育和小学低年级应更注重普及，是因为这一学段的儿童寄宿或接送面临特殊困难：多数普惠型幼儿园和小学不愿提供寄宿服务，留守儿童或偏远农村儿童走读很困难只能选择租房陪读或"搭老师"或休学。但笔者观察在校寄宿的幼儿和低年级小学生发现，留守儿童和偏远农村低年级小学生在校住宿，由学校进行封闭管理（每天统一起床、吃饭、睡觉、上课、作业、娱乐、游戏），其自理能力更强、睡眠时间更充足（因节省了上下学的通勤时间）、良好的作息和学习习惯更易养成、营养更均衡和身体健康更有保障；家长也可安心外出打工，增加家庭收入。但幼儿和小学一、二年级在校住宿确实容易导致儿童的个性和童心被压制，让部分不爱交流的同学更加自闭。就整体而言，相对于无家人管教或家人管教无方的走读生，在校住宿生的优势更明显一些，在校住宿是方便留守儿童和偏僻农村儿童上幼儿园和小学并确保教育质量的有效举措。提供寄宿服务的幼儿园和学校如果配备足够的有爱心的生活老师，老师经常找学生交心谈心，经常组织学生开展集体性娱乐活动，并关注儿童的个性，可进一步弱化幼儿和小学生在校住宿的不利影响，彰显在校住宿的优势。

（二）小学高年级和初中应更注重均衡，均衡是县域内各个学校的设备配置、教师力量、生源质量没有明显差异

小学高年级和初中应更注重均衡，就是县域内各个小学高年级、初中年级的教育质量的校际和班际差异应逐步缩小，要特别注重缩小城乡学校差距和公民办学校的差距，各个学校的设备配置、教师力量、生源质量要基本均衡。其中设备配置均衡指生均投入基本相同，乡村小规模学校生均投入应略高；师资力量均衡就是要通过办学集团化、集体教研、教师城乡交流、教师农村生活津贴等措施缩小城乡学校和公民办学校的师资配备差距；生源质量均衡就是所有小学、初中（不分公办和民办）都必须划片招生、就近入学和均衡编班，高中段招生"公民同招、普职同招"，逐步提高优质高中分配生的比例。

（三）高中教育应在普及普惠的基础上多样化、特色化、高质量发展，并通过招生制度的改革支持县中振兴

高中教育的普及普惠，就是增加高中特别是普高学位，为每一个初中毕业生提供免费或低费上高中的机会，并且不强迫普职分流；高中教育的多样化特色化高质量发展，就是普通高中、职业高中都要突出特色和提高质量，逐渐缩小其与城市高中、优质民办高中的差距。为了振兴县中，必须改革招生制度，要严禁县外的普高特别是民办高中来县招生或通过其他途径抢夺优质生源，应适当提高大学定向生的比例，将高校专项计划、国家专项计划、地方专项计划招生数按在校高中生数分配到国家重点生态功能区县、农业主产区县、民族县、边疆县；人口特别少的县（如户籍人口不到 10 万人）可在县外省内的大中城市开办面向本县招生的普通高中和职业高中。

作者：王习明，温州大学马克思主义学院（温州市，325035）；
王子愿，温州医科大学马克思主义学院（温州市，325035）

贫困的能力结构：一个解释框架*

林辉煌

内容摘要 贫困描述的是家庭可支配收入无法充分满足家庭基本需求的一种匮乏状态。资产理论能够解释可支配收入来源的问题，但是无法解释家庭基本需求成本的问题，而且对资产的解释，最终也会回到能力问题上。既有的能力理论呈现解释层次错位和过度抽象化的状态，本文将扩展能力理论的研究，采用能力结构的框架来解释贫困产生的原因，论证家庭能力、社区能力和国家能力的不足是导致家庭可支配收入不高以及家庭基本需求成本过高的根本原因。贫困治理需回应贫困的产生原因与返贫原因，促进家庭、社区和国家三层次能力的持续增强，才能真正减少贫困和预防贫困，进而推动国家的现代化转型。

关 键 词 贫困 能力结构 家庭能力 社区能力 国家能力

中国已经打赢了脱贫攻坚战。但是，作为一个社会问题，相对贫困依然会以各种形态存在于 2020 年之后的中国社会。如何巩固脱贫攻坚战的既有成果、预防返贫及新型贫困形态的产生、有效治理相对贫困，是 2020 年之后贫困治理工作的关键所在。为此，我们必须从既有的扶贫经验出发，进一步在理论层面厘清贫困的属性与生产机制。

---

* 本文为国家社会科学基金青年项目"农村基层干部社会治理能力提升研究"（项目编号：20CKS068）的阶段性成果。IPP 贫困研究小组参与了本文的写作讨论，尤其是邓淑宜博士对初稿提出了细致的修改建议，在此一并表示感谢。文责自负。

一　收入、消费与贫困

学界在界定贫困问题的时候，一般都是围绕收入展开的。然而因为被调查者倾向于隐藏自身的真实收入，导致收入有可能被低估。因此一些学者提出，采用消费/支出变量来测量贫困状况更为真实可靠。以消费为变量，可以对贫困进行不同的分类：在所有时间内都保持低消费的是持久性贫困，由消费的跨期变动而导致的贫困为暂时性贫困，平均消费持续低迷的是慢性贫困。也有学者结合收入和消费两个变量重新理解贫困的类型，将家庭的收入和消费都低于贫困线标准的状态称为持久性贫困，将家庭的收入低于贫困线而消费高于贫困线的状态称为暂时性贫困，而将家庭收入高于贫困线但是消费低于贫困线的状态称为选择性贫困[①]。根据消费来测量贫困可能存在两个问题：第一，收入低于贫困线而消费高于贫困线的家庭，不一定是因为既有资产较多，也有可能是通过举债来消费，其自身的真实消费能力不一定很高；第二，收入高于贫困线而消费低于贫困线的家庭，如果消费是可以自行控制的，仅仅是因为生活习惯或宗教习惯而保持低消费水平，那么就没有理由将其视为贫困户。

以收入指标为基础，我们可以进一步讨论贫困的属性。绝对贫困理论认为，贫困是一种客观的存在，而不仅是比较（相对）的产物或想象（主观）的产物。当家庭的可支配收入不足以提供维持家庭成员身体正常功能所需的"最低"或"基本"数量的生活必需品集合（主要包括食品、衣服等），这种生计资源的匮乏状态就是一种典型的绝对贫困[②]，亦即生计贫困。生计贫困的概念始于 20 世纪初期，用来描述一个家庭难以生存的绝对困境。从生物学的角度来看，维持生存需要最基本的营养条件，而这些营养条件是可以精准测量并转化为基本收入指标的。到 20 世纪中期，考虑到贫困家庭的社

---

① 李实、John Knight：《中国城市中的三种贫困类型》，《经济研究》2002 年第 10 期。
② 〔印度〕阿马蒂亚·森：《贫困与饥荒》，王宇、王文玉译，商务印书馆，2001，第 36 页。

会需求和人力资本积累的需要，诸如公共卫生、教育和文化设施等社会保障内容被加入绝对贫困的收入测度中，由此产生了基本需求的概念①。所以，真实存在、触手可及的贫困，一般被描述为家庭基本需求的匮乏，人们可以利用绝对贫困线来测度贫困的广度和深度。大致而言，家庭基本需求包括食物、穿戴等基本生存需求，以及基础教育、基本医疗、基本住房等基本社会需求；贫困所描述的正是家庭可支配收入低于家庭基本需求成本的一种状态。

根据家庭基本需求的成本，可以合理确定贫困线的水平，具体方法包括预算标准法②、食物支出份额法③、马丁法④和食物—能量摄取法⑤等。从现有贫困线的确定方法来看，主要依据的是食物支出，强调食物维持家庭成员身体能量的作用是贫困线确定的基础。虽然非食物支出在贫困线的确定过程也被考虑进去，但是基本上都属于家庭基本生存需求，至于教育、医疗、住房等基本社会需求的成本则较少在贫困线的确定中得到充分反映。换言之，官方的绝对贫困线标准常常低于实际的家庭基本需求成本。

如果说绝对贫困测量的主要是家庭收入无法满足基本需求的一种匮乏状态，那么相对贫困测量的主要是社会的不平等；相对贫困不再基于基本需求，而是基于社会比较⑥。如果所有家庭都能够实现其基本需求，那么还存在贫困问题吗？相对贫困理论要回答的就是这个问题。根据该理论，那些在物质和生活条件上相对于他人匮乏的状态就是相对贫困。相对贫困关注的不仅仅是客观物质条件差异，还有由这种差异所可能带来的社会排斥与相对剥

---

① 陈宗胜、沈扬扬、周云波：《中国农村贫困状况的绝对与相对变动——兼论相对贫困线的设定》，《管理世界》2013年第1期。
② 预算标准法是通过维持居民基本生存消费品的种类、数量及其相对应的价格来计算绝对贫困线的方法。
③ 食物支出份额法是通过确定居民食物贫困线以及恰好处于绝对贫困线上居民食物支出占总支出份额计算绝对贫困线的方法。
④ 马丁法的特点是根据食物贫困线确定两条贫困线：一条为贫困线上限，另一条为贫困线下限。
⑤ 食物—能量摄取法假定人体能量的摄入量由其消费食物种类和数量所决定，而消费食物的种类和数量则由收入决定，所以在一定时期内人体能量摄入量由其收入决定。
⑥ 杨立雄、谢丹丹：《"绝对的相对"抑或"相对的绝对"》，《财经科学》2007年第1期。

夺感。经济发展所带来的贫富差距的扩大，以及这一差距所带来的严重的社会和政治紧张局面，对社会凝聚力具有极大的破坏性[①]。贫富差距剧增以及相对贫困的形成，实质上是整个社会资源分配不平等所导致的相对窘迫状态。

相对贫困的测量，一般以相对贫困线为标准。而相对贫困线的制定方法主要有以下四种：第一种是预算标准法，即由专家所研究的贫困群体的代表根据社会认可的生活水平讨论并确定的收入贫困线；第二种是社会指标法，即通过计算群体成员的剥夺程度、依据收入和剥夺程度的关系来计算贫困线；第三种是 ELE 法（Extended Linear Expenditure System），即以拓展线性支出系统为理论基础制定的贫困线[②]；第四种是收入法，即以社会收入集中趋势的一定比例作为相对贫困线，如均值和中位数，比如世界银行认为只要是低于平均收入 1/3 的社会成员即可视为相对贫困人口，欧盟则将收入水平位于中位收入 60% 之下的人口归入相对贫困人口[③]。

前文的讨论主要涉及贫困问题的两个层面，即贫困的客观性问题和贫困的测量指标问题。关于贫困第三个层面的讨论是如何测量总体贫困，即如何对穷人进行"加总"，这是制定减贫政策的必要前提。

对穷人的"加总"，就是把对个别穷人的描述变成某种贫困测量。流行的做法是，先计算穷人人数，再计算穷人人数占社会总人数的比例。这种数人头的方法（head-count measure）实际上测度的是贫困发生率，这在阿马蒂亚·森看来至少存在两大缺陷：第一，没有考虑穷人收入低于贫困线的程度（贫困深度），在不影响富人收入的情况下，整体穷人的收入减少并不会改

[①] 庄巨忠：《亚洲的贫困、收入差距与包容性增长：度量、政策问题与国别研究》，中国财政经济出版社，2012，第 6 页。

[②] 与预算标准法类似，ELE 法依靠居民自己所选择的生活必需品来计算相对贫困线；不同的是，预算标准法需要通过代表的讨论来确定必需品的种类，而 ELE 法认为居民在日常消费中已经区分了必需品和非必需品，因此只要通过居民消费数据就可计算出相对贫困线。

[③] 李永友、沈坤荣：《财政支出结构、相对贫困与经济增长》，《管理世界》2007 年第 11 期。

变对穷人的人数度量；第二，对穷人之间的收入分配不敏感，尤其是当收入从一个穷人向富人转移时，对穷人的人数度量也不会增加[①]。以贫困发生率为基础制定出来的减贫政策，往往导致扶贫资源分配上的"劫贫济富"效应。因为这一类减贫政策的评价标准主要是降低贫困发生率（减少贫困人口数量），而实现该目标最有效的方式就是集中资源优先扶助那些收入接近贫困线的较"富裕"的贫困人口，忽视最贫困的人口[②]。

为避免上述问题，总体贫困的测度应当包含三个维度，即贫困广度（贫困人口数相对于总人口数的比例）、贫困深度（贫困人口收入与贫困线之间的差距）、贫困强度（收入在贫困人口间的分配）。利用森构建的公式，即 $P=H\{I+(1-I)G\}$，P 是总体贫困度量，H 是贫困人口比例，I 是收入缺口比例，G 是穷人之间收入分配的基尼系数。Sen 指数确立了贫困指数研究的基本框架，后续的研究者虽然提出很多其他指数，但是除了 SST 指数（Sen-Shorrocks-Thon）和 FGT 指数（Foster、Greer & Thorbecke）外，在测量性能上明显超越 Sen 指数的几近于无。SST 指数克服了 Sen 指数在连续上的不足并消除了 Sen 指数在转移公理上的局限性，而 FGT 指数对贫困深度的反映更直接、更细致，且拥有 Sen 指数和 SST 指数所没有的加性分解性（Additive Decomposability Axiom）[③]。

无论是 Sen 指数，还是 SST 指数和 FGT 指数，都是在一个特定时间点静态地度量家庭的贫困状况，而没有将家庭的未来福利或风险因素考虑进去。针对这个问题，近年来兴起了有关贫困脆弱性的研究，揭示了非贫困家庭陷于贫困的风险可能性。从这个意义上讲，贫困脆弱性是一种前瞻性的测量，

---

① 〔印度〕阿马蒂亚·森：《贫困与饥荒》，王宇、王文玉译，商务印书馆，2001，第 18 页。
② 陈宗胜：《中国农村贫困状况的绝对与相对变动——兼论相对贫困线的设定》，《管理世界》2013 年第 1 期。
③ 陆康强：《贫困指数：构造与再造》，《社会学研究》2007 年第 4 期。加性分解性，指在给定其他条件下，如果一个社群可划分为若干个互不重叠的亚组，那么以各亚组人数的比例为权数，该社群的贫困指标应等于各亚组贫困指标的加权算术平均数；如此可使贫困指标实现社会结构或区域结构的解析和综合，便于观察部分贫困程度对整体贫困程度的影响。

测度的是家庭暴露于未来风险而给家庭生存发展可能带来的影响。

实际上，贫困脆弱性的理论需要解决两个层面的问题。第一层面的问题是贫困的本质问题，即回答未来的贫困是什么？在这一点上，贫困脆弱性与收入贫困并无二致，都是将贫困界定为家庭收入无法充分满足家庭基本需求的一种匮乏状态或相较于其他社会成员的相对匮乏状态。第二层面的问题，就是研究可能导致未来家庭陷于贫困的风险因素，本质上就是对致贫因素的研究。在这一点上，贫困脆弱性的研究开启了下文有关资产和能力的研究。

二 资产、能力与贫困

上一节主要讨论贫困的属性问题，即个体贫困的识别指标、贫困的客观性以及总体贫困的测度。这一节将从既有的资产理论和能力理论入手，讨论贫困生产的机制。

资产理论认为，资产的匮乏是贫困之所以发生的根源。我们应当超越以前那种将减贫政策集中在收入和消费基础上的做法，更多关注储蓄、投资和资产的积累，建立以资产为基础的福利政策，寻求社会政策与经济发展的有效整合。以资产为基础的政策设计，不仅仅是针对家庭，而且也针对社区。

资产理论相信，建立以资产积累为核心的社会政策，比紧紧盯着收入的政策更有利于促进经济社会的发展，从长期来看，一种投资驱动的经济要远优于消费驱动的经济。[①] 拥有资产被认为能够提升经济稳定性，将人们与可行有望的未来相联系，有助于中产阶级的形成和壮大，培育能够进行财富积累、具备长期思维和积极的公民性的现代家庭[②]。英国于2005年建立了儿童信托基金，赋予所有在英国出生的新生儿一个个人存款账户，而且对低收入家庭给予更多的补助，这是全球第一个全民性的（所有儿童）、进步性的

---

① 〔美〕迈克尔·谢若登：《资产与穷人——一项新的美国福利政策》，高鉴国译，商务印书馆，2007，第343页。
② 〔美〕迈克尔·谢若登：《资产与穷人——一项新的美国福利政策》，高鉴国译，商务印书馆，2007，第256页。

（穷人获得更多补助）、以资产为基础的社会政策。新加坡的中央公积金则是全世界内容最丰富的以资产为基础的社会政策。

我们可以将收入和资产置于同一个连续统的两端，收入的关键尺度是稳定性，资产的关键尺度是限定性，收入和资产在连续统的中间几乎会合——一种稳定的权利收入在很大程度上相当于一种完全限定性资产。私人或公共来源的权利收入是最稳定的收入，比如基于残疾或孤寡的补贴。完全限定性资产由个人拥有，但是个人不能直接占有这些资产，比如退休养老金。个人退休账户，则属于部分限定性资产。所有形式的金融证券、房地产和其他资产的投资，属于非限定性资产[①]（见图1）。

图1　收入与资产的连续统

资产在形态上包括有形资产和无形资产，它们共同构成了家庭收入的来源。有形资产主要包括货币储蓄、不动产、机器、家庭耐用品等。无形资产主要包括享有信贷、人力资本、文化资本、非正式社会资本或社会网络等。

作为影响收入的关键因素，资产的分布状况在很大程度上就决定了贫困的分布状况。一般来说，资产不平等的国家，其收入不平等的情况通常也比较严重。在发展中国家，收入不平等的一种重要关联因素是土地分配的不平等[②]。自然资源的贫乏或开发利用不足，在很大程度上造成了区域性的贫困[③]；低水平的人力资本，则使得贫困人口几乎被锁定在一个经济社会低度

① 〔美〕迈克尔·谢若登：《资产与穷人——一项新的美国福利政策》，高鉴国译，商务印书馆，2007，第118~120页。

② 庄巨忠：《亚洲的贫困、收入差距与包容性增长：度量、政策问题与国别研究》，中国财政经济出版社，2012，第64页。

③ 姜德华等：《中国的贫困地区类型及开发》，旅游教育出版社，1989，第30~37页。

发展甚至停滞的恶性循环之中①。

由此可见，资产的多寡可以解释家庭可支配收入的来源。但是，资产理论作为贫困生产的解释机制，也存在不足之处。经验表明，对于权利和能力缺失的人群而言，即使拥有房子和土地等资产也不一定能够确保其过上富足的生活。这意味着存在一个权利结构和能力结构的问题，它们的缺失很可能会影响资产的收入转化率。所谓"能力"，看起来似乎与资产理论中的政治资本和部分人力资本、社会资本类同，然而在阿马蒂亚·森看来，这些都属于个人资源的范畴。森的能力理论认为，所有资源都还存在一个转化的问题，而转化率受到权利和能力整体设置的影响。也就是说，资源和能力应被作为两个理论范畴区分开来。按此分析，对资产与贫困关系的解释并不具有必然性，最后往往要回到能力的问题上。

正是基于对以资源（尤其是收入）为基础的减贫政策的不满，森提出了能力贫困的概念。在他看来，贫困必须被视为一种对基本能力的剥夺，而不仅仅是收入低下②；贫困应当被视为达到某种最低可接受的目标水平的基本能力的缺失；换言之，贫困并不是个体福利少，而恰恰是缺少追求个体福利的能力；如果我们只关注收入的多少，那么剥夺的程度就可能被低估，因此有必要明确引入能力缺失的概念③。如果我们将能力作为贫困的属性来理解森的能力理论，很容易陷入过度抽象化以至于难以测量贫困的困境之中；在这里，森的能力理论存在解释层次错位的问题。为避免这一问题，我们可以从贫困生产的角度来重新解读森的能力理论，即把能力的匮乏视为贫困产生的原因而非贫困的属性。这样一种解读方法不仅不会减损森的理论贡献，而且能够使其能力理论的论述层次更为清晰。

森的能力理论包含着一对关系紧密的概念，"生活内容"和"能力"。

① 沈红等：《边缘地带的小农：中国贫困的微观解理》，人民出版社，1992，第38~42页。

② 〔印度〕阿马蒂亚·森：《贫困与饥荒》，王宇、王文玉译，商务印书馆，2001，第73页。

③ 〔印度〕阿马蒂亚·森：《论经济不平等/不平等之再考察》，王利文、于占杰译，社会科学文献出版社，2006，第319~322页。

"生活内容"既包括最基本的生活内容，如获得良好的营养供应、避免那些本可避免的死亡和早夭等；也包括更为复杂的成就，如获得自尊、能够参与到社会活动中等等。[①] 而与"生活内容"概念密切相连的是可实现生活内容的"能力"概念，它表示人们能够获得的各种生活内容（包括某种生存状态与活动）的不同组合，反映了人们能够选择过某种类型的生活的自由[②]。这些"生活内容"，在很大程度上可以视为"家庭基本需求"；而"能力"则是家庭基本需求能否得到满足的原因。

受到森的能力贫困理论的影响，联合国在 1997 年《人类发展报告》中提出一个度量贫困的新指标，即"人类贫困指数（HPI：Human Poverty Index）"。根据人类贫困指数，在发展中国家，贫困是由未存活到 40 岁的人的百分比、文盲率、缺乏保健服务和安全饮用水的人所占的百分比，以及 5 岁以下的儿童体重不足的人所占的百分比来衡量的；发达国家则是由未存活到 60 岁的人的百分比、功能性文盲率、收入低和长期失业来衡量。2000/2001 年世界银行的《世界发展报告》也吸收了能力贫困概念，将贫困定义为福利被剥夺的状态，它不仅指收入、地位和人力发展不足，还包括人面对外部冲击的脆弱性，以及缺乏发言权、权利被社会排斥[③]。

从相对贫困的角度来看，贫困的本质是一个不平等的问题，贫困的治理则是对平等的合理恢复。在很大程度上，收入和资产的平等分配都可以归结为德沃金的资源平等问题，与此相对应的则是森的能力平等，这是相对的两种平等理论。两种平等理论的分歧在于：第一，资源平等关注的是个人所拥有的资源是否平等，而能力平等关注的则是资源转化能力是否平等。第二，资源平等主张排除原生运气对分配的影响，使人们在非人格资源（如土地、房屋等）上达到平等，并对人格资源（健康、才能等）处于不利地位者进

---

① 〔印度〕阿马蒂亚·森：《论经济不平等/不平等之再考察》，王利文、于占杰译，社会科学文献出版社，2006，第 227 页。

② 〔印度〕阿马蒂亚·森：《论经济不平等/不平等之再考察》，王利文、于占杰译，社会科学文献出版社，2006，第 256 页。

③ 肖巍：《作为人权的发展权与反贫困》，《社会科学》2005 年第 10 期。

行补偿；能力平等认为不仅应该关注资源的分配问题，更应关注由社会环境以及偏见等因素所造成的不平等①。第三，资源平等对人际相异性的问题视而不见，而能力平等则强调人际相异性的重要②。大略而言，资源平等更为关切的是程序上的平等，只要对资源进行最大限度的平等配置（包括对初始条件不平等的弥补）即可，至于对资源本身的使用效果则无须予以考虑；能力平等则更强调实质平等，因此要关注资源转化（为自由）的能力是否平等，以及由社会结构本身的问题所可能造成的不平等。

能力理论对贫困产生的原因作出了深刻的分析，贫困的治理不仅仅是资源能否平等配置的问题，更是资源能否平等转化为"生活内容"抑或"自由"的问题。但是，森的能力理论也存在自身的困境。第一，能力的概念过于抽象，没有明确具体的内容，这在一定程度上降低了该理论对具体贫困问题的解释力以及在具体政策制定中的指导意义。第二，森的能力理论不能有效解释家庭基本需求成本，因而无法全面解释贫困生产的机制。

三　贫困的能力结构

对于贫困生产的讨论，能力是一个关键的概念。为了克服森的可行能力理论所存在的问题，我们需要重构能力的理论框架，将能力概念操作化，同时引入社区和国家的视角，从而尝试对家庭基本需求成本的产生和控制作出解释。我们将改造后的理论称为"贫困的能力结构"，它不否定在贫困生产过程中个体主观能动性的作用，但是更为强调结构本身的决定性作用。引入新的主体之后，能力结构理论被操作为家庭能力、社区能力和国家能力三个层面，它们共同作用于家庭可支配收入和家庭基本需求成本，从而形塑了贫困的生产机制。之所以不把个体因素纳入能力结构体系之中，是因为个体因

---

① 高景柱：《资源平等抑或能力平等？——评德沃金与阿玛蒂亚·森的平等之争》，《同济大学学报》（社会科学版）2009 年第 2 期。
② 高景柱：《超越平等的资源主义与福利主义分析路径——基于阿玛蒂亚·森的可行能力平等的分析》，《人文杂志》2013 年第 1 期。

素在很大程度上取决于家庭能力的影响，个体是否聪明、健康、努力，最终都可以归因于家庭、社区和国家的结构性作用。

　　贫困的形成，首要原因在于家庭能力的匮乏，无法获得足够的收入来满足家庭基本需求。家庭能力主要包含知识能力、健康能力和交往能力等；家庭能力水平越高，家庭可支配收入越高。知识能力可以用家庭平均受教育水平（或家庭成员受教育的最高水平）来衡量。健康能力可以用家庭平均健康水平（营养、身高、寿命、患病情况等）来衡量。交往能力可以用家庭社会网络的规模来衡量。社会网络的规模越大，家庭的社会支持度越高，可以获得的资源（经济救济、工作机会）越多。知识能力、健康能力、交往能力既可能相互强化，在家庭资源有限的约束下，三者也存在竞争关系。例如，在家庭资源匮乏的情况下，投入教育的资源增多，意味着投入健康和社会交往的资源就会减少。

　　在现代国家建设中，社区能力的本质在于实现社区需求与国家资源的有效对接，从而为社区成员提供公共服务和公共品的能力[①]。社区能够提供越多、越好的公共品，家庭的可支配收入就有可能得到提升，而家庭基本需求成本则有可能得以降低，从而减少贫困发生的可能性。社区能力可以进一步分解为三种能力，即表达能力、整合能力和执行能力。表达能力是指社区作为一个整体表达意见和需求的能力，可以通过表达人数和表达渠道来衡量表达能力的强弱。整合能力是指社区作为一个整体就不同意见、不同利益进行协商并使之达成一致的能力，可以通过协商次数和协商达成一致的次数来衡量整合能力的强弱。执行能力是指社区作为一个整体将社区公共意志落到实处的能力，可以通过治理钉子户的效果和公共品建设是否如期完成来衡量执行能力的强弱。社区的表达能力、整合能力、执行能力环环相扣，互相渗透。在社区公共意志的整合、执行过程中，实际上也离不开表达能力的基础性作用；而充分的社区表达，实际上也能起到一定的整合功能，社区执行能

---

① 徐延辉、龚紫钰：《社会质量、社区能力与城市居民的能力贫困》，《湖南师范大学社会科学学报》2015 年第 5 期。

力的有效实现，在本质上就是对不同意见的再整合；充分的社区表达与有效的社区整合，最终将有利于推动社区公共意志的执行。

与社区能力类似，国家能力的核心功能在于有效提供公共产品，区别在于，在现代社会，由国家提供的公共品更为广泛、更具基础性。国家能力越强，能够提供越多、越好的公共品，一方面可以提高家庭可支配收入，另一方面可以降低家庭基本需求的成本。国家能力还可以具体细分为四种能力，即渗透能力、动员能力、统筹能力和治理能力。渗透能力是指政府自上而下投入人力、财力的能力，衡量标准是人力、财力的投入量和效果。动员能力是指政府动员人力、财力的能力，衡量标准是因政府动员而新增的人力、财力的数量和效果。统筹能力是指政府对既有资源进行优化配置、公平分配的能力，衡量标准是政府统筹既有资源的数量、效果以及统筹层级与统筹需求的匹配程度。治理能力是指政府与社会对接的能力，衡量标准是政府与社会互动的频率和效果。渗透能力、动员能力、统筹能力、治理能力构成统一的国家能力体系，缺少哪一方面，国家的公共品建设都不容易实现。渗透能力、动员能力、统筹能力分别涉及政府对资源的投放、筹集和配置，而这三个方面都离不开治理能力来沟通国家与社会的关系；而国家与社会良性互动的能力，则是在政府投放、筹集和配置资源的过程中逐渐形成与强化的。

贫困往往不是哪一种能力的匮乏单独造成的，而是在家庭能力、社区能力和国家能力的共同作用下产生的。因此有必要仔细分析这三种能力之间的相互作用。

家庭的教育水平、健康水平越高，交往能力越强，社区作为一个整体越有可能充分表达和整合不同意见，并且将形成的合作方案落到实处，从而推动社区公共品的建设。社区能力越强，越有可能将国家资源引入社区、形成公共产品，从而为提升家庭的教育、健康和交往水平提供条件。有些政府项目虽然已经到达村口，但是因为村民无法达成一致意见或者无法有效治理钉子户，结果导致项目进不了村，农民享受不了相应的国家资源。良好的社区能力，不仅能够带来公共产品的有效落地，还有助于抑制不合理的社会交往，使人情不至于异化①。

　　家庭能力越强，越有可能与国家形成良好的互动，准确表达家庭发展的内在需求，使国家资源的投放更具针对性。换言之，现代化的国家建设，离不开现代化的家庭基础。而家庭能力的发展与积累，更离不开国家能力的支撑。国家对资源的筹集、配置与投放，是家庭享受良好教育和医疗条件的重要保障；减少医疗和教育方面的"非收入贫困"，公共部门进行有针对性的干预具有关键性的作用②。从这个意义上讲，家庭能力的匮乏，本质上是国家能力不足的后果。

　　国家资源的投放要最大程度发挥效用，需要准确回应社会需求，这就离不开社区能力的作用。社区能力的本质在于搜集、整合、执行分散农户的需求，只有当社区能力足够强，方能将这些分散的需求整合起来并实现与国家资源的有效对接。离开社区，让国家直接与个体家庭打交道，既无效率也不现实。社区能力的发展与积累，也离不开强有力的国家支持。社区的功能就在于实现国家资源与社会需求的有效对接，如果没有国家资源的持续性输入，社区能力往往会逐渐萎缩。

　　作为能力结构的三个维度，家庭能力、社区能力、国家能力在贫困生产与治理过程中共同发挥作用。家庭能力的积累，很大程度上取决于家庭资源的配置模式。若家庭资源只够维持基本的生存需求，而没有更多的资源投入到教育、健康和社会交往上，那么家庭能力就不可能得到发展。因此，发展家庭能力，需要国家资源的有效介入，比如建立良好的教育系统、医疗系统、水利系统、社保系统等，将国家投放的教育资源、医疗资源、水利资源、社保资源等转化为家庭能力发展的资源，从而降低风险和冲击带来的影响、防止贫困的发生。然而，国家资源不可能直接渗透到家庭，这些资源需要通过社区这一中介发挥作用。换言之，家庭发展需要什么样的资源，只能

---

① 贺雪峰：《论熟人社会的人情》，《南京师大学报》（社会科学版）2011年第4期。
② 庄巨忠：《亚洲的贫困、收入差距与包容性增长：度量、政策问题与国别研究》，中国财政经济出版社，2012，第18页。

借助社区的整合得以表达，从而实现需求与资源的对接；国家资源往往以公共品的形式发挥作用，而这些公共品要真正落地，也离不开有效的社区支持。

四　贫困治理与现代国家转型

贫困的形成，直接原因是家庭可支配收入不足以支付家庭基本需求成本。而低收入水平和高昂的家庭基本需求成本之间的矛盾，从根本上讲是能力结构的缺陷造成的。国家能力、社区能力和家庭能力的不足，导致家庭成员一方面没有能力获得好的工作机会（从而获得稳定的收入），另一方面却要支付不合理的基本需求成本。从这个意义上讲，贫困治理应当聚焦于能力结构的进一步完善，从国家能力、社区能力、家庭能力三个维度出发，巩固既有的减贫成果，构建一套预防贫困、治理相对贫困及返贫问题的有效制度。

完善能力结构的过程，实际上也是现代国家的转型过程。现代国家的主要特征是：第一，国家能够有效地进行公共品建设；第二，较高的社会自治水平；第三，公民较高的国家认同。这三个特征分别反映了国家、社区和家庭的能力发展水平。

现代国家被要求承担越来越多的公共品建设职能，实现公共资源的有效和公平配置。配合这一职能的改革，是财税制度的集权化，越来越多的财税资源由政府（中央政府）掌控。这些资源的有效、公平配置，离不开强有力的国家能力。可以认为，国家能力是整个能力结构的核心，恰似整个经济社会建设的发动机。通过国家这一发动机，各项公共资源不断输入社区和家庭，逐渐转化为社区能力和家庭能力。因此，贫困治理关键就看国家资源是否有效提升了社区能力和家庭能力。

现代国家不应是简单的、全盘官僚化的国家，更不是警察国家，由国家完全控制和按计划分配所有资源；现代国家的核心标志应当是国家资源（意志）与社会需求的有效对接。要实现这一对接，离不开社区的中介作用。如果说现代国家建设的宗旨是更好地造福于民众，那么国家能力的意义就在于将国家资源转化为家庭可持续发展的内生能力。而实现这一转化的重要媒介就是社区，通过社区这一转化器，分散的家庭需求可以整合起来对国家资源提出要求，国家资源也能够通过社区来准确回应家庭的需求。社区能力的积累，一方面要借助国家的资源，回应民众需求，另一方面也需要保持自身的主体性，而不至于演变成为国家官僚层级的一部分，或者是民众需求的简单传输器。社区能力建设的关键就在于能够实现民众与国家的有效对话，通过对话使双方学会合理妥协与良性合作的技能，共同完成公共品的建设。

现代国家，说到底就是现代家庭和现代公民。这意味着家庭应具备内生发展的能力，能够利用国家提供的各项公共品，提升家庭成员的受教育水平、健康水平和社会交往水平，并在这个过程中形成良好的现代国家认同。换言之，现代家庭不是简单地接受国家资源（等靠要），它具备将这些资源转化为发展的能力。需要指出的是，家庭能力的积累，除了发挥主观能动性之外，更需要国家层面的政策制度设计和社区层面的有效整合机制。可以认为，贫困的生产首先源于家庭能力的不足，而家庭能力的不足则根源于社区能力和国家能力的不足。

总而言之，贫困治理不应是简单的国家资源输入（到家庭），更需要建立家庭能力的积累机制；而家庭能力的有效积累，则离不开社区能力和国家能力的支持。减贫政策，不应简单地着眼于家庭收入表面的提升，而应当直接作用于贫困的生产机制，致力于解决致贫的根本原因。换言之，减贫政策只有消除了贫困的肇因，即推动家庭、社区和国家三层能力的持续积累，才能真正减少贫困、预防贫困。传统的减贫政策在很大程度上只是一种临时性的、事后的补偿机制，无法通过能力建设来抵御贫困的风险①。从这个意义上讲，能力结构的理论框架作为一个整体，既是理解贫困生产的关键，也是制定减贫政策的理论基础。当然，三种能力的水平在

① 徐月宾、刘凤芹、张秀兰：《中国农村反贫困政策的反思——从社会救助向社会保护转变》，《中国社会科学》2007 年第 3 期。

很大程度上受制于国家和地区的经济社会发展状况，能力建设本身也需要大量的资源投入。因此，应当历史地看待能力结构的问题，而不应急于求成；如何科学合理地布局家庭能力、社区能力和国家能力的发展，是另外一个值得深入探讨的课题。

作者：林辉煌，华南理工大学公共政策研究院（广州市，510640）

区块链技术、信息设计与农村信贷市场效率提升*

刘祚祥　郭雅琴

内容提要　信息设计理论认为给定博弈规则的前提下，改变参与者的信息结构可以改变其策略行为，进而改变市场效率。其关键问题是需要论证信息设计者的承诺力。区块链技术凭借其去中心化、信息难以篡改等特点，具有了与电商平台、有声誉的政府等中心化组织一样的承诺力，从而为优化农村金融市场各参与者的信息结构、破解农村金融信贷市场效率难以提升的困境，提供了新契机。本文在信息设计理论基础上，构建了"金融机构—农户"博弈模型，推导出区块链技术引入前后农户和金融机构的演化稳定策略，并运用 MATLAB 进行数值仿真模拟。结果表明，区块链技术能够改变农村信贷市场各参与主体的信息结构，从而改变农村信贷合约各参与方的策略行为，推动农户与金融机构作出合作决策，为提高农村信贷市场效率提供了微观基础。

关 键 词　区块链技术　信息设计　信息不对称　演化博弈

一　引言

金融是关乎价值跨时空交易的技术设计，该项技术运用契约、制度和单据，以实现未来收益承诺这一本质上假想的东西。由此可见，金融活动涉及

---

* 本文为国家社科基金一般项目"数字技术视阈下农地经营权抵押贷款研究"（项目编号：23BJL128）的阶段性研究成果。

交易双方在今天与明天，或者未来不同事件点之间的价值交换①。如果金融市场足够发达，或者配置资金、风险的合约的缔结成本与履约成本足够低，其价值交换的市场机制就容易构建。长期以来，信息摩擦一直是影响农村金融合约缔结的主要约束条件，是农村信任机制的有机组成部分。信息摩擦包括了搜寻摩擦带来的搜寻成本和信息不对称带来的信息租金②。农村金融市场效率低下，主要是因为农村金融合约缔结中，在既有的信息结构与博弈规则下，农户、信贷结构等各参与方难以缔结信贷合约。信息设计理论认为，在给定博弈规则的前提下，通过改变参与者的信息结构能够改变各参与方的策略行为③。在不完全信息下，知情方（委托人）通过设计一种信息结构（通常是与真实状态相关的信号）来"劝"不知情方（代理人）按照自己的意图行事。在不完全信息的情景中，关于真实状态的信息对于不知情方是很有价值的。这时候，该信息就成为一个诱饵，使得不知情方完全按照知情方的"推荐"做出决策。然而，信息的传递往往不是静态的，博弈中的多方也很有可能进行长期的接触。另外，真实状态的时间路径很有可能是自相关的，或者形成某些随机过程。这种设定使得不知情人可以随着时间慢慢积累关于状态的有用信息，从而对于不同时间的相同信号可能会做出不同的反应，这是演化博弈的内在逻辑。因此，通过合约、制度以及技术创新改变信贷合约缔结中的信息结构，从而提高农村信贷市场效率，成为农村金融创新的主要方向。

搜寻现有文献，发现研究农村金融创新方面的理论成果尽管很多，但主要集中在制度创新方面。这些文献通过增加缔约方的抵押、质押物，从而提高其履约能力，即在现有的金融技术条件下，通过制度创新改变缔约方的资

---

① 〔美〕威廉·戈兹曼：《千年金融史：金融如何塑造文明，从 5000 年前到 21 世纪》，张亚光、熊金武译，中信出版集团，2017，第Ⅵ页。

② 李三希、王泰茗、武玙璠：《数字经济的信息摩擦：信息经济学视角的分析》，《北京交通大学学报》（社会科学版）2021 年第 4 期。

③ Bergeman D.，"Morris S. Information Design：a Unified Perspective"，*Journal of Economic Literature*，Vol. 57，No. 1，2019.

产结构，提高其缔约能力，从而提高其融资能力。既有和潜在的资本水平不仅决定着农户的信贷需求，还现实地决定着农户实际获得信贷资源的能力与和水平，而农户的信贷需求和实际获得信贷的水平又最终会对农户的收入水平产生重要影响①。例如通过农地的"三权分置"改革，赋予农地经营权以抵押功能，从而降低农业经营主体与金融机构缔结金融合约时的信息不对称程度，达成信任共识，并因此提高农村金融市场的资金配置效率②。但是，仅仅通过农村资产资本化的方式来促进农村金融发展，已经难以满足农村的金融需求。近年来，随着乡村振兴战略的稳步推进，我国农村金融需求发生了深刻的变化，资金需求量持续增加，与现有的农村金融供给之间形成了较大的供需矛盾，容易导致金融市场失灵现象③。从金融供给方面来看，我国农村地区虽然已经初步形成"广覆盖、多层次、多元化"的金融服务体系，但长期以来受城乡二元分化的影响，农村金融市场空间劣势明显，金融发展滞后，基础设施不健全，农业经营主体的融资能力弱，农村金融市场效率低下，"融资难、融资贵"问题普遍存在④，这需要在农村金融领域探索新的信任形成机制。

优化农村信贷合约信息结构的另一条路径，是利用新一代信息技术，通过其共识机制的形成，降低交易各方的信息不对称程度，从而提高农村信贷市场效率。例如，通过区块链技术，使用户在没有统一中心节点背书的情况下达成共识，以形成信任机制，从而降低合约各方的缔约成本与履约成本，提高农村金融市场的资金配置效率⑤。区块链，特别是公开链，主要以工作量证明作为共识算法，如果要篡改区块链系统内数据，攻击者至少要控制全

---

① 周南、许玉韫、刘俊杰、张龙耀：《农地确权、农地抵押与农户信贷可得性——来自农村改革试验区准实验的研究》，《中国农村经济》2019 年第 11 期。
② 彭澎、刘丹：《三权分置下农地经营权抵押融资运行机理——基于扎根理论的多案例研究》，《中国农村经济》2019 年第 11 期。
③ 张正平、刘云华：《区块链技术在我国农村金融中的应用及完善》，《武汉金融》2019 年第 5 期。
④ 陈雨露、马勇：《中国农村金融论纲》，中国金融出版社，2010，第 263~264 页。
⑤ 徐忠、邹传伟：《金融科技：前沿与趋势》，中信出版集团，2021，第 124 页。

系统 51%的算力，这需要耗费较高的能量，需要付出很大的成本。Biais 等采用随机博弈研究了矿工的策略，认为区块链协议是一个合作博弈，而且进一步证明了信息延迟与软件升级会导致马尔科夫均衡分叉①。显然，以区块链技术解决交易中的共识机制问题，不能只考虑区块链中的公开链，而不考虑其他形式。根据参与者的不同，区块链还包括联盟链、私有链等。由于私有链与联盟链设置了权限许可，其本身具有降低信任成本的功能，不需要如同公有链中通过高能耗所形成的共识机制。因此，通过采用联盟链或者私有链，能够在不需要消耗大量能耗的基础上形成交易各方的共识，从而提高农村信贷市场的交易效率。

二 信息设计与农村信贷市场中的信息结构问题

信息设计指信息设计者通过发送信号，影响合约缔约方的行为选择，从而达到最优目标。农村金融市场是在一定的信息结构约束条件下，各经济主体基于各自利益与信息所作的最优选择的结果。因此，尽管农村金融市场依然呈现二元结构、资金配置效率低下，却也是其参与者基于既有的信息结构等约束条件所作最优选择的结果。当不同的金融部门处于分割的市场状态时，对于每一单位货币资本而言，金融部门所面临的信息成本以及交易费用不同②，这是因为两个相互分割的市场中缔结金融合约的信息内容以及信息结构不一样。因此，农村金融呈现为市场效率不同的正规金融与非正规金融。打破农村的二元金融结构，提高农村金融市场效率，关键是改变金融合约缔结各参与方的信息结构。信息设计中最重要的是需要论证信息设计的承诺力（commitment power）。承诺力通常来自重复博弈、演化博弈与声誉显示，一般认为电商平台、有声誉的政府、媒体等中心化组织是有承诺力的。

---

① Biais B., Christophe B., Matthieu B., et al., "The Block Chain Folk Theorem", *The Review of Financial Studies*, Vol. 32, No. 5, 2019.
② 周南、许玉韫、刘俊杰、张龙耀：《农地确权、农地抵押与农户信贷可得性——来自农村改革试验区准实验的研究》，《中国农村经济》2019 年第 11 期。

农村社会中的金融体系，分为正规金融与非正规金融，二者的金融监管不同，最主要的不同表现为信息生产方式不一样。以人情借贷、关系借贷以及社区信用为基础的非正规金融之所以能够较好地满足熟人社会中金融合约缔结的条件，能够低成本满足金融合约缔结的信息要求，关键是其信息源于社区中的闲言碎语，这种基于熟人社会的信息生产方式及其传播方式，成本几乎为零。所以，对于农村中的小农户而言，非正规金融是其获得资金的主要渠道。但是对于新型农业经营主体而言，其资金需求量较大，只有银行、证券、信托等正规金融市场才能够满足其资金需求，并具有信息设计中的承诺力。在我国现有的金融体系中，银行是农业经营主体获取资金的主要渠道，经济活动中的信贷创造过程在很大程度上取决于银行贷款活动。因此，满足银行的信贷要求，是农村金融创新的主要内容。

当银行提供贷款时，借款人往往会以特定资产作为贷款的抵押。信贷合约缔结中的抵押贷款，能够减少银行对借款人的逆向选择问题，如果借款人最终无法偿还贷款，贷款人对抵押品有追索权。此外，如果借款人能够提供净资产或者权益凭证，也可以解决信贷合约缔结中的逆向选择问题。中国农村农业经营主体的土地不具有抵押功能，其财务报表所提供的信息又难以规范，导致农业经营主体的信贷能力难以提高，这严重影响了中国农村经营主体的融资能力。目前，我国金融机构与农业经营主体之间存在信息不对称，导致农村地区的不良贷款率偏高，使得金融机构往往会为了规避风险而选择"惜贷"行为[1]，严重影响了新型农业经营主体的资本扩张、技术进步与市场拓展，并进一步影响了农业专业化及其分工水平。因此，农村正规金融需要创新出一种低成本的信息生产方式或者信息设计模式，以改变制约金融合约缔结的信息结构，从而满足农村金融市场信息设计中的承诺力需求。具体来看，我国农村金融市场信息结构面临如下问题。

第一，信息共享程度低。我国农村金融信息数据库普遍存在数据维度单

---

① Biais B., Christophe, Matthieu B., et al., "The Block Chain Folk Theorem", *The Review of Financial Studies*, Vol. 32, No. 5, 2019.

一、群众覆盖率低、信息残缺、更新速度慢等问题。一方面，农村商业银行和村镇银行的经营规模普遍较小，技术发展滞后，与农户的信息交流与共享程度较低①；另一方面，金融管理机构与政府管理部门间存在显性或隐性的信息壁垒，彼此间的信息共享机制不完善②。我国政府部门出于保护信息隐私与保障数据安全的考虑，一直没有政府、村社、农业经营主体以及金融机构之间的信息共享机制，导致农村金融缔约主体之间存在严重的信息壁垒，使得农业经营主体的资金使用信息封闭、透明性低，从而抑制了金融资本进入农村地区的积极性。

第二，信息整合、甄别难度大。在传统技术下金融机构难以准确掌握农业产业链的各种信息③。农业的生物特征导致其生产在空间上的分散化、在时间上的阶梯化。因此，其信息必然存在碎片化、零散化等特征，要将这些分散、零散的信息整合为有效的市场信息，需要大数据、区块链以及人工智能等相关技术加持。由于金融机构与农户之间缺乏有效的信息通道，准确获取农户信息难度大且成本高。金融机构依靠自身获取农户信息的力量有限，而通过田野调查等原始信息获取方式，则需要耗费大量人力、物力、财力。此外，金融机构业务人员在线下获取信息普遍存在信息软化④，难以与财务报表等格式化信息进行整合，以形成有效的市场信息。

第三，动态跟踪资金去向成本高。首先，在传统的农村金融体系中，原始交易信息很容易造假或被伪造篡改。其次，在传统农村金融模式中，信息交互存在一定的时滞性，且无法及时更新数据信息。金融机构主要依靠业务人员通过线下方式来获取农村经营主体的交易信息，难以动态跟踪借款人经营变化，导致金融机构因而容易出现错误的判断⑤。此外，农户不按合同约

① 姜东晖、王波：《普惠与精准：农业供应链金融的创新发展》，《农村经济》2020年第5期。
② 张文明：《中国农村金融体系演变逻辑研究》，《经济问题》2019年第1期。
③ 星焱：《普惠金融：一个基本理论框架》，《国际金融研究》2016年第9期。
④ 温涛、朱炯、王小华：《中国农贷的"精英俘获"机制：贫困县与非贫困县的分层比较》，《经济研究》2016年第2期。
⑤ 汪俐彤：《利用区块链技术构建农村金融信息共享平台研究》，《中小企业管理与科技》（上旬刊）2017年第9期。

定使用贷款，存在擅自改变贷款资金用途的可能性，导致资金用途与资金投入目的不符，如生活困难的农民将生产性贷款挪用于子女教育支出或子女结婚支出，生活富裕的农民将经营性信贷资金挪用于股市、赌博等情况[①]，而金融机构难以监管农村经营主体资金的真实去向[②]。

为解决农村生产与农户的经济发展问题，政府增加了农业信贷总量和金融中介农村分支机构数量，并在农村社区广泛设立村镇银行、农业商业银行等小微银行，以提高农民资金的可获得性；与此同时，为了给农民提供廉价贷款，还对农村金融市场实施了一系列的具体干预，包括贷款组合要求、提供再贴现融资、贷款和收成担保等相关政策，解除其金融抑制政策，但收效甚微。此外，为破解农村金融信贷市场发展中的信息困境，有学者提出采取"资金封闭运行"的解决方案，但金融机构受物理网点、产品特征、地理分布、生产运作特点等诸多方面的影响，"资金封闭运行"只能在单一地区进行[③]。引入新的技术手段，核实农村经营主体的交易信息，形成新的信任机制，是农村金融市场创新发展的主流趋势[④]。由于农村金融合约的信任机制源于农村内部的社区信用与外部的增信行为，因此，通过内部村社共同体与外部政府增信、第三方增信和金融科技创新可以改善其融资状况[⑤]。随着新一代信息技术的发展，通过信息技术能够拓宽市场主体的信息半径，增加信息传输的频率，从而改变交易双方的信息不对称程度，推动农村金融信贷市场可持续发展[⑥]。此外，农村金融交易建立在农村社区

① 彭路：《农业供应链金融风险的主要特征与风险防范的基本原则》，《财经理论与实践》2015 年第 6 期。

② 温涛、朱炯、王小华：《中国农贷的"精英俘获"机制：贫困县与非贫困县的分层比较》，《经济研究》2016 年第 2 期。

③ 汪俐彤：《利用区块链技术构建农村金融信息共享平台研究》，《中小企业管理与科技》（上旬刊）2017 年第 9 期。

④ 李阳、于滨铜：《"区块链+农村金融"何以赋能精准扶贫与乡村振兴：功能、机制与效应》，《社会科学》2020 年第 7 期。

⑤ 姜东晖、王波：《普惠与精准：农业供应链金融的创新发展》，《农村经济》2020 年第 5 期。

⑥ 王宏宇、温红梅：《区块链技术在农业供应链金融信息核实中的作用：理论框架与案例分析》，《农村经济》2021 年第 6 期。

信用的基础上，农户可以在熟人社会中运用社区所积累的信息，以较低成本完成金融交易①。区块链技术通过分布式方式，利用信任算法将物理空间中匿名分布的经济主体转化为网络上的熟人关系，每一个节点传输的信息不可篡改，从而为构建新型社区信任机制奠定了技术基础。

作为分布式账本的区块链为改善农村金融市场信息结构、提高农村金融市场效率提供了新的技术路径。将具有分布式记账、去中心化、透明、不可篡改等特性的区块链技术应用到农村金融中，能够解决农村金融市场效率不高、农业经营主体贷款不足的问题②。将区块链技术引入农村金融市场，可实现各交易主体的信息精准记录，解决其信息不对称问题③，构建农户和金融机构之间的信任机制，从而缓解金融交易各参与方互信的核心问题④。结合区块链技术的共识机制、智能合约等功能以及去中心化、信息不可更改且可追溯等特征，能够有效强化信用体系的机制⑤，并能够及时如实将信贷市场信息予以披露，以实现信息设计中的承诺力的要求，从而解除了信息设计理论中对中心化组织需求的约束条件。

三 区块链技术的信息设计功能赋能农村信贷市场效率提升的内在机理

区块链技术解决了农村金融市场信息设计中对中心化、集权化需求的约束条件，为信息设计理论在分布式结构中提供了技术支持。区块链不但具有

① 潘永昕、胡之睿：《农业供应链金融风险生成因素探究——基于解释结构模型》，《农村经济》2020年第7期。
② 盛光华、庞英等：《农户小额信用贷款道德风险的随机监管博弈分析》，《中国农村观察》2014年第11期。
③ 芦千文：《区块链加快农业现代化的理论前景、现实挑战与推进策略》，《农村经济》2021年第1期。
④ 申云、李京蓉、吴平：《乡村振兴战略下新型农业经营主体融资增信机制研究》，《农村经济》2019年第7期。
⑤ 吴庆田：《信用信息共享下农村金融供求均衡与帕累托最优配置的实现机制》，《管理世界》2012年第1期。

去中心化、时序数据、集体维护、可编程和安全可信等特点，能够解决传统金融的中心化和高成本等问题[①]，同时还具有自信任、防篡改、可追溯、共享机制、代码表达等特征[②]。区块链技术应用于被称为"节点"的计算机或者服务器的对等网络，这些计算机或者服务器同时监控信息传输，其主要功能确保了信息的真实性，任何一方都不能够伪造记录。由此可见，区块链技术能够通过改变农户与金融机构的信息结构从而改变其交易边界，创造可信的价值流转，破除金融机构难以获取和核实农业主体信息的困境，建立信息真实准确的农村金融体系，赋能农村金融信贷市场的长期发展，如表1所示。

表1　区块链技术的作用机制

区块链技术	特征优势	作用机制
去中心化、分布式账本	无须依赖中心，参与主体直接对接，多方参与、共同维护、不可篡改	减少信息不对称，降低信息共享成本
共识机制	当若干个利益不相干的节点达成共识，即可认为全网达成共识	确保信息真实准确，解决信息失真问题
时间戳机制	信息具有时间和空间特征	动态监管资金流向，减少资金监管成本
智能合约	自动执行合约和设定	同时达到双方的交易条件则自动执行合约，到期自动按合同规定分配收益、归还本金，提高融资效率
开放性	在激励惩罚机制下，将失信行为广播告知其他节点，促进各组织团结协作	对失信行为进行全网广播，进行惩罚，降低其信誉，增加失信方违约损失

资料来源：根据相关资料整理。

　　区块链赋能农村金融信贷市场发展的内在机制主要可分为以下方面。

　　第一，降低信息共享成本。信息的不对称和潜在的不真实也是金融体系中最主要的市场摩擦来源。在传统的农村信贷市场中，农户信息处于相对封闭的状态，而金融机构需要获取农户信息只能通过田野调查等低效的线下方式，且较难准确核实信息的真实情况。传统信息交互模式在效率上有一定局

---

① 陆岷峰：《关于区块链技术与社会信用制度体系重构的研究》，《兰州学刊》2020年第3期。
② 张毅：《基于区块链技术的新型社会信用体系》，《人民论坛·学术前沿》2020年第5期。

限，而区块链去中心化技术、点对点传输恰好解决了这个难题，能够促进信息交互①。区块链技术能够在无须信任单个节点的情况下，构建一个去中心化的可信任机制，有效降低在传统金融活动中所需耗费的信息采集、信用评估、信息核对、审计等成本，打破农村社会群体的外部封闭性，让有传统边界的组织或系统的边界变得更加模糊和开放。区块链的分布式记账突破以往金融机构获取信息的方式，实现交易信息数据整合，不仅丰富了金融机构获取信息的手段，还能提升获取信息的准确性②。

第二，解决信息失真问题。区块链通过安全透明信任机制、共识共享机制等实现数据较高的保真性③。区块链的本质就是分布式账本，能够连通各部门封闭分散的数据④，其系统中的相关节点会参与验证、协调和同步链上每笔交易的确认和区块的生成，从而确保了各节点账本的准确性和一致性，降低和消除市场中的信息摩擦及效率损失。同时，区块链采用了非对称加密技术使链上信息不可篡改，避免信息造假，且区块链记录的信息具有时序性和可追溯性，其中的每一个区块都具有唯一的序列指针，可以随时查询验证链上信息。

第三，减少资金监管成本。在传统的金融信息系统中，机构往往需要花费大量的人力、物力去跟踪资金投放的去向，来保证资金落实到位。而在区块链的金融信息系统中，资金的流动走向和相关信息会被详细准确地记录下来，并附有相应的时间戳，可以进行溯源查询和实时动态监控，从而实现对资金投放的精准管理，一方面能够减少农村资金去向不明、权责归属模糊不清等问题的发生，另一方面也能够更及时地在风险发生时采取相应举措，有效降低坏账率。

---

① 谭燕芝、王超、李国锋：《信用环境的经济绩效及其影响因素——基于 CEI 指数及中国省级、地级市的数据》，《经济经纬》2014 年第 4 期。

② 袁勇、王飞跃：《区块链技术发展现状与展望》，《自动化学报》2016 年第 4 期。

③ 韩俊华、周全、王宏昌：《大数据时代科技与金融融合风险及区块链技术监管》，《科学管理研究》2019 年第 1 期。

④ 王一出：《区块链技术能帮助创新创业融资吗——应用场景与实用困境》，《清华金融评论》2020 年第 3 期。

第四，提高市场融资效率。市场经济大多是建立在信任的基础上的[①]，技术可以成为新的信任关键[②]。区块链通过其共识算法，在其链内实现了去信任化，即在区块链上的资产可以通过智能合约自动完成交易[③]，形成数字信任。区块链技术的智能合约，能够根据双方之前已经协议承诺的条款，在不依赖第三方的情况下实现自动执行交易，具有预先设定后的不变性和加密安全性。智能合约可以使网络中的节点自动交互并实现高效协作，而无须向第三方中介支付任何达成信任的成本，可以大大缩短融资周期、有效提高融资效率。在这种数字信任机制中，只要金融机构与区块链能够通过技术相互信任，农户与区块链也能够通过技术相互信任，那么根据信任的可传递性，金融机构与农户之间就可以相互信任，从而建立两者之间长效的互信机制，有效提升双方进行金融交易的效率。

第五，增加失信方违约损失。区块链网络具有开放性，当某一个区块链节点产生新的区块时，会通过广播的方式告诉其他节点，其他节点通过网络接收到该区块信息时，各个节点会在验证后把该区块更新到各自现有的区块链上，最终使得整个区块链网络中的各个节点信息保持一致。在区块链共享账本的基础上，嵌入相应的激励惩罚机制，对于存在违约等行为的主体，区块链会对其失信行为进行全网广播，导致其信誉下降，同时其他机构也会倾向于选择拒绝与该主体合作，增加失信行为的违约损失。从不完全契约的角度而言，通过长期合作关系产生的信任是建立在信誉基础上的，一个人为了长远的利益会自愿地选择放弃眼前骗人的机会，一旦失信，其受到的惩罚不是来自契约或法律，而是未来合作关系的中断[④]。区块链的信用逻辑让信用形成资本化积累变为可能，农户可以通过积累信用，逐步做大交易量，吸引

① 张婷：《我国商业银行区块链技术的应用与前景展望》，《新金融》2019年第7期。
② 付豪、赵翠萍等：《区块链嵌入、约束打破与农业产业链治理》，《农业经济问题》2019年第12期。
③ 董玉峰、陈俊兴、杜崇东：《数字普惠金融减贫：理论逻辑、模式构建与推进路径》，《南方金融》2020年第2期。
④ 郑戈：《区块链与未来法治》，《东方法学》2018年第3期。

更多的资金，形成集聚效应。

基于上述分析，本文得到以下推论：区块链技术主要通过降低信息共享成本、解决信息失真问题、减少资金监管成本、提高市场融资效率和增加失信方违约损失五个方面构建信任机制，重塑农村金融信贷市场交易关系，多维度赋能农村金融信贷市场发展，同时也满足了信息设计对中心化、集权化的承诺力需求，为信息披露与信号传递提供了新的技术路径与合约创新，如图 1 所示。

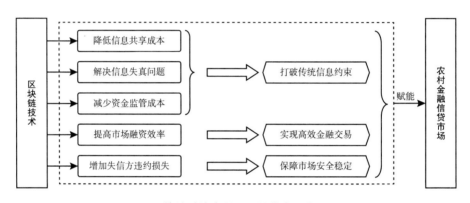

图 1　区块链赋能农村金融信贷市场发展机制

四　区块链技术引入前后农村信贷市场演化博弈对比分析

为进一步研究农村金融信贷市场，本文构建了一个"金融机构—农户"的演化博弈模型，从理论上推导出区块链技术引入前后农户和金融机构的演化稳定策略。

（一）演化博弈假设

假设一：金融机构与农户都是有限理性的"局中人"，在不完全信息条件下，追求各自效用或收益的最大化。

假设二：在金融机构与农户进行金融交易活动的过程中，金融机构需要付出一定的信息获取成本来搜集农户的相关信息。设农户的信息总量为 S，在传统农村金融信贷市场中金融机构获取农户信息的成本系数为 α，则信息获取成本 $C_m = S\alpha$；而在区块链信任机制下金融机构获取农户信息的成本系数近似为 0，这是由于区块链具有很强的网络外部性效应和规模效应，随着节点的增加，信息获取成本将会不断下降并趋近于 0。

假设三：在金融机构选择发放贷款后，还需要付出一定的动态监管成本跟踪资金的去向，来保证资金落实到位。在传统农村金融信贷市场中，设金融机构进行资金监管的成本系数为 β，则资金监管成本 $C_d = S\beta$。由于区块链具有很强的网络外部性效应和规模效应，在区块链信任机制下金融机构的资金监管成本近似于 0。

假设四：在传统农村金融模式下，农户为了满足自身的资金需求，可能会伪造虚假信息，从而让金融机构无法获得真实信息，引发金融风险。假设金融机构因信息失真导致的金融风险 L_S 受农户信息总量 S、信息失真风险系数 γ 影响，在传统农村金融信贷市场中金融风险损失为 $L_{S1} = S\gamma_1$，在区块链信任机制下金融风险损失为 $L_{S2} = S\gamma_2$。由于区块链具有非对称加密、共识机制等特征，区块链背景下金融机构能够更准确地获取农户信息、减少信息伪造等情况，所以 $\gamma_1 > \gamma_2$，则 $L_{S1} > L_{S2}$。

假设五：农户向金融机构申请贷款后，金融机构可以选择"发放贷款"或者"拒绝贷款"，农户可以选择"偿还"或者"不偿还"。假设农户 A 选择偿还的概率为 x（$0 \leqslant x \leqslant 1$），不偿还的概率为 $1-x$；金融机构 B 在博弈中选择发放贷款的概率为 y（$0 \leqslant y \leqslant 1$），拒绝贷款的概率为 $1-y$。

假设六：农户申请的贷款额度为 R，贷款周期为 t，金融机构贷款利率为 i，农户获得这笔贷款后的投资利润率为 r_s。在传统农村金融信贷模式中，若农户不偿还贷款，则会对其造成违约损失 m_1。在这种模式中，当金融机构向农户发放贷款后，若农户选择偿还贷款，则金融机构可以获得贷款利息收益 tRi，农户获得的收益则是扣除贷款利息后的投资收益 $tR(r_s-i)$；若农户选择不偿还贷款，则金融机构损失本金 tR，农户收益为逃债后获得的本利和与违约损失之差 $tR(1+r_s)-m_1$。在区块链信任机制下，若金融机构发放贷款时，农户选择不偿还，则农户的违约损失相较于传统模式下的损失会更多，设多出的违约损失为 m_2，则在区块链信任机制下农户的违约损失为 m_1+m_2。这是因为在区块链信任机制下，若农户存在违约情况，会全网广播农户的不诚信行为，从而对农户造成更多的道德声誉损失、其他合作关系破灭等。

假设七：金融机构选择拒绝贷款时说明农民创业未具备信贷支持的条件。当金融机构拒绝贷款时，若农民选择偿还策略，则农民会损失一定的信任收益，假设农民损失的信任收益为 $-T$；若农民选择不偿还策略，就相当于不考虑未来与金融机构的合作，此项信任收益为0。

假设八：在区块链中信任机制下，若金融机构发放贷款且农户选择偿还策略，农户与金融机构可通过智能合约自动履约，并为之后双方继续进行金融交易活动打下良好基础，提高双方的融资效率。假设融资效率提升给金融机构带来的收益为 G_f，融资效率提升给农户带来的收益为 G_p。

博弈变量设计及说明见表2。

表2　博弈变量设计及说明

	变量	说明
S	共享信息总量	农户与金融机构之间共享的信息总量为 S
α	信息获取成本系数	在传统农村金融信贷市场中金融机构获取农户信息的成本系数为 α，在区块链信任机制下金融机构获取农户信息的成本系数近似为0
C_m	信息获取成本	在传统农村金融信贷市场信息获取成本为 C_m，在区块链信任机制下信息获取成本近似于0
β	资金监管成本系数	在传统农村金融信贷市场中资金监管成本系数为 β，在区块链信任机制下金融机构的资金监管成本系数近似于0
C_d	资金监管成本	在传统农村金融信贷市场中资金监管成本为 C_d，在区块链信任机制下金融机构的资金监管成本也近似为0
γ	信息失真风险系数	在传统农村金融信贷市场中信息失真风险系数为 γ_1，区块链信任机制下信息失真风险系数为 γ_2
L_S	金融风险损失	传统农村金融信贷市场中因信息失真引发的金融风险损失为 L_{S1}，区块链信任机制下金融风险损失为 L_{S2}

续表

	变量	说明
T	信任收益	当金融机构拒绝贷款时,若农民选择偿还策略,则农民损失的信任收益为 $-T$;若农民选择不偿还策略,就相当于不考虑未来与金融机构的合作,此项信任收益为 0
G	融资效率提升收益	在区块链信任机制下融资效率提升给金融机构带来的收益为 G_f,融资效率提升给农户带来的收益为 G_p
R	贷款金额	金融机构的放款额度
t	贷款周期	指从贷款的生效之日到最后一期贷款付清之日这段时间,即贷款的生命周期
i	贷款利率	金融机构发放贷款时向借款人收取利息的利率
r_s	投资利润率	通过投资而应返回的价值,即金融机构从投资中得到的经济回报
m	违约损失	未对接区块链的违约损失为 m_1,对接区块链的违约损失为 m_1+m_2
x	偿还概率	农户的偿还概率为 x,则不偿还概率为 $1-x$
y	发放贷款概率	银行发放贷款概率为 y,则拒绝贷款概率为 $1-y$

(二)传统农村金融信贷市场的演化博弈分析

1. 演化博弈过程

由模型基本假设可得传统农村金融信贷市场中金融机构与农户的收益矩阵如表 3 所示。

表 3　传统农村金融信贷市场中金融机构与农户的收益矩阵

策略		金融机构 B	
		发放贷款(y)	拒绝贷款($1-y$)
农户 A	偿还(x)	$tR(r_s-i)$,$tRi-C_m-C_d-L_{S1}$	$-T$,0
	不偿还($1-x$)	$tR(1+r_s)-m_1$,$-tR-C_m-C_d-L_{S1}$	0,0

根据表 3 所示的收益矩阵,利用演化博弈理论中的复制动态方程描述传统农村金融信贷市场中双方策略的动态演化过程。

农户 A 采取偿还策略时的期望收益为:

$$V_A^x = y[tR(r_s - i)] + (1 - y)(-T) \tag{1}$$

农户 A 采取不偿还策略时的期望收益为：

$$V_A^{l-x} = y[tR(1 + r_s) - m_l] \tag{2}$$

农户 A 的平均期望收益为：

$$
\begin{aligned}
\overline{V_A} &= xV_A^x + (1 - x) V_A^{l-x} \\
&= x\{y[tR(r_s - i)] + (1 - y)(- T)\} + (1 - x)\{y[tR(1 + r_s) - m_l]\}
\end{aligned} \tag{3}
$$

则农户 A 采取偿还策略时的复制动态方程为：

$$
\begin{aligned}
F(x) = \frac{dx}{dt} &= x(V_A^x - \overline{V_A}) = x(1 - x)(V_A^x - V_A^{l-x}) \\
&= x(1 - x)\{y[tR(r_s - i)] + (1 - y)(- T) - y[tR(1 + r_s) - m_l]\} \\
&= x(1 - x)(- ytRi - T + yT - ytR + y m_l) \\
&= x(1 - x)[y(T + m_l - tRi - tR) - T]
\end{aligned} \tag{4}
$$

同理可得，金融机构 B 采取发放贷款策略时的期望收益为：

$$V_B^y = x(tRi - C_m - C_d - L_{S1}) + (1 - x)(- tR - C_m - C_d - L_{S1}) \tag{5}$$

金融机构 B 采取拒绝贷款策略时的期望收益为：

$$V_B^{l-y} = 0 \tag{6}$$

金融机构 B 的平均期望收益为：

$$
\begin{aligned}
\overline{V_B} &= yV_B^y + (1 - y) V_B^{l-y} \\
&= y[x(tRi - C_m - C_d - L_{S1}) + (1 - x)(- tR - C_m - C_d - L_{S1})]
\end{aligned} \tag{7}
$$

则金融机构 B 选择发放贷款时的复制动态方程为：

$$
\begin{aligned}
F(y) = \frac{dy}{dt} &= y(V_B^y - \overline{V_B}) = y(1 - y)(V_B^y - V_B^{l-y}) \\
&= y(1 - y)[x(tRi - C_m - C_d - L_{S1}) + (1 - x)(- tR - C_m - C_d - L_{S1})] \\
&= y(1 - y)(xtRi + xtR - tR - C_m - C_d - L_{S1}) \\
&= y(1 - y)[x(tR + tRi) - tR - C_m - C_d - L_{S1}]
\end{aligned} \tag{8}
$$

由于博弈双方之间的行为会因决策动态调整和持续的经验积累实现相对有效的 NASH 均衡，因此，基于 A、B 策略的复制动态方程，令 $F(x) = 0$、$F(y) = 0$，求得双方博弈的以下 5 个演化博弈局部均衡点：

O（0，0）——金融机构 B 选择拒绝贷款，且农户 A 选择不偿还，为双方均不合作的策略，意味着农户没有达到金融机构借贷的基本条件，同时农户自愿放弃未来跟金融机构合作的所有机会，以后都不会再向金融机构借款，双方收益和集体收益均为最低；

E_1（1，0）——金融机构 B 选择拒绝贷款，且农户 A 选择偿还，为金融机构不合作的策略，意味着农户虽然诚信，但暂时还未达到金融机构借贷的基本条件，无法缔结合约，虽然未来会通过努力让自己尽早符合金融机构的借贷条件，但对于现在而言仍造成了一定的信任损失；

E_2（0，1）——金融机构 B 选择发放贷款，且农户 A 选择不偿还，为农户不合作的策略，意味着农户为了眼前的利益选择违约，自动放弃了后续跟金融机构合作的所有机会；

E_3（1，1）——金融机构 B 选择发放贷款，且农户 A 选择偿还，为双方均合作的策略，能够让 A、B 成功缔结信贷合约，相互信任、进行合作，实现了利益最大化的集体理性，其鞍点为：

$$E_4\left(\frac{tR + C_m + C_d + L_{S1}}{tR + tRi}, \frac{T}{T + m_1 - tR - tRi}\right)$$

2. 演化博弈均衡点的稳定性分析

基于雅可比矩阵稳定性分析法，分析双方行为演化均衡点的局部稳定性。该博弈模型得到的雅可比矩阵 J 为：

$$J = \begin{bmatrix} \frac{\partial F(x)}{\partial x} & \frac{\partial F(x)}{\partial y} \\ \frac{\partial F(y)}{\partial x} & \frac{\partial F(y)}{\partial y} \end{bmatrix} \quad (9)$$

$$= \begin{bmatrix} (1 - 2x)\left[y(T + m_1 - tRi - tR) - T\right] & x(1 - x)(T + m_1 - tRi - tR) \\ y(1 - y)(tR + tRi) & (1 - 2y)\left[x(tR + tRi) - tR - C_m - C_d - L_{S1}\right] \end{bmatrix}$$

雅可比矩阵的值为：

$$\det J = \frac{\partial F(x)}{\partial x}\frac{\partial F(y)}{\partial y} - \frac{\partial F(x)}{\partial y}\frac{\partial F(y)}{\partial x}$$

$$= (1 - 2x)\left[y(T + m_1 - tRi - tR) - T\right](1 - 2y)\left[x(tR + tRi) - tR - C_m - C_d - L_{S1}\right] \quad (10)$$

$$- x(1 - x)(T + m_1 - tRi - tR)y(1 - y)(tR + tRi)$$

雅可比矩阵的迹为：

$$\text{tr}J = \frac{\partial F(x)}{\partial x} + \frac{\partial F(y)}{\partial y}$$
$$= (1-2x)\big[y(T+m_1-tRi-tR)-T\big] + (1-2y)\big[x(tR+tRi)-tR-C_m - C_d - L_{S1}\big] \tag{11}$$

将均衡点分别带入 $\det J$ 与 $\text{tr}J$ 中，若某一均衡点 $\det J>0$ 且 $\text{tr}J<0$，则为系统的演化稳定策略（ESS）之一。均衡点稳定性数值分析结果如表4和表5所示。

表4 传统农村金融信贷市场中双方行为均衡点稳定性数值分析结果（一）

均衡点(x,y)	$T+m_1-tRi-tR>T>0$ $tR+tRi>tR+C_m+C_d+L_{S1}>0$			$T>T+m_1-tRi-tR>0$ $tR+tRi>tR+C_m+C_d+L_{S1}>0$		
	$\det J$	$\text{tr}J$	稳定性	$\det J$	$\text{tr}J$	稳定性
$O(0,0)$	+	−	ESS	+	−	ESS
$E_1(1,0)$	+	+	不稳定	+	+	不稳定
$E_2(0,1)$	+	+	不稳定	−	未知	不稳定
$E_3(1,1)$	+	−	ESS	−	未知	不稳定
$E_4\left(\dfrac{tR+C_m+C_d+L_{S1}}{tR+tRi},\dfrac{T}{T+m_1-tR-tRi}\right)$	−	0	鞍点	—	—	—

注：若 $tR+C_m+C_d+L_{S1}>tR+tRi>0$，则 $\dfrac{tR+C_m+C_d+L_{S1}}{tR+tRi}>1$，故剔除；

若 $T>T+m_1-tR-tRi>0$，则 $\dfrac{T}{T+m_1-tR-tRi}>1$，故剔除。

表5 传统农村金融信贷市场中双方行为均衡点稳定性数值分析结果（二）

均衡点(x,y)	$T+m_1-tRi-tR>T>0$ $tR+C_m+C_d+L_{S1}>tR+tRi>0$			$T>T+m_1-tRi-tR>0$ $tR+C_m+C_d+L_{S1}>tR+tRi>0$		
	$\det J$	$\text{tr}J$	稳定性	$\det J$	$\text{tr}J$	稳定性
$O(0,0)$	+	−	ESS	+	−	ESS
$E_1(1,0)$	−	未知	不稳定	−	未知	不稳定
$E_2(0,1)$	+	+	不稳定	−	未知	不稳定
$E_3(1,1)$	−	未知	不稳定	+	+	不稳定
$E_4\left(\dfrac{tR+C_m+C_d+L_{S1}}{tR+tRi},\dfrac{T}{T+m_1-tR-tRi}\right)$	—	—	—	—	—	—

由表4和表5可知，传统农村金融信贷市场中的农户 A、金融机构 B 决策的5个均衡点中 O（0，0）和 E_3（1，1）均为博弈稳定点，分别对应双

方均采取不合作策略和均采取合作策略；其余各点不稳定或为鞍点。具体分析如下。

（1）当 $T+m_1-tRi-tR>T>0$，$tR+tRi>tR+C_m+C_d+L_{S1}>0$ 时，演化稳定均衡点有两个：O（不偿还，拒绝贷款）或 E_3（偿还，发放贷款），即农户的违约损失大于农户贷款的本利和，且金融机构发放贷款所获得的利息收益需要大于其发放贷款的资金监管成本和金融风险损失之和，在这种情况下，双方均合作或均不合作时都将实现演化稳定，演化路径如图2所示。基于利益最大化原则，若双方决策的初始状态在 $E_1E_3E_2E_4$ 区，合作所带来的收益均大于采取不合作时的收益，博弈由鞍点向 E_3（偿还，发放贷款）演进并收敛；若初始状态在 $OE_1E_4E_2$ 区，不合作的收益均大于采取合作时的收益，博弈由鞍点向 O 点（不偿还，拒绝贷款）演进并收敛。

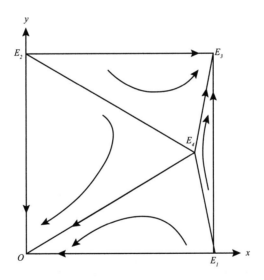

图2　传统农村金融信贷市场中 $T+m_1-tRi-tR>0$，$tR+tRi>tR+C_m+$
$C_d+L_{S1}>0$ 时金融机构与农户博弈演化路径

（2）除上述情形外，O（不偿还，拒绝贷款）是唯一的演化稳定均衡点，此时农户违约损失较低和金融机构发放贷款的成本和风险较高，这些因素抑制了双方的合作意愿。基于利益最大化原则，此时双方采取合作策略均无法给自身带来更高的收益，有限理性的博弈主体均会选择不合作策略。因此（不偿还，拒绝贷款）是双方仅有的演化均衡，演化路径如图 3 所示。基于利益最大化原则，双方决策的初始状态无论在哪里，不合作的收益均大于采取合作时的收益，博弈都会向 O 点（不偿还，拒绝贷款）演进并收敛。

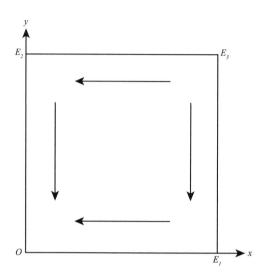

图 3　传统农村金融信贷市场中其他情况下金融机构与农户博弈演化路径

（三）区块链信任机制下农村金融信贷市场的演化博弈分析

1. 演化博弈过程

由模型基本假设可得，区块链信任机制下金融机构与农户的收益矩阵如表 6 所示。

表 6　区块链信任机制下金融机构与农户的收益矩阵

策略		金融机构 B	
		发放贷款(y)	拒绝贷款($1-y$)
农户 A	偿还(x)	$tR(r_s-i)+G_p, tRi+G_f-L_{S2}$	$-T,0$
	不偿还($1-x$)	$tR(1+r_s)-m_1-m_2, -tR-L_{S2}$	$0,0$

根据表 6 所示的收益矩阵，利用演化博弈理论中的复制动态方程描述区块链信任机制下双方策略的动态演化过程。

农户 A 采取偿还策略时的期望收益为：

$$V_A^x = y[tR(r_s - i) + G_p] + (1 - y)(-T) \tag{12}$$

农户 A 采取不偿还策略时的期望收益为：

$$V_A^{1-x} = y[tR(1 + r_s) - m_1 - m_2] \tag{13}$$

农户 A 的平均期望收益为：

$$\begin{aligned}
\overline{V_A} &= xV_A^x + (1 - x)V_A^{1-x} \\
&= x\{y[tR(r_s - i) + G_p] + (1 - y)(-T)\} + (1 - x)\{y[tR(1 + r_s) - m_1 - m_2]\}
\end{aligned} \tag{14}$$

则农户 A 采取偿还策略时的复制动态方程为：

$$\begin{aligned}
F(x) &= \frac{dx}{dt} = x(V_A^x - \overline{V_A}) = x(1 - x)(V_A^x - V_A^{1-x}) \\
&= x(1 - x)\{y[tR(r_s - i) + G_p] + (1 - y)(-T) - \\
&\quad y[tR(1 + r_s) - m_1 - m_2]\} \\
&= x(1 - x)(-ytRi + yG_p - T + yT - ytR + ym_1 + ym_2) \\
&= x(1 - x)[y(G_p + T + m_1 + m_2 - tRi - tR) - T]
\end{aligned} \tag{15}$$

同理可得，金融机构 B 采取发放贷款策略时的期望收益为：

$$V_B^y = x(tRi + G_f - L_{S2}) + (1 - x)(-tR - L_{S2}) \tag{16}$$

金融机构 B 采取拒绝贷款策略时的期望收益为：

$$V_B^{1-y} = 0 \tag{17}$$

金融机构 B 的平均期望收益为：

$$\begin{aligned}
\overline{V_B} &= yV_B^y + (1 - y)V_B^{1-y} \\
&= y[x(tRi + G_f - L_{S2}) + (1 - x)(-tR - L_{S2})] + (1 - y)0
\end{aligned} \tag{18}$$

则金融机构 B 采取发放贷款策略时的复制动态方程为：

$$\begin{aligned}
F(y) &= \frac{dy}{dt} = y(V_B^y - \overline{V_B}) = y(1 - y)(V_B^y - V_B^{1-y}) \\
&= y(1 - y)[x(tRi + G_f - L_{S2}) + (1 - x)(-tR - L_{S2})] \\
&= y(1 - y)(xtRi + xG_f - tR - L_{S2} + xtR) \\
&= y(1 - y)[x(tRi + G_f + tR) - tR - L_{S2}]
\end{aligned} \tag{19}$$

由于博弈双方之间的行为会因决策动态调整和持续的经验积累实现相对有效的 NASH 均衡，因此，基于 A、B 策略的复制动态方程，令 $F(x) = 0$，$F(y) = 0$，求得双方博弈的以下 5 个演化博弈局部均衡点：

O（0，0）——金融机构 B 选择拒绝贷款策略，且农户 A 选择不偿还，为双方均不合作的策略，意味着农户没有达到金融机构借贷的基本条件，同时农户自愿放弃未来跟金融机构合作的所有机会，以后都不会再向金融机构借款，双方收益和集体收益均为最低；

E_1（1，0）——金融机构 B 选择拒绝贷款策略，且农户 A 选择偿还，为金融机构不合作的策略，意味着农户虽然诚信，但暂时还未达到金融机构借贷的基本条件，无法缔结合约，但未来会让自己努力达到金融机构的借贷条件，对现在造成了一定的信任损失；

E_2（0，1）——金融机构 B 选择发放贷款策略，且农户 A 选择不偿还，为农户不合作的策略，意味着农户为了眼前的利益选择违约，自动放弃了后续跟金融机构合作的所有机会；

E_3（1，1）——金融机构 B 选择发放贷款，且农户 A 选择偿还，A、B 之间成功缔结信贷合约，相互信任、进行合作，实现了利益最大化的集体理性，鞍点为：

$$E_4\left(\frac{tR + L_{S2}}{tRi + G_f + tR}, \frac{T}{G_p + T + m_1 + m_2 - tRi - tR}\right)$$

2. 演化博弈均衡点的稳定性分析

基于雅可比矩阵稳定性分析法，分析双方行为演化均衡点的局部稳定性。该博弈模型得到的雅可比矩阵 J 为：

$$J = \begin{bmatrix} \dfrac{\partial F(x)}{\partial x} & \dfrac{\partial F(x)}{\partial y} \\ \dfrac{\partial F(y)}{\partial x} & \dfrac{\partial F(y)}{\partial y} \end{bmatrix}$$

$$= \begin{bmatrix} (1-2x)[y(G_p + T + m_1 + m_2 - tRi - tR) - T] & x(1-x)(G_p + T + m_1 + m_2 - tRi - tR) \\ y(1-y)(tRi + G_f + tR) & (1-2y)[x(tRi + G_f + tR) - tR - L_{S2}] \end{bmatrix}$$

$$\tag{20}$$

雅可比矩阵的值为：

$$
\begin{aligned}
\det J &= \frac{\partial F(x)}{\partial x}\frac{\partial F(y)}{\partial y} - \frac{\partial F(x)}{\partial y}\frac{\partial F(y)}{\partial x} \\
&= (1-2x)\big[y(G_p + T + m_1 + m_2 - tRi - tR) - T\big](1-2y)\big[x(tRi + G_f + tR) - \\
&\quad tR - L_{S2}\big] - x(1-x)(G_p + T + m_1 + m_2 - tRi - tR)y(1-y)(tRi + G_f + tR)
\end{aligned}
\tag{21}
$$

雅可比矩阵的迹为：

$$
\begin{aligned}
\mathrm{tr}J &= \frac{\partial F(x)}{\partial x} + \frac{\partial F(y)}{\partial y} \\
&= (1-2x)\big[y(G_p + T + m_1 + m_2 - tRi - tR) - T\big] + \\
&\quad (1-2y)\big[x(tRi + G_f + tR) - tR - L_{S2}\big]
\end{aligned}
\tag{22}
$$

将均衡点分别带入 $\det J$ 与 $\mathrm{tr}J$ 中，若某一均衡点 $\det J>0$ 且 $\mathrm{tr}J<0$，则为系统的演化稳定策略（ESS）之一。均衡点稳定性数值分析结果如表7和表8所示。

表7　区块链信任机制交互下双方行为均衡点稳定性数值分析结果（一）

均衡点(x,y)	$G_p+T+m_1+m_2-tRi-tR>T>0$ $tRi+G_f+tR>tR+L_{S2}>0$			$T>G_p+T+m_1+m_2-tRi-tR>0$ $tRi+G_f+tR>tR+L_{S2}>0$		
	$\det J$	$\mathrm{tr}J$	稳定性	$\det J$	$\mathrm{tr}J$	稳定性
$O(0,0)$	+	−	ESS	+	−	ESS
$E_1(1,0)$	+	+	不稳定	+	+	不稳定
$E_2(0,1)$	+	+	不稳定	−	未知	不稳定
$E_3(1,1)$	+	−	ESS	−	未知	不稳定
$E_4\left(\dfrac{tR+L_{S2}}{tRi+G_f+tR},\dfrac{T}{G_p+T+m_1+m_2-tRi-tR}\right)$	−	0	鞍点	——	——	——

注：若 $tR+L_{S2}>tRi+G_f+tR>0$，则 $\dfrac{tR+L_{S2}}{tRi+G_f+tR}>1$，故剔除；

若 $T>G_p+T+m_1+m_2-tRi-tR>0$，则 $\dfrac{T}{G_p+T+m_1+m_2-tRi-tR}>1$，故剔除。

表8　区块链信任机制交互下双方行为均衡点稳定性数值分析结果（二）

均衡点(x,y)	$G_p+T+m_1+m_2-tRi-tR>T>0$ $tR+L_{S2}>tRi+G_f+tR>0$			$T>G_p+T+m_1+m_2-tRi-tR>0$ $tR+L_{S2}>tRi+G_f+tR>0$		
	$\det J$	$\mathrm{tr}J$	稳定性	$\det J$	$\mathrm{tr}J$	稳定性
$O(0,0)$	+	−	ESS	+	−	ESS
$E_1(1,0)$	−	未知	不稳定	−	未知	不稳定

续表

均衡点(x,y)	$G_p+T+m_1+m_2-tRi-tR>T>0$ $tR+L_{S2}>tRi+G_f+tR>0$			$T>G_p+T+m_1+m_2-tRi-tR>0$ $tR+L_{S2}>tRi+G_f+tR>0$		
	$\det J$	$\mathrm{tr}J$	稳定性	$\det J$	$\mathrm{tr}J$	稳定性
$E_2(0,1)$	+	+	不稳定	−	未知	不稳定
$E_3(1,1)$	−	未知	不稳定	+	+	不稳定
$E_4\left(\dfrac{tR+L_{S2}}{tRi+G_f+tR},\dfrac{T}{G_p+T+m_1+m_2-tRi-tR}\right)$	—	—	—	—	—	—

由表7和表8可知，区块链信任机制下的农户A、金融机构B决策的5个均衡点中O（0，0）和E_3（1，1）均为博弈稳定点，分别对应双方均采取不合作策略和均采取合作策略；其余各点不稳定或为鞍点。具体分析如下。

（1）当$G_p+T+m_1+m_2-tRi-tR>T>0$，$tRi+G_f+tR>tR+L_{S2}>0$时，演化稳定均衡点有两个：O（不偿还，拒绝贷款）或E_3（偿还，发放贷款），即农户损失的信任收益相对较大和产权界定成本相对较小的情况下，双方均合作或均不合作时都将实现演化稳定，演化路径如图4所示。基于利益最大化原则，若双方决策的初始状态在$E_1E_3E_2E_4$区，合作所带来的收益均大于采取不合作时的收益，博弈由鞍点向E_3（偿还，发放贷款）演进并收敛；若初始状态在$OE_1E_4E_2$区，不合作的收益均大于采取合作时的收益，博弈由鞍点向O点（不偿还，拒绝贷款）演进并收敛。

（2）除上述情形外，O（不偿还，拒绝贷款）是唯一的演化稳定均衡点，农户损失的信任收益相对较低与产权界定成本相对较高抑制了双方合作意愿。基于利益最大化原则，此时双方采取合作策略均无法给自身带来更高的收益，有限理性的博弈主体均会选择不合作策略。因此（不偿还，拒绝贷款）是双方仅有的演化均衡，演化路径如图5所示。基于利益最大化原则，双方决策的初始状态无论在哪里，不合作的收益均大于采取合作时的收益，博弈都会向O点（不偿还，拒绝贷款）演进并收敛。

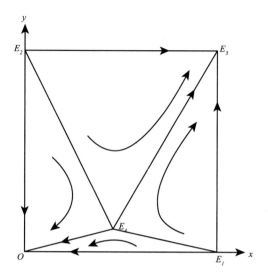

图4 区块链信任机制下$G_p+T+m_1+m_2-tRi-tR>T>0$，$tRi+G_f+tR>tR+L_{S2}>0$
时金融机构与农户博弈演化路径

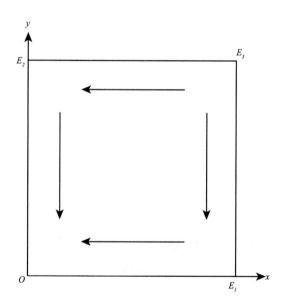

图5 区块链信任机制下其他情况时金融机构与农户博弈演化路径

（四）演化博弈对比分析

在传统农村金融信贷市场下，为了促进均衡决策向（偿还，发放贷款）

方向演化，对农户而言，其失信违约损失需要大于农户贷款的本利和；对金融机构而言，其贷款所获得的利息收益需要大于其发放贷款的信息获取成本、资金监管成本以及信息失真引发的金融风险损失之和。但由于传统农村金融信贷市场中，农户的违约损失往往较低，且金融机构的资金监管成本和金融风险损失过大，所以双方无法确保选择合作决策，难以实现集体理性。

而在区块链信任机制下，传统农村金融信贷市场中的第一个约束条件由 $m_1>tRi+tR$ 变为 $m_1+G_p+m_2>tRi+tR$，第二个约束条件由 $tRi>C_m+C_d+L_{S1}$ 变为 $tRi+G_f>L_{S2}$，使两个约束条件都更容易满足，即合作区域 $E_1E_3E_2E_4$ 的面积会增大，促使双方均衡决策向（偿还，发放贷款）方向演化的可能性更大，具体分析如下：在第一个融资约束条件中，区块链技术能够提高农户的违约损失，在传统农村金融信贷市场的违约损失 m_1 的基础上增加违约损失 m_2，并且农户与金融机构可通过智能合约自动履约，为之后双方继续进行金融交易活动打下良好基础，能够通过提高融资效率增加农户收益 G_p；在第二个融资约束条件中，区块链技术能够通过提高融资效率增加金融机构收益 G_f，并且极大程度地降低信息获取成本、资金监管成本以及由信息失真引发的金融风险损失。这两个约束条件共同说明了区块链信任机制下更容易满足促使农户和金融机构缔结信贷合约的条件，从而使双方选择（偿还，发放贷款）策略的概率增加。

五 区块链赋能农村金融信贷市场博弈分析的数值模拟仿真

（一）信息获取成本和资金监管成本变量分析

以传统农村金融信贷市场中金融机构为分析对象，探究双方博弈的决策过程。金融机构有发放贷款与拒绝贷款两种策略，当选择发放贷款时，其期望收益为 $V_B^n=x\left(tRi-C_m-C_d-L_{S1}\right)+\left(1-x\right)\left(-tR-C_m-C_d-L_{S1}\right)$，选择拒绝贷款时期望收益为$V_B^{1-\gamma}=0$。金融机构在博弈均衡时要选择发放贷款策略，则需要满足发放贷款收益大于等于拒绝贷款收益，根据x（$tRi-C_m-C_d-L_{S1}$）+（$1-x$）（$-tR-C_m-C_d-L_{S1}$）≥0，经化简得到金融机构发放贷款需满足的条件，如式23所示：

$$x \geqslant \frac{tR + C_m + C_d + L_{S1}}{tR + tRi} \tag{23}$$

已知农户偿还概率$x\geq0$恒成立，所以$\dfrac{tR+C_m+C_d+L_{S1}}{tR+tRi}$越小，式23成立的可能性越大，即金融机构越倾向于选择发放贷款策略。

将信息获取成本C_m和资金监管成本C_d作为自变量，令$t=1$，$R=1000$，$i=5\%$，$L_{S1}=10$，可得到金融机构发放贷款所要求的农户最低偿还概率x^*满足函数：$x^*=\dfrac{1010+C_m+C_d}{1050}$，$0\leqslant x^*\leqslant1$；此时农户最低偿还概率$x^*$和信息获取成本$C_m$、资金监管成本$C_d$的关系如图6所示。

随着信息获取成本和资金监管成本的增加，金融机构发放贷款所要求的农户最低偿还概率x^*在上升。根据假设可知区块链信任机制下金融机构信息获取成本和资金监管成本均比传统农村金融信贷市场中更低，故区块链信任机制下金融机构和农户更容易达成信贷合作。

（二）金融风险损失和金融机构融资效率提升收益变量分析

以区块链信任机制下的金融机构为分析对象，探究双方博弈的决策过程。金融机构有发放贷款与拒绝贷款两种策略，当选择发放贷款时，其期望收益为$V_B^\gamma=x$（$tRi+G_f-L_{S2}$）+（$1-x$）（$-tR-L_{S2}$），选择拒绝贷款时期望收益为$V_B^{1-\gamma}=0$。金融机构在博弈均衡时要选择发放贷款策略，则需要满足发放贷款收益大于等于拒绝贷款收益，根据x（$tRi+G_f-L_{S2}$）+（$1-x$）（$-tR-L_{S2}$）≥0，化简得到金融机构发放贷款需满足的条件，如式24所示。

$$x \geqslant \frac{tR + L_{S2}}{tRi + G_f + tR} \tag{24}$$

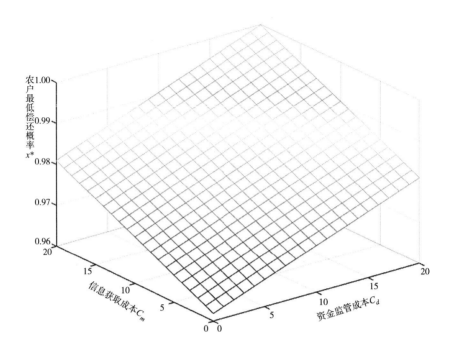

图 6 信息获取成本、资金监管成本对农户最低偿还概率的影响

已知农户偿还概率 $x \geqslant 0$ 恒成立，所以 $\dfrac{tR + L_{S2}}{tRi + G_f + tR}$ 越小，式 24 成立的可能性越大，即金融机构越倾向于选择发放贷款策略。

将金融风险损失 L_{S2} 和金融机构融资效率提升收益 G_f 作为自变量，令 $t = 1$，$R = 1000$，$i = 5\%$，可得到金融机构发放贷款所要求的农户最低偿还概率 x^* 满足函数：$x^* = \dfrac{1000 + L_{S2}}{1050 + G_f}$，$0 \leqslant x^* \leqslant 1$；此时金融机构发放贷款所要求的农户最低偿还概率 x^* 和金融风险损失 L_{S2}、金融机构融资效率提升收益 G_f 的关系如图 7 所示。

一方面，随着金融风险损失的减少，金融机构发放贷款所要求的农户最低偿还概率 x^* 降低；另一方面，随着金融机构融资效率提升收益的增加，金融机构发放贷款所要求的农户最低偿还概率 x^* 降低。根据假设可知，在区块链信任机制下金融机构因信息失真引发的金融风险损失比传统农村金融

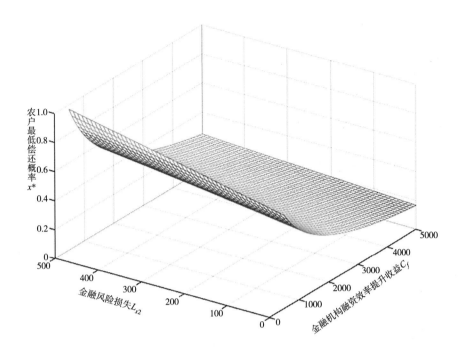

图7　金融风险损失、金融机构融资效率提升收益对农户最低偿还概率的影响

信贷市场中更低，且存在金融机构融资效率提升收益，故区块链信任机制下金融机构和农户更容易达成信贷合作。

（三）违约损失和农户融资效率提升收益变量分析

以区块链信任机制下的农户为分析对象，探究双方博弈的决策过程。农户有偿还与不偿还两种策略，当选择偿还时，其期望收益为 $V_A^x = y\left[tR\left(r_s - i\right) + G_p\right] + \left(1-y\right)\left(-T\right)$，选择不偿还时期望收益为 $V_A^{1-x} = y\left[tR\left(1+r_s\right) - m_1 - m_2\right]$。农户在博弈均衡时要选择偿还策略，则需要满足偿还收益大于等于不偿还收益，根据 $y\left[tR\left(r_s - i\right) + G_p\right] + \left(1-y\right)\left(-T\right) \geqslant y\left[tR\left(1+r_s\right) - m_1 - m_2\right]$ 式，化简得到农户选择偿还需满足的条件，如式 25 所示：

$$y \geqslant \frac{T}{G_p + T + m_1 + m_2 - tRi - tR} \tag{25}$$

已知金融机构发放贷款概率 $y \geqslant 0$ 恒成立，所以 $\dfrac{T}{G_p + T + m_1 + m_2 - tRi - tR}$ 越

小，式25成立的可能性越大，即农户越倾向于选择偿还策略。

将区块链下增加违约损失m_2和农户融资效率提升收益G_p作为自变量，令$t=1$，$R=1000$，$i=5\%$，$T=1000$，$m_1=2100$，可得到农户选择偿还所要求的金融机构最低发放贷款概率y^*满足函数：$y^* = \dfrac{1000}{2050+G_p+m_2}$，$0 \leqslant y^* \leqslant 1$；此时农户选择偿还所要求的金融机构最低发放贷款$y^*$和区块链下增加违约损失$m_2$、农户融资效率提升收益$G_p$的关系如图8所示。

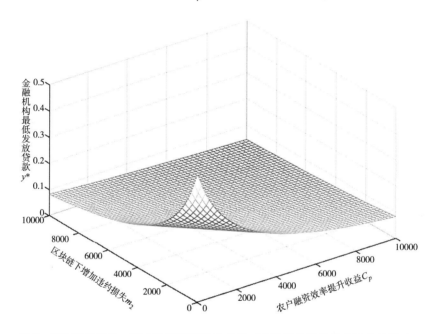

图8　增加违约损失、农户融资效率提升收益对金融机构发放贷款概率的影响

在区块链信任机制下，失信方违约损失m_2和农户融资效率提升收益G_p增加，而农户偿还所要求的金融机构最低发放贷款概率y^*降低。根据假设可知，在区块链信任机制下增加的违约损失比传统农村金融信贷市场中更高，且农户会获得融资效率提升收益，故区块链信任机制下金融机构和农户更容易达成信贷合作。

（四）数值仿真模拟结论

第一，在区块链信任机制下金融机构信息获取成本和资金监管成本均比传统农村金融信贷市场中更低，故区块链信任机制下金融机构和农户更易达成信贷合作。

第二，在区块链信任机制下金融机构因信息失真引发的金融风险损失比传统农村金融信贷市场中更低，且金融机构通过提高融资效率会获得收益，故区块链信任机制下金融机构和农户更易达成信贷合作。

第三，在区块链信任机制下失信方的违约损失比传统农村金融信贷市场中更高，且农户通过提高融资效率会获得收益，故区块链信任机制下金融机构和农户更易达成信贷合作。

由此得知，区块链能够通过降低信息获取成本和资金监管成本、减少因信息失真造成的金融风险损失、提升融资效率、增加失信方违约成本等传导路径，推动农户与金融机构做出（偿还，发放贷款）决策。

六　结论与政策建议

上述研究表明，区块链技术能够将农户的资金、资产以及每一笔交易等信息真实有效地记录下来。这些信息无法被更改和否认，可以去中心化，并通过区块链信任机制达成农户与金融机构合作的决策，从而为构建农户与金融机构合作互信的长效机制提供技术选择。区块链凭借自身技术优势，使得其记录的信息更为真实可靠，有效地缓解了农村金融中存在的信息失真、信任缺失、金融可得性差等现实问题，为满足农村金融市场的信息设计中的承诺力需求提供了新的技术路径，从而为打破农村金融市场的低效率均衡提供了新的路径选择。

从区块链技术的演化博弈分析可知，区块链信任机制下更容易满足促使农户和金融机构缔结信贷合约的条件，从而使双方选择（偿还，发放贷款）策略的概率增加。作为分布式账本的区块链具有信息设计中的承诺力功能，为改善农村金融市场信息结构、提高农村金融市场效率提供了新的技术路径，通过智能合约自动撮合信贷交易，通过全网广播运用激励惩罚机制增加失信方违约损失等，形成金融生态信用机制，从而破除信息困境，解决农村金融供需不平衡的矛盾。但是，区块链技术改善农村金融市场信息结构、形成信任机制、提高农村信贷市场效率，需要一定的前提与场景。为了让区块链技术更好地赋能农村金融市场发展，提出以下政策建议。

第一，加快区块链、5G等新一代信息技术基础设施在农村布局，能够极大提高农村金融市场的效率。区块链具有分布式记账、去中心化、透明、不可篡改等特性，能够强化农村数据采集渠道建设，全面、完整地传递上链资产信息，有效降低信息流通过程中的损耗；能确保信息结构的稳定性，突破传统交易模式，重塑金融服务，降低交易成本，在提升融资便利性的同时让金融风险更加可控。同时，区块链作为整个资产信息传导与信号传递的底层技术，在实现链内资产与链外金融组织缔结金融合约方面，可广泛应用于银行、证券、保险等多类金融机构甚至金融型企业，这对于农村金融发展具有很强的现实意义。

第二，多方协作共建区块链信息平台，健全农村信任机制。区块链信息平台具有较强的基础设施属性，建议由政府部门牵头，鼓励多方探索共建区块链信息平台，实现金融机构、相关企业、技术平台等多方紧密合作；利用多元化信用信息收集渠道，不断完善主体信用画像；打破各个部门和机构之间存在的显性或隐性信息壁垒，推动政务信息与金融信息互联互通；完善信息共享机制，实现跨机构的信息资源共享。构建农村金融信息平台，加强信息要素流动，降低金融机构的信息收集成本，重塑农村金融信息体系，创造可信的价值流转，进一步丰富区块链在乡村振兴中的应用场景。

第三，加快区块链与其他金融科技的技术融合，构建数字金融通证生态。尽管区块链系统中的信息传播不会出错，但区块链系统本身并不能提高原始信息的可信度，需要辅以其他机制来进一步提高信息的可信度，在信息上链前确保信息的真实性。加快区块链与数据采集的物联网技术、多源交叉验证的大数据技术、数据处理与分析的人工智能以及分布式海量计算的云计算技术等金融科技的深度融合，能够在信息上链时验证数据信息的真实性，对存疑的数据进行剔除或报错处理，从而进一步保证信息的可信度。在加快与金融科技融合的基础上，结合 Token 的定义、发行、销毁、转让、抵押、冻结和解冻等功能，高度重视数据价值，充分释放数据潜能，设计相应的激励惩罚机制，全网公开经验证的违约信息，大幅度提高违约成本，形成基于区块链技术的数字承诺和利益激励，实现互信共治的数字金融通证生态。

第四，拓宽金融监管范围，完善区块链监管与服务。遵循区块链技术发展规律，从政策层面做好体系化布局，加快区块链信息体系的建设与发展；加大对区块链金融的监管力度，完善区块链金融的监管原则，明确各主体责任，强化相关部门责任落实，加强追责问责，定期开展监督检查；综合运用监管科技和监管沙盒，有效提高数字金融治理水平，提高监管效能。将政府监管引入区块链，实时获取相关数据，动态跟踪运营情况，在发生纠纷时借助电子签名、时间戳、哈希值校验等技术手段认定责任分配，实现穿透式监管，依法维护金融安全，为农村金融信贷市场发展创建良好的外部环境。

作者：刘祚祥、郭雅琴，长沙理工大学经济与管理学院（长沙市，410114）

乡村治理现代化的目标体系、难点问题及破解思路

杨园争

内容提要 乡村治理现代化是农业农村现代化的制度基础，更是国家治理现代化的重要组成部分。本文在系统梳理治理现代化内涵的基础上，明确提出乡村治理现代化的多元化、一体化、法治化、精细化和高效化"五化"目标。在此基础上，以治理体系和治理能力现代化为框架，结合实际情况指出乡村治理现代化建设中凸显的两大难点，即基本公共服务均等化与公共服务供给高效率间的矛盾、乡村治理自治性要求与行政性倾向间的矛盾，并从六个方面给出了针对性建议。

关 键 词 乡村治理现代化 治理体系 治理能力

党的十九大明确要求，从 2020 年到 2035 年，在全面建成小康社会的基础上要基本实现国家治理体系和治理能力现代化，现代社会治理格局基本形成；从 2035 年到 21 世纪中叶，在基本实现现代化的基础上，实现国家治理体系和治理能力现代化。

乡村治理现代化是国家治理现代化的重要组成部分，也是建成社会主义现代化强国的题中应有之义，涵盖了乡村治理体系和治理能力的双重现代化。中共中央办公厅、国务院办公厅印发的《关于加强和改进乡村治理的指导意见》提出，乡村治理体系和治理能力现代化的推进，要以习近平新时代中国特色社会主义思想为指导，紧紧围绕统筹推进"五位一体"总体布局和协调推进"四个全面"战略布局，坚持把保障和改善农村民生、促

进农村和谐稳定作为根本目的，建立健全党委领导、政府负责、社会协同、公众参与、法治保障、科技支撑的现代乡村社会治理体制，以自治增活力、以法治强保障、以德治扬正气，健全党组织领导的自治、法治、德治相结合的乡村治理体系，构建共建共治共享的社会治理格局，走中国特色社会主义乡村善治之路，建设充满活力、和谐有序的乡村社会，不断增强广大农民的获得感、幸福感、安全感。

一　乡村治理现代化的内涵与目标

现代化是指人类从传统社会向现代社会的转变[①]。广义的现代化主要是指自工业革命以来现代生产力导致社会生产方式的大变革，引起世界经济加速发展和社会适应性变化的大趋势[②]。现代社会是一个相对概念，是社会发展阶段上人类的理想与现实条件和能力的一种耦合，即在某一历史时段人类向理想社会迈进所能达到的最佳状态[③]。在现代化的语境下，中国的国家治理现代化包含国家治理体系现代化和治理能力现代化，是治理体系不断法治化、制度化、科学化、规范化、程序化的历史过程，是将中国特色社会主义各方面的制度优势转化为国家治理效能的有机整体[④]。

（一）乡村治理现代化的内涵

治理指官方或民间公共组织在一个既定范围内运用公共权威维持秩序，满足公共需要[⑤]。具体到农村地区，广义的乡村治理是指涉及乡村社会运行的基础制度安排及公共品保障体系，包括乡村财产关系的保障制度、乡

---

① 邱春林：《中国共产党农村治理能力现代化的路径选择》，《理论学刊》2014年第11期。
② 罗荣渠：《现代化新论——世界与中国的现代化进程》，商务印书馆，2009，第5页。
③ 王永成：《经济全球化与中国政府能力现代化》，人民出版社，2006，第75页。
④ 江必新：《推进国家治理体系和治理能力现代化》，《光明日报》2013年11月15日，第1版。
⑤ 张新文、张国磊：《农村治理如何从传统化向现代化演变——中共十八届三中全会〈决定〉到十二届全国人大二次会议政府工作报告》，《北京社会科学》2014年第3期。

村组织及居民与政府之间的公共事务往来关系，以及乡村社会通过非政府组织系统实现的公共事务往来关系；狭义的乡村治理是指政府或政府通过其他组织对乡村社会公共品保障做出的制度安排①。乡村治理主要是要实现处理农村公共事务的高效决策和良好秩序，其关键是解决农民合作的问题②。

在全力实现第二个百年奋斗目标的背景下，高效推进乡村治理现代化，成为实现国家治理现代化和农业农村现代化的关键一环。乡村治理现代化是指在乡村公共服务治理、公共安全治理、公共事务治理以及环境治理等治理内容中，不断呈现透明性、有效性、参与性、回应性等现代特征的乡村治理过程③。党的十八大以来，在"五位一体"总体布局和"四个全面"战略布局的贯彻落实中，乡村治理的制度建设持续推进，党、政府、社会组织、村民等多元主体共建共治共享的治理格局和自治、法治、德治相结合的治理机制不断深入发展。乡村治理现代化与多元共治和"三治"结合在逻辑理路上具有内在一致性，同时也需要在体制机制上大力创新，探索乡村善治的有效实现形式。

乡村治理现代化包括治理体系现代化和治理能力现代化两方面。乡村治理体系现代化是指用规范化、程序化和规则化的治理体制替代人格化和随意性强的传统治理体制，用现代治理技术替代传统治理手段，用精准到人到户的政策替代传统的以村庄为单位的模糊政策④，是一个多系统、复合式的治理体系跃升过程。乡村治理能力现代化是乡村治理主体对基层事务处理能力的整体性的、质的提升，它是一个过程，也是一个目标。

---

① 党国英：《论城乡社会治理一体化的必要性与实现路径——关于实现"市域社会治理现代化"的思考》，《中国农村经济》2020 年第 2 期。
② 王亚华、高瑞：《走向稳定、秩序与良治——现代化进程中的乡村公共事务治理》，《人民论坛·学术前沿》2015 年第 3 期。
③ 冯献、李瑾：《乡村治理现代化水平评价》，《华南农业大学学报》（社会科学版）2022 年第 3 期。
④ 桂华：《面对社会重组的乡村治理现代化》，《政治学研究》2018 年第 5 期。

（二）乡村治理现代化的"五化"目标

从战略部署来看，乡村治理的"两步走"目标任务已经在 2018 年发布的《中共中央　国务院关于实施乡村振兴战略的意见》中被明确提出，即到 2020 年，以党组织为核心的农村基层组织建设进一步加强，乡村治理体系进一步完善，党的农村工作领导体制机制进一步健全；到 2035 年，乡村治理体系更加完善。

2019 年，《关于加强和改进乡村治理的指导意见》中乡村治理现代化的两步走目标更为具体：到 2020 年，现代乡村治理的制度框架和政策体系基本形成，农村基层党组织更好地发挥战斗堡垒作用，以党组织为领导的农村基层组织建设明显加强，村民自治实践进一步深化，村级议事协商制度进一步健全，乡村治理体系进一步完善。到 2035 年，乡村公共服务、公共管理、公共安全保障水平显著提高，党组织领导的自治、法治、德治相结合的乡村治理体系更加完善，乡村社会治理有效、充满活力、和谐有序，乡村治理体系和治理能力基本实现现代化。

结合以上乡村治理的"两步走"目标任务、治理现代化的具体内涵与乡村治理的现实情况，可将乡村治理现代化的目标细化为"五化"。

1. 从政府部门单一化推进的治理模式转向治理多元化

治理多元化包括多元主体的治理可参与性和政府治理机构的高回应性两个特点。一方面，农村居民个人、新型农业经营主体、农村其他经济组织和社会组织、农村公共服务的各供给主体，以及社会治理中的其他利益相关主体①，均可以通过合法、具体的方式，真实有效地参与乡村治理。另一方面，治理机构要具备积极回应民众需求、适时调整治理内容和手段的意识及能力。提供预期稳定的治理安排可以极大地促进知识和劳动的分工，减少协调成本，提高治理效能。此处的"适时调整"并非指多变的、可能破坏稳定预期的治理模式，而是指适时调整那些已经明显不符合经济社会发展规律和治理需求

---

① 这里的多元治理主体并非严格互斥，可能存在相互交叉的情况。

的体制机制，如人民公社制度瓦解，村民自治制度建立的过程，就是"适时调整"的生动体现。单向度的、自上而下强制推行的、僵化不变的乡村治理模式，都难符合治理现代化的要求，只有与村民及村庄各类组织互动的、上下并行的、适时调整的乡村治理模式，才能真正发挥治理多元化的效能。

2. 从二元分割的治理模式转向治理一体化

将社会治理区分为城市治理与乡村治理，并在两个场域实行不同的制度，这与国家治理现代化的要求南辕北辙①。社会治理的城乡二元分异，会阻碍生产要素的高效流动，影响人力资本的积累和作用发挥，最终导致经济效率降低、社会公平缺失甚至是社会动荡。因此，以城乡一体化治理进而以"市域社会治理"② 思路来替代乡村治理，是实现治理现代化的重要目标。

3. 从人格化的治理模式转向治理法治化

法治化是现代社会的突出特征之一，乡村治理的法治化是治理现代化的基本属性。当前的乡村治理体系已然处在自治、法治、德治相结合的发展路径上，但法治的程度依然有很大的提升空间。一方面，农村居民的守法行为基本源自内化规则、习俗与礼貌③，其懂法、用法程度依然较低；另一方面，村"两委"在乡村治理过程中也会有简单、粗暴的行为，甚至与法律法规有所冲突，治理的法治化亟须加强。

4. 从治理内卷化转向治理高效化

治理内卷化是指乡村治理中存在的治理权力过密化、基层民主自治空间

---

① 党国英：《论城乡社会治理一体化的必要性与实现路径——关于实现"市域社会治理现代化"的思考》，《中国农村经济》2020年第2期。

② "市域社会治理现代化"已经在中国共产党十九届四中全会中被强调，全会通过的《中共中央关于坚持和完善中国特色社会主义制度 推进国家治理体系和治理能力现代化若干重大问题的决定》从城乡一体的视角提出了社会治理现代化的基本要求，通篇没有特别使用"村庄"或"村民委员会"这类涉及乡村治理且被应用多年的概念，而代之以"社区"这个更具一般性意义的居民点概念，形成了城乡社会治理一体化的政策语境。

③ 规范社会成员行为的制度分为内在制度和外在制度，内在制度又包括惯例、内化规则、习俗和礼貌、正式化内在规则四大类，而法律则大多数属于外在规则。我国村民在传统文化、宗族地缘、村规民约等内在制度的影响下，大部分行为已然符合法律要求，但这并不代表他们对法律的知晓程度和运用法律手段维护自身合法权益的能力较强。

遭挤压、村民参与治理不足等导致治理成本快速增加但治理效能却提升缓慢甚至徘徊不前的问题①，而治理高效化则是针对内卷化问题和现代化发展要求所提出的治理目标。治理高效化既包括用现代治理技术替代传统治理手段，也包括以透明化的治理过程和结果替代模糊的、监督缺位的治理过程和结果。一方面，以数字化、智能化为代表的现代治理技术，可以延伸民主投票、村务决策等公共事务的民主半径，提高公共产品和公共服务的供给质量，提升乡村治理的多元参与性和受监督程度，是确保善治、共治的重要手段。另一方面，治理过程和结果的透明性是保障治理主体开放多元、治理程序合法正义、治理过程高效合理、治理手段和结果都能够被监督的关键要求，是治理体系和治理能力现代化的重要目标。

5. 从治理方式统一化转向治理精细化

精细化治理摒弃千村一面的治理思路，针对不同的治理对象和治理需求，采用最为适配的治理手段，以对症下药、因地制宜为原则。一方面，当下发展的不平衡突出体现在区域间、城乡间和个体间的显著差异上，不具备单一治理模式的现实基础。另一方面，治理现代化是满足个体全面发展需求的治理改进过程，而个体及个体需求的多样性就从本质上规定了治理的精细化要求。所以，现代化的治理要紧紧抓住区域发展需求和资源禀赋，立足自身特点，基于差异化视角和精细化手段，精准提高治理效能。②

二　推进乡村治理现代化的两大难点

在推进乡村治理现代化的进程中，面对农村空心化的突出特征和持续趋

---

①　周少来：《"权力过密化"：乡村治理结构性问题及其转型》，《探索》2020年第3期。

②　需要说明的是，此处的精细化并不指违背公正原则，区别对待人、事或物，而是针对目前存在的"一刀切"治理或笼统化治理的现实问题，给出匹配度更高的治理思路。事实上，精细化治理也是村民自治的本质特点。治理模式在不同的乡镇间会有差异，是精细化的；但在其实施村民自治的范围之内，制度是一致的、规则是明确的。正如"在一个运行中的制度系统中，正是这种不失灵活性的内在一致性，使人们能够做出必要的调整，又能保持缔约各方之间的相互信任关系"，精细化的具体政策与一般化的国家宏观战略布局相统一，使政策运行效率更高。

势，基层治理一方面要以共同富裕为目标，回应基本公共服务均等化的社会需求，另一方面又要将公共服务供给效率维持在合理的范围内，这是一个现实难题。与此同时，乡村治理现代化既要坚持村民自治的基本方向和农民的主体性政治地位，又要贯彻国家治理理念，平衡基层治理自治性与行政性间的关系，这也是推进乡村治理现代化的难点。

（一）妥善处理基本公共服务均等化与公共服务供给高效率间的矛盾

乡村治理高效化最直接的要求就是提高治理效能，控制成本—收益比，尽量"花小钱办大事"。然而，这在农村具有较大的难度。广大农村地区尤其是中西部农村地区存在着严重的基础设施或公共服务短板，还兼具明显的空心化、老龄化问题。一方面，基本设施和基本公共服务短板明显：饮用水安全性和便利性不足，电力供应存在缺口，道路硬化率偏低、路面狭窄、缺乏管护，医疗、养老及教育等公共服务数量不足、质量较低，互联网基础设施建设明显滞后于城市，光纤网、宽带网在农村的有效覆盖不足。另一方面，对于很大一部分"短板"明显的村镇，受地形地势、劳动力流动等因素的影响，空心化程度高，且居住形态分散。这就形成了亟待解决的治理难点：这些"短板"村镇的"短板"较短，亟须补齐，但优化提升所需的建设、管护费用高，利用率偏低，总体经济效率明显不足。基于此，学界和政界都曾提出过"有些村就几户人家，是不是也要给他们修桥、铺路，配套医院、学校？""这样做的成本是不是过高？甚至高到与产生的社会效益不相匹配？"等疑问。所以，如何破解乡村治理在该类地区中公共服务供给"补短板"与"提效率"间的矛盾，是治理高效化进而现代化的一个难点。

（二）妥善处理乡村治理自治性要求与行政性倾向间的矛盾

"政府的边界和角色是社会科学家必须应对的一个难题"①，乡村治理现

---

① 〔澳〕柯武刚、〔德〕史漫飞、〔美〕贝彼得：《制度经济学：财产、竞争、政策》，柏克、韩朝华译，商务印书馆，2018，第138页、第182页。

代化在追求治理主体多元化的目标时，如何界定好各级政府的角色和功能，如何发挥好各治理主体的能动性，如何平衡好乡村治理的村民自治需求与落实乡镇及以上政府机构要求之间的关系，无疑是当前乡村治理现代化的难点之一。

从治理体系和治理能力现代化的内在要求出发，村民自治要向参与性、回应性、规范化和程序化推进，即提升农民的治理主体地位和自治的深度。村民自治的制度化建设无疑是乡村治理体系现代化的制度基础。同时，当前乡村治理的基本格局是"乡政村治"，乡镇与村庄之间是指导与被指导的关系，而不是支配性的领导与被领导关系。这一治理安排从组织架构和事务推进上强调的也是村民自治的制度化建设。

但在具体实践中，随着国家财政支出能力增强、全面从严治党向基层延伸和技术治理手段的运用，目前乡村治理进入强国家阶段，村民自治日益被纳入国家统一治理的整体范畴[1]。目前，绝大多数地方的村支书、村民委员会主任和集体经济组织董事长"三职一肩挑"[2]。村民委员会主任既是村民自治的代理人，也是党在基层自治中的代理人，这就不可避免地导致基层治理多被上级政府的诸多任务和考核要求所限制，陷入"规章驱动的政府"而不能自拔[3]，行政化倾向日益凸显。因此，在推进乡村治理现代化的进程中，既需要激活基层治理的自主性，避免国家治理消解基层治理；又需要将国家治理能力转化为基层治理能力，实现国家治理与基层治理的相互强化。

三　破解思路

（一）以均等化的布局理念，确保兜稳农村基本公共服务网底

公共服务内容众多、外延广阔，也有多种分类方法。根据不同公共服务

---

[1]　桂华：《迈向强国家时代的农村基层治理——乡村治理现代化的现状、问题与未来》，《人文杂志》2021年第4期。

[2]　崔红志、张林：《乡村治理数字化转型的意义、可行性及路径选择》，《经济研究参考》2023年第2期。

[3]　谭秋成：《基层治理中的激励问题》，《学术界》2019年第6期。

在公平性、重要性上的差异，可将其中最核心最基础的部分划归为基本公共服务。基本公共服务是由政府主导、保障全体公民生存和发展基本需要、与经济社会发展水平相适应的公共服务①。基本公共服务均等化是指全体公民都能公平可及地获得大致均等的基本公共服务，其核心是促进机会均等，重点是保障人民群众得到基本公共服务的机会，而不是简单的平均化。基本公共服务具有三个主要特征：一是惠及最大多数人；二是具有普遍社会性并由政府主导提供；三是对公平性要求较强。其中，基本公共服务中的民生类服务，即义务教育、公共医疗卫生和社会保障服务是重中之重。按照保障基本民生的总体要求，要严格遵循"幼有所育、学有所教、劳有所得、病有所医、老有所养、住有所居、弱有所扶、优军服务保障、文体服务保障"9个方面、22个大类、80个基本公共服务项目的国家最低标准"补短板"，这一过程中不能过多考虑经济效率的问题。

一方面，对于涉及基本生活且不易从其他渠道获得的、难以被乡级或县级公共服务覆盖到的基本公共服务，应本着"民生第一、效率第二"的原则，优先保证农村居民的正常生活，如安全饮水问题等。按照基本公共服务均等化的政策思路，这类服务的水平至少要达到标准化的程度，这是共同富裕的本质要求，也是全面建成社会主义现代化强国的要求。另一方面，从看重短期成本—收益转向对长期发展成本与效率的权衡。为仍留守在村的少数居民提供基本公共服务在短期内可能不经济，但从长期角度来看，"凋敝"的只是一个特殊阶段下农村居民的生产生活表象，而不是整个农业、农村和农民。不管未来村庄是以新型农业经营主体、龙头企业为主体在村域内进行规模化农业经营活动，还是会成为一、二、三产业融合发展的新业态所在地，村庄都不可能缺少必要的基础设施。因此，规划时要从长远发展的角度，合理布局公共基础设施，尤其要利用好周边乡镇甚至县级公共服务资源，注重使用的可及性而非简单平均布设设备、场所，做到在长期内提升村

---

① 《国务院关于印发"十三五"推进基本公共服务均等化规划的通知》，《国务院公报》2017年第8号。

庄的生活、生产功能。

与此同时，要关注农村社会转型进程，强化农业农村优先发展政策体系。一方面，对于农村要充分考虑其农业弱质性和城镇化、工业化转型过程中所带给农村的更为严峻的老龄化、空巢化现实，有针对性地向农村供给专项扶助政策。以养老为例，目前国家虽然出台了一系列养老制度规定，但对于农村养老发布的专门制度却比较少，向农村的倾斜程度不足，这不利于农村养老和乡村治理现代化建设。事实上，由于农村的老龄化、空巢化程度远高于城市，且医疗服务水平较低，积极养老和健康养老的难度更大，因此，城乡间养老政策路径应该同中有异、向农倾斜。也就是说，在政策设计中，一要有针对性，在城乡融合治理的框架内考虑农村的特殊情况；二要有倾向性，适当提高农村基础养老金水平；三要考虑农村的实际情况，充分研究可行性和成本—收益问题，切勿为了政绩和形象就盲目上马"高大上"的养老项目。另一方面，城市的职业技能培训服务水平、居民数字化素质均普遍高于农村，因此要以弥合城乡间劳动力素质差异和数字鸿沟为目标，出台倾向于农村的组合政策，重点关注农民的职业技能培训、职业资格认定、数字技术培养，为农民、农村赋权赋能。

（二）以一体化为提效策略，促进公共服务可及性提高

有的放矢、对症下药，实践中要精准确定目标，并根据具体情况，找到破解"补短板"与"提效率"的可行路径。优化提升公共服务的目标是切实提高公共服务的可及性及利用效率，而非在每个乡镇甚至每个村都布置各项公共服务基础设施。医疗、教育、助餐、助浴等公共服务具有效益的外溢性特征，但在传统的政策藩篱和技术手段下，外溢半径小于潜在值。

破解思路是，要突出强调公共服务设施的共享性，以共享性促进设施布局的合理性，以布局合理性提升设施利用的高效性。县乡村公共服务一体化是在县域内的城市和乡村间实现的公共服务一体化。县域内的城区包括县城城区所在地、中心集镇等，乡村包括所有村庄及一些社区等。县乡村公共服

务一体化的核心是县域内所有居民都能均等地享受到基本公共服务。这是一种在县域内城乡基本公共服务没有差异的状态，是实现共同富裕在基本公共服务方面的体现。[①]

按照县乡村公共服务一体化的发展思路，以县域整体谋划、整体发展为方向，利用促进生产要素和服务自由流动的一整套政策和"互联网+"等数字技术，充分扩大公共服务的覆盖范围，扩大边远地区、经济欠发达地区被县级、乡级公共服务覆盖的范围。县乡村公共服务一体化要在综合考虑居民实际需求、公共服务辐射半径、成本—收益比等多重因素之后统筹规划，使县域内公共物品达到相对均衡的布局。

县乡村公共服务一体化，关键是提高县城辐射带动乡村的能力，促进县乡村功能的衔接互补。在公共服务的县乡村一体化过程中，要注重推进县城基础设施向乡村延伸：推动市政供水供气供热管网向城郊乡村及规模较大的镇延伸，在有条件的地区推进城乡供水一体化；推进县乡村（户）道路连通、城乡客运一体化；以需求为导向逐步推进第五代移动通信网络和千兆光网向乡村延伸；建设以城带乡的污水垃圾收集处理系统；建设联结城乡的冷链物流、电商平台、农贸市场网络，带动农产品进城和工业品入乡；建立城乡统一的基础设施管护运行机制，落实管护责任。在公共服务一体化过程中，还要注重县城公共服务向乡村覆盖：县级医院可与乡镇卫生院建立紧密型县域医疗卫生共同体，利用派驻、巡诊、轮岗等方式发展医疗服务，提升非县级政府驻地特大镇卫生院医疗服务能力；发展城乡教育联合体，深化义务教育教师"县管校聘"管理改革，推进县域内城乡之间校长教师交流轮岗；健全县乡村衔接的三级养老服务网络，发展乡村普惠型养老服务和互助性养老。

（三）以数字化为重要手段，推动优质公共服务资源的均衡配置

数字化既是治理现代化的目标，也是治理现代化的重要方法。数字化与

---

① 魏后凯、杜志雄主编《中国农村发展报告》，中国社会科学出版社，2022，第132页。

基本公共服务的融合，一是可以使公共服务获得手段实现跃升。这可以减少空间对公共服务可及性的限制，以"信息跑路"的方式代替个体长距离奔波，提高效率、提升使用感受。以数字政务为例，个体对水、电、暖、燃气、医疗保险、养老保险、宽带光纤等服务的购买无须到实体场所，可直接通过手机"一键实现"。二是可以使服务内容获得跃升。通过数字技术，可以实现公共服务的优质资源共享，大幅提升服务质量。网络问诊、线上课堂等形式，就是个体超越空间限制、获得优质资源的典型示例。在公共卫生事件发生的特殊情况下，轻症患者可以网络问诊，学生可以通过"云课堂"停课不停学。可见，数字化的公共服务已成为解决基本民生问题、提高行政效率的关键手段。在实践中，数字技术与农村基本公共服务的融合还存在供给内容偏少、供给主体单一、供给对象有限等问题。鉴于此，要有针对性地从以下三方面入手，不断提升数字化对公共服务和农民农村共同富裕的作用。

首先，在农村基本公共服务的数字化供给内容上，要从点到线、由线及面。目前农村的很大一部分公共服务已经运用了数字化手段，提高了公共服务可及性，例如村级政务服务站、乡镇医院远程医疗、农村中小学校"智慧黑板"等。然而这些只是数字化、智慧化在公共服务中一些离散的"点"，未来的方向是在更大范围内和更深层次上的运用，是对公共服务各个领域、各个环节的数字化改造，要做到从点到线。例如，为了提高优质医疗资源的可及性，可把电话及网络预约挂号、智能排号叫号、电子化病例、手机终端缴费、药品配送等环节串联起来，提高整个服务链条的数字化水平。在从点到线的基础上，还要逐步打破不同项目之间的"各自为政"，实现民政、教育、医疗、财政、城建、司法等部门间数据信息的互联共享，建立公共服务大数据系统，使公共服务数字化由线及面。

其次，在农村公共服务的数字化供给主体上，要从政府供给转为多元供给。可将现有的以政府单主体供给为主的模式，数字化升级为多主体协同供给，鼓励农民、企业、社会组织等利用社交媒体、问政平台等，共同参与公共服务供给，表达多元化诉求、提出多样化措施，以达到共建共享、共同富裕的政策效果。

最后，在农村公共服务的数字化使用主体上，要从"数字优势"群体拓展到全部农村居民。在现阶段的农村中，还存在相当多的以老年人为代表的尚未熟练掌握数字技能的群体。公共服务数字化所带来的可及性增量对于他们来讲，恰恰是难以逾越的"数字鸿沟"。在对公共服务进行数字化升级时，要将该群体考虑在内，开发配套的适老化便利措施，使全民尤其是弱势群体共享发展成果。

（四）以多元化为发展方向，厘清政府尤其是乡镇政府在乡村治理现代化中的地位和作用，激活农民的治理主体性

与国家治理针对整体社会不同，基层治理是重点回应群众需求和维护基层社会秩序。乡村治理现代化的发展方向是公共政策精准化供给与多元主体共治，使各方诉求得以表达，各种力量得以发挥。在治理体系建设中，基层治理具备一定的独立性和自主性，推进乡村治理现代化需妥善处理国家治理与农村基层治理的关系，厘清政府尤其是乡镇政府在乡村治理现代化中的地位和作用。

首先，坚持政府和村"两委"在乡村治理中的基础性作用。我国的发展经验尤其是脱贫攻坚成果表明，村民自治并不意味着政府的隐退，一个稳定的、能确保社会制度与规则有执行保障的政府是治理有效的基础性条件[1]。治理规划必须坚持党的领导，借助国家的力量，给农村社会发展提供安全、稳定的预期。

其次，在现代化发展方向之下，乡镇政府对村级工作的指导应当保持在"原则性"层面上，适合农民自主决策的事务应当通过村民自治来完成。市县级、乡镇级政府要理顺政府行政权力与农村基层治理之间的体制关系，调整角色定位，从直接参与者向秩序维持者和公共服务提供者的角色转变，为

---

[1] 田毅鹏、苗延义：《"吸纳"与"生产"：基层多元共治的实践逻辑》，《南通大学学报》（社会科学版）2020年第1期。

培育村治规则和构筑村庄社会公共性提供保障，进而使农村基层治理获得必要的自主空间①。同时，市县级、乡镇级政府要控制直接"交办"给村级的行政工作任务和考核任务，减少过细、过多的规章制度。在基层治理中，一定的规章制度是必要的；但如果这些规定过繁过细，就会形成政策落实当中的形式主义和文牍主义②，也会压抑组织成员的创造性，降低供给效率。

最后，制定与村民利益相容、与乡村内在规则相一致的治理办法，激活农民的治理主体性。只有治理的社会逻辑与村民的经济逻辑一致时，村民才会更多地参与乡村治理，如承担村庄的环境整治、安全巡查等公共事务；只有农村居民和乡村治理的激励机制相容且能产生较大的预期收益时，他们才有可能参与治理行为并发挥效能；如果激励机制不相容或预期收益小于成本，就会造成农民在乡村治理中的缺位。在构建现代化的乡村治理体系时，要突出强调农民的治理主体地位。一是基层治理机构要切实回应在村农民的治理诉求，要切实解决农民的养老问题、就业信息问题、农业生产和生活的社会化服务问题以及职业技能培训问题，将农民需求放置在治理内容的最前端。二是各地要丰富农民参与治理的具体形式，完善不同类型的村庄组织，充分发挥村民会议、村民代表会议、村民议事会、村民理事会、村民监事会等组织在村民自治中表达意见和监督反馈的功能。

（五）以法治化治理为行为底线，警惕各级政府和村"两委"的越位做法

法治化是治理现代化的底线要求，要严防各级政府和村"两委"的越位做法，真正尊重村民合法的私人空间、个人习惯和行为偏好。有些基层以乡风文明或美丽乡村建设为"旗号"，粗暴干涉村民的私人领域，对不洗碗筷、蹲地用餐、客厅物品摆放凌乱等都要罚款。治理现代化要求的是法治化，这

---

① 李祖佩、梁琦：《资源形态、精英类型与农村基层治理现代化》，《南京农业大学学报》（社会科学版）2020 年第 2 期。
② 谭秋成：《基层治理中的激励问题》，《学术界》2019 年第 6 期。

样过细的、充满主观性的、职责越位的治理规定明显与治理现代化理念背道而驰。这种行为不仅不能起到有效治理的作用，还会使村民产生抵触情绪，破坏村民自治的社会氛围，扭曲党以人为本的执政理念，要高度警惕。

（六）以全社会之力，充盈乡村治理资源，多渠道引入、培养乡村治理人才

笔者调研发现，很多村庄治理能力低的主要原因是缺乏必要的公共事务处置资金。"穷的村集体是没办法带领富人，掌握话语权，或者做出更多决策的"，这是基层工作者在治理方面有心无力的现实写照。所以，上级政府应给予农村基层与其治理任务和范围相匹配的、制度性、长期性的、稳定的资金支持，切实保障农业农村优先发展；鼓励社会资本以合法合规的形式进入乡村，继续巩固市场在资源配置中的作用，拓宽基层治理的资金来源。村集体也应发挥好自己所掌握的村集体资产的最大潜在价值，利用自身优势、尊重市场规律，为基层治理提供经济支持。

缺乏人才的治理体系只能勉强维持低效运转，不可能实现治理现代化。当下普遍存在村"两委"成员年龄大、受教育程度低的问题；同时农村教育、医疗等基本公共服务也存在工作人员数量不足、质量不高、流动性大等重大问题；更为关键的是，长期存在的城乡间差异导致农村人才被源源不断地虹吸至城镇，使得城乡间人才缺口呈现扩大之势。对此，一是要根据不同区域、不同经济发展情况和治理情况，鼓励将适宜职业化的村级工作进行职业化、规范化运作[1]，甚至可以考虑面向市场招聘村"两委"工作人员，待

---

[1] 例如，东部农村是大量外来人口流入地，对外来人口的登记、居住、卫生、计生、流向、安全、出租屋管理、社会治安等方面的管理工作越来越多；东部农村工商业较为发达，许多村组都有大量的工商企业，企业安全生产、环境卫生、治安保障等方面的工作也成了村组工作的一部分；此外，本地农民在民政、社保、土地、房屋、财产纠纷调解等方面的需求都有赖村干部给予满足。这些事情集中起来具有数量大、常规性的特点，对村干部就提出了坐班制或者职业化的需求。而如果村干部只能全职在村里工作不能兼职做其他事情，那么村干部就应该拿全职工资而非误工补贴。参见杨华《农村基层治理事务与治理现代化：一个分析框架》，《求索》2020年第6期。

遇与工作量和工作绩效相挂钩，改善村级自治组织的年龄结构和教育结构，提高办事效率。二是要改良教育、医疗等公共服务共同体的运作机制，将村级公共服务与乡镇级甚至县市级纳入一个激励机制相容的共同体之中。共同体不仅要形成利益—效益共同体，还要成为成本—风险共同体，缓解现阶段诸如上级医生下沉只走流程不走心、下级医生不愿利益被分割或无法获得业务水平提升机会的两难现象。

作者：杨园争，中国社会科学院农村发展研究所（北京市，100732）

食品质量多元属性视角下产业兴旺带动
乡村全面振兴的路径分析[*]

杨 嬛 谭 蓉 王家合

内容提要 农业产业是乡村的基本组成要素，符合乡村内在特征的"振兴"离不开农业产业的振兴。为了厘清产业兴旺与生态宜居、乡风文明、治理有效、生活富裕这五大乡村振兴总要求之间的内在联系，构建机理清晰、行动规划明确的产业发展路径以带动乡村全面振兴，本文基于经济社会学中的"公约理论"，引入食品质量多元属性视角，从市场、工业化、内部性、公共性、绿色、声望、灵感等多元食品质量价值规则分析乡村振兴五大要求之间的内在联系。根据不同的食品价值规则和相应的食品生产消费组织模式，将现有食品系统分为大生产模式、食品认证模式、食品网络模式，分析不同模式下产业兴旺带动乡村全面振兴的路径，探讨政府在不同治理路径中的一般性和针对性角色。

关 键 词 食品质量多元属性 产业兴旺 乡村振兴 公约理论 食品生产消费模式

一 引言

2020 年，我国脱贫攻坚取得决定性胜利，现行标准下近 1 亿农村贫困

---

* 基金项目：国家自然科学基金青年科学基金项目"替代性食物体系视角下'互联网+农业'与农户可持续生计互动机制研究"（项目编号：72003973）、中央高校基本科研业务费专项资金资助项目（项目编号：2662018QD007）的阶段性成果。

人口全部脱贫。2021 年中央一号文件提出"全面推进乡村振兴"，"三农"政策和乡村发展进入新的历史时期。2022 年党的二十大报告明确"全面推进乡村振兴"是国家高质量发展的重要内容，坚持农业农村优先发展。农业强是国家发展的内在要求，产业兴旺是乡村振兴的经济基础。2019 年《国务院关于促进乡村产业振兴的指导意见》明确指出"产业兴旺……是解决农村一切问题的前提"。同年，农业农村部等七部委联合印发《国家质量兴农战略规划（2018—2022 年）》，提出"实施质量兴农战略，实现农业由总量扩张向质量提升转变"，农业高质量发展成为农业发展的核心议题。

农业高质量发展要求农业生产科技创新、绿色高效、因地制宜、产业多元，农产品供给提质增效[1][2]。农产品质量提升是农业高质量发展的内在要求，如何认识农产品质量，并在此基础上完善农业生产过程、提升农产品质量是农业高质量发展的核心问题，也是以产业振兴带动乡村振兴必须深刻探讨的主题。在中国学术期刊网络出版总库以"食品质量"为主题进行检索，截至 2024 年 10 月 10 日，共搜索到 CSSCI 和北大核心期刊 2288 篇文献。其中，主题"食品安全""食品质量安全""质量安全"发文量居于前三位，发文量排名前 30 的主题中与"食品安全"相关的主题达到 11 个，可见在主流认识中食品安全是食品质量的核心关注点。

但是在食品生产和消费实践中，随着食品生产和消费行为的复杂化，食品质量属性呈现多元化趋势，大众在食品消费时关注的食品质量属性不断增多，不仅包括食品本身的外观、营养、味道等，还包括食品生产过程相关的环境保护、绿色生产、公平交易、动物保护等[3][4]。现有研究认为食品消费行

---

① 杜志雄、罗千峰、杨鑫：《农业高质量发展的内涵特征、发展困境与实现路径：一个文献综述》，《农业农村部管理干部学院学报》2021 年第 4 期。

② 徐光平、曲海燕：《"十四五"时期我国农业高质量发展的路径研究》，《经济问题》2021 年第 10 期。

③ Zhang Y., Jing N., Song M. J. Q. A., et al., "Food Quality Information Cognition and Public Purchase Decisions: Research from China", *Quality Assurance and Safety of Crops & Foods*, Vol. 11, No. 7, 2019.

④ 王二朋、高志峰：《食品质量属性及其消费偏好的研究综述与展望》，《世界农业》2020 年第 7 期。

为是消费者对食品质量属性的选择过程，其结果不仅满足消费者的个人需求，还会对食品生产者及其社区、食品系统产生广泛影响。消费者不切实际地追求"价廉物美"会在一定程度上导致食品卖相好质量低问题，甚至使得食品安全风险产品充斥市场[①]。相反，城市消费者对健康食品、绿色消费的追求可以有效地将农村生态资源转化为农民收入，同时促进农业农村生态可持续发展[②③]。

可见，多元化的食品质量属性认知和相应的生产消费行为是食品系统演化的重要动力，是促进农业产业发展不可忽视的因素。将绿色发展、农户收入等生态、社会要素纳入食品质量属性认知范畴，有助于生产者、消费者、乡村发展管理者全面认识农业生产在乡村振兴中的引领作用，更好地促进乡村全面振兴。为了全面认识当前食品生产消费系统中食品质量属性的多元内涵，以及相应的食品生产消费系统变革对乡村全面振兴的引领性作用，本文将引入公约理论（convention theory）讨论食品质量的多元属性及其与乡村振兴总要求的内在联系，分析当前食品生产消费子系统类型，分析不同生产消费模式下产业兴旺带动乡村全面振兴的路径，探讨政府在不同治理路径中的一般性和针对性角色。

二 食品质量多元属性及其与乡村振兴五个要求的内在联系

（一）公约理论多元价值规则与食品质量多元属性

公约理论（convention theory）是20世纪70年代由法国学者提出的经济社会学理论，在食品系统、组织理论等领域得到了广泛应用，其理论贡献之

---

① 徐立成、周立：《食品安全威胁下"有组织的不负责任"——消费者行为分析与"一家两制"调查》，《中国农业大学学报》（社会科学版）2014年第2期。

② 石嫣、程存旺、雷鹏：《生态型都市农业发展与城市中等收入群体兴起相关性分析——基于"小毛驴市民农园"社区支持农业（CSA）运作的参与式研究》，《贵州社会科学》2011年第2期。

③ 叶敬忠、贺聪志：《基于小农户生产的扶贫实践与理论探索——以"巢状市场小农扶贫试验"为例》，《中国社会科学》2019年第2期。

一在于不仅从价格、数量等定量标准，而且从性质的角度分析经济产品和经济制度，引入"公约"概念来探讨生产行为的合理性，避免将利润最大化作为市场运行的唯一理性原则①。公约（convention）是指各主体共同认可的一系列价值观念、规范和制度，是参与经济活动的行动者所依赖的社会文化框架，推动行动者在生产、分配和消费过程中就经济活动的目标、行动内容和共同意图达成共识②。

公约理论认为人们在经济社会活动中关注一系列的价值（worth），为人们对经济活动中涉及的产品、组织和人进行重要程度评价提供了规则（order）③。Boltanski 等人提出六个价值规则（order of worth），分别是市场（market）、工业化（industrial）、公共性（civic）、内部性（domestic）、灵感（inspiration）和声望（renown）④。

多位学者将公约理论及其价值规则引入食品系统研究，提出在食品系统中，价值规则具体体现为食品质量的不同属性，食品质量不仅包含了食品的外观、口感等要素，还包含了对食品生产过程中食品安全、外部环境和劳动力使用、消费过程等要素的考量，而且具体的食品质量价值规则和属性也会随着社会观念的变迁发生改变⑤⑥。国外很多学者应用这一框架分析不同地区的食品系统中生产者、消费者等主体所关注的食品质量价值规则与属性，并不断丰富这一框架的内容。表 1 展示了本文采纳的食品质量属性和价值规则，以及相应的食品质量属性判断规则与协调组织模式。

---

① Wilkinson J. , "A New Paradigm for Economic Analysis？", *Economy and Society* , Vol. 26, No. 3, 1997.

② Diaz-Bone R. , "Convention Theory and Neoliberalism", *Journal of Cultural Economy* , Vol. 9, No. 2, 2016.

③ Thévenot L S. , "Conventions of Co-Ordination and the Framing of Uncertainty", *Inter-subjectivity in Economics：Agents* , Vol. 18, 2002.

④ Boltanski L. , Thévenot L. , *On Justification：Economies of Worth* , Princeton：Princeton University Press, 2006.

⑤ Callon M. , Meadel C. , "Rabeharisoa V. the Economy of Qualities", *Economy and Society* , Vol. 31, No. 2, 2002.

⑥ Allaire G. , *Quality in Economics：A Cognitive Perspective* , *Qualities of Food* , Manchester：Manchester University Press, 2018.

表1 公约理论中的价值规则与食品质量属性

食品质量属性	价值规则	食品质量属性判断规则与协调组织模式
市场（Market）	竞争	价格
工业化（Industrial）	效率	基于技术的产品标准化、生产效率、供应链控制
内部性（Domestic）	诚信、传统、互动关系	农消关系、本地消费、信任和诚信、地理标识
公共性（Civic）	社会团结与公正	食品安全、食品营养、公平贸易、社会责任
绿色（Green）	生态	环境可持续、保护生物多样性
声望（Renown）	认可度、声誉、意见领袖	专家认可、消费者口碑、媒体传播
灵感（Inspiration）	情感投入、激情、创新	个性、新颖度、情感寄托

（二）食品质量多元属性与乡村振兴的内在联结

本文认为食品质量多元属性为我们全面认识农业产业兴旺在乡村振兴中的引领作用提供了新的价值理念视角，并为以产业兴旺带动乡村全面振兴提供了具体工具。从价值理念看，食品质量多元属性视角能拓展公共政策中农产品质量的内涵，建立农业生产与乡村振兴五大要求之间的直接联系（见图1）。2021年，《农业农村部关于拓展农业多种功能 促进乡村产业高质量发展的指导意见》指出，"在确保粮食安全和保障重要农产品有效供给的基础上，以生态农业为基、田园风光为韵、村落民宅为形、农耕文化为魂，贯通产加销、融合农文旅……为全面推进乡村振兴、加快农业农村现代化提供有力支撑"[①]。在食品质量多元属性视角下，农业生产过程涉及的生态、经济、社会要素都可以内化为食品质量属性，最终产出质量属性丰富多元的农产品，从而带动乡村全面振兴，二者的具体联系如下。

第一，产业兴旺与"生态宜居"通过"绿色"、"内部性"维度与"工业化"维度中的地理标识建立联系。乡村生态建设的实质是逐步实现生产生活中边际投入产出零差异[②]，绿色/有机农业、保护传统农业动植物品种、

---

① 参见《农业农村部关于拓展农业多种功能促进乡村产业高质量发展的指导意见》，农业农村部网站，http://www.moa.gov.cn/。
② 李周：《乡村生态宜居水平提升策略研究》，《学习与探索》2019年第7期。

合理利用农林渔业资源等都是减少农业外部投入、保护生物多样性的重要手段。

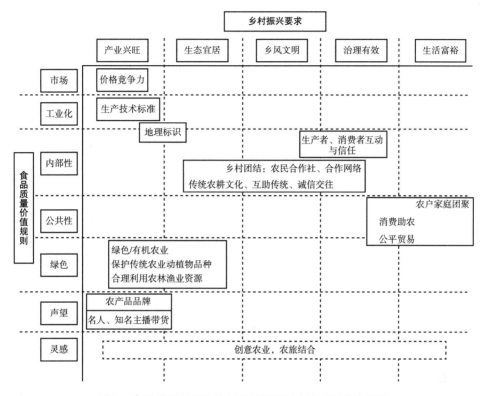

图1　食品质量多元属性与乡村振兴五大要求的内在联系

第二，产业兴旺与"乡风文明"通过"内部性"维度建立联系。乡风文明内涵丰富，传统农耕文化、互助传统、诚信交往等都是其有机组成部分[1][2]。

第三，产业兴旺与"治理有效"通过"内部性""公共性"维度建立联系。治理有效需要乡村内外多主体良性互动，以实现乡村以及整个社会公共利益的最大化[3]。农业生产中的内部合作网络、生产者与消费者互动，以及消费扶贫和公平贸易机制的建立都是治理体系建设的重要内容。

①　叶敬忠、王颖：《新农村建设中农民视角的乡风文明》，《未来与发展》2007年第12期。
②　刘启英：《乡村振兴要焕发乡风文明新气象》，《人民论坛》2019年第27期。
③　程瑞山、任明明：《乡村"治理有效"的意蕴与考量》，《科学社会主义》2019年第3期。

第四，产业兴旺与"生活富裕"通过"公共性"维度建立联系。生活富裕不仅是经济收入提高，还包括提升农民的获得感和幸福感[1][2]。农产品获得合理价格（消费扶贫、公平贸易）是提升农户务农价值感的重要途径，农业收入增加能够促进家庭团聚，进而有助于提升农民幸福感。因此，在食品质量多元属性视角下，农业产业兴旺不仅能提高农民收入，还是促进农村生态、文化和治理协调发展的重要基础。

从农产品生产消费系统看，农产品作为城乡沟通的物质载体，其内含的多元食品质量属性是农产品增值的价值基础[3]，城市居民消费行为可以有效转化为对乡村振兴的物质性认可和支持[4]。农产品与食品是农业生产最终物质化体现，将多元价值规则融入食品质量有助于将农业生产过程中涉及的生态、经济、社会等一系列社会要素物化为产品。在现代食品系统中，农产品不仅为消费者提供食物，还能够作为城市和乡村沟通的物质桥梁，让城市消费者通过食品了解乡村的自然环境、社会生活和生产过程，并理解和认可其价值。以公平贸易为例，公平贸易标识组织为得到组织认证的咖啡豆生产者设定最低保护价，让咖啡豆价格不仅覆盖直接生产成本，还能够保障生产者家庭和社区的经济、社会可持续发展，包括家庭基本教育、医疗支出、合作社运作经费等，组织还将这一理念传递给咖啡消费者。在欧美与非洲的咖啡公平贸易中，最低保护价为农户带来高于市场价8%左右的收入[5][6]。在美国

---

① 申云、李京蓉：《我国农村居民生活富裕评价指标体系研究——基于全面建成小康社会的视角》，《调研世界》2020年第1期。
② 辛超丽：《乡村振兴背景下提升农民获得感的路径探析——基于马克思主义幸福观视角》，《贵州社会科学》2021年第4期。
③ Callon M., Meadel C., "Rabeharisoa V. The Economy of Qualities", *Economy and Society*, Vol. 31, No. 2, 2002.
④ 叶敬忠、贺聪志：《基于小农户生产的扶贫实践与理论探索——以"巢状市场小农扶贫试验"为例》，《中国社会科学》2019年第2期。
⑤ Steinrücken T., Jaenichen S., "The Fair Trade Idea: Towards an Economics of Social Labels", *Journal of Consumer Policy*, Vol. 30, No. 3, 2007.
⑥ Bacon C. M., "Who Decides What is Fair in Fair Trade? The Agri-Environmental Governance of Standards, Access, and Price", *Journal of Peasant Studies*, Vol. 37, No. 1, 2010.

获得有机认证的农产品会获得 7%~60% 的溢价①②，在我国有机食品价格平均是普通食品价格的 5 倍③。我国曾经大力提倡的消费扶贫也是将消费的社会意义赋予贫困地区和贫困农户生产的产品，增强消费者的购买意愿和价格支付意愿④。因此，食品质量多元属性视角可以将乡村振兴的多元价值物化为具有多重内涵的农产品，通过市场和社会机制促进消费者为乡村振兴提供可持续动力。

从生产者角度看，食品质量多元属性视角为各地区和生产者制定多元化产业发展规划提供了指引，有助于发掘各地区不同传统文化、生产方式、经营模式的现实价值，契合《"十四五"推进农业农村现代化规划》中提出的"推进农业农村现代化，必须立足乡村地域特征"要求。图 1 列出的质量属性都有与之对应的物质层面的实践路径，各地区和生产者可以结合自身条件选择适合自身的农业发展道路，避免农业产业发展同质化问题⑤。以猕猴桃产业发展为例，具有适宜气候和自然环境且有种植历史的地区，可以从地理标识入手，提升产品的可识别度⑥；也可以从生产环境和生产过程的绿色生态入手，通过有机食品认证等方式提升产品的附加价值，同时促进环境可持续发展；还可以通过消费扶贫、公平贸易等渠道，让消费者了解生产者面临的困难，通过社会助力提升产品价格、拓展销售渠道⑦。对于生产者或者生

① Marian L., Chrysochou P., Krystallis A., et al., "The Role of Price as a Product Attribute in the Organic Food Context: An Exploration Based on Actual Purchase Data", *Food Quality and Preference*, No. 37, 2014.

② Badruddoza S., Carlson A. C., Mccluskey J. J., "Long-Term Dynamics of Organic Dairy Premium in the United States", Agricultural and Applied Economics Association 2019 Annual Meeting, 2019.

③ 闫丽霞：《我国有机食品定价策略研究——基于对消费者认知和需求特点的分析》，《价格理论与实践》2013 年第 10 期。

④ 叶敬忠、贺聪志：《基于小农户生产的扶贫实践与理论探索——以"巢状市场小农扶贫试验"为例》，《中国社会科学》2019 年第 2 期。

⑤ http://www.china.com.cn/opinion/theory/2018-05/21/content_51452760.html.

⑥ 李赵盼、郑少锋：《农产品地理标志使用对猕猴桃种植户收入的影响》，《西北农林科技大学学报》（社会科学版）2021 年第 2 期。

⑦ 刘湘辉、周温茹、孙艳华：《包容性增长视角下公平贸易组织参与供应链扶贫研究——以古丈盘草村茶叶发展为例》，《湖南农业大学学报》（社会科学版）2021 年第 1 期。

产者组织，构建紧密的生产者—消费者互动网络也是形成产销良性互动的重要方式①。

一个地区的产业或者一个生产者的产品可以根据当地的自然环境、资源条件、文化和价值传统综合考虑，融合多个价值规则。确定生产产品的价值内核后，地方政府和生产者可以深入挖掘每个价值的内涵，并将价值内涵通过可感知、可物化的方式传递给消费者，从而将乡村振兴中的乡风文明、生活富裕等要求融入农产品生产行为中，并满足当代消费者不同的消费价值诉求。比如生产者想强调农产品生产背后公共性价值中的家庭团聚，可以通过文字、图片故事或视频等方式展示农民家庭共同劳作、全家其乐融融的画面，减少留守老人、留守儿童的露面，让消费者感知到购买这样的农产品是实现这一美好景象的重要助力。消费助农不仅应该成为产品标签，还应该全面向消费者展示生产过程中所包含的助农价值，包括脱贫户和脱贫村的参与情况、政府和社会团体在进行产业助农时的全方位投入，以此提升消费者在消费中的参与感和价值获得感②。

三 食品质量价值规则构建与产业兴旺带动乡村振兴多元路径

（一）公约理论中的食品质量价值规则构建

在公约理论看来，用于判断事物价值的公约（conventions）不是先验存在的客观标准，而是相关主体在社会生活中为了达成一致行动而形成的价值标准，并围绕价值标准达成共识（即公约）③。其中有两个层面，第一个层面是形成新的价值规则。比如，Boltanski 等人采用"价值系统"的视

---

① 李彦岩、周立：《既要靠天吃饭，更要靠脸吃饭：关系圈如何促成 CSA 社区的形成——基于社会网络分析方法的案例研究》，《中国农业大学学报》（社会科学版）2018 年第 4 期。
② 全世文：《消费扶贫：渠道化还是标签化?》，《中国农村经济》2021 年第 3 期。
③ Boltanski L., Thévenot L., *On Justification: Economies of Worth*, Princeton: Princeton University Press, 2006.

角分析了资本主义演化过程，认为 19 世纪末产生了"第一代资本主义精神"——基于具有企业家精神的资本家所代表的"内部性"价值规则①；20世纪 40~70 年代产生了"第二代资本主义精神"——基于精英管理和规模经济的"工业化"价值规则。

第二个层面是相关行动者在具体情境中基于已有的价值规则，就具体事物的价值判断进行谈判、辩护，最终就采纳哪些价值规则、价值规则之间重要性排序相互妥协、达成共识②。比如，Sánchez-Hernández 等人比较了西班牙卡斯蒂利亚—莱昂地区红酒产业和挪威腌渍鳕鱼产业的不同市场表现及原因，指出前者 80.6% 的红酒加入原产地保护规范，中央和地方政府严格规范准入标准，保证产品符合规范所要求的环境、文化和生产标准，各类商业和社会组织积极构建组织网络、推进消费者认知，在产品价值链相关主体内形成了对产品质量的一致认知，促进其在国内和国际市场都取得了成功③。后者则是一个反例，20 世纪 90 年代挪威腌渍鳕鱼占有1/3 的西班牙市场，但是到了 2008 年其市场份额下降到 4.3%。核心原因在于 1999 年挪威政府为了保护渔业资源出台了一系列法令，包括设置捕捞配额并只发放给个体渔民，禁止在鳕鱼加工中使用化学添加物。这一系列法令导致腌渍鳕鱼外观发生显著变化、整体生产成本上升，但是腌渍鳕鱼产业相关主体没有建立有效的"生产—消费"互动机制，将这些变化背后的生态环境价值、渔民生计保护和食品安全提升等价值理念传递给消费者，并使之成为产业链相关主体的共同价值规则，从而导致不同主体各自为政，生产者缺乏系统性创新，消费者对产品变化接受程度低，产业最终被边缘化。

---

① Boltanski L., Chiapello E., "Society. The New Spirit of Capitalism", *International Journal of Politics, Culture*, Vol. 18, No. 3, 2005.

② Wilkinson J., "A New Paradigm for Economic Analysis?", *Economy and Society*, Vol. 26, No. 3, 1997.

③ Sánchez-Hernández, Espinosa-Seguí, "Regional Segmentation of the Salted Codfish Market in Spain: Implications for Norwegian Producers", *Norsk Geografisk Tidsskrift-Norwegian Journal of Geography*, Vol. 69, No. 3, 2015.

上述案例体现了食品质量价值规则构建中两个重要主题。第一个主题是不同的价值规则有其相应的食品生产和消费协调组织方式。Eymard-Duvernay 等人最早对价值规则进行了分类，并指出其背后不同的协调组织方式①。如果市场上对于"质量"的认知是高度统一的，价格是主要的协调组织方式，Eymard-Duvernay 将其称为"市场"公约。如果价格不能作为产品质量唯一的衡量标准，食品系统主体则会引入新的价值规则来协调和组织生产、销售和消费过程。在"内部性"公约指导下，通过"信任"机制解决不确定性问题，比如建立长期的农消关系、形成信息更为丰富和透明的本地消费等。此后学者逐步增加价值规则（公约）的类型，表1汇总了在食品研究领域得到普遍认可的价值规则及其相应的协调组织方式。"工业化"体现为基于技术的产品标准化、生产效率、供应链控制等；"公共性"体现为公共福利、产品对社会和环境的积极影响；"绿色"体现为生产和消费保护或促进环境可持续发展；"声望"体现为社会广泛认可，通常涉及有社会影响力的个人的认可；"灵感"体现为个体在产品生产和交换中展示出的天赋、创造力②③。

多位学者的研究表明这些不同类型的公约及其协调组织方式可以同时共存。Murdoch 等人比较了以工业化、低价格为核心的快餐文化和重视地方饮食文化、生产环境的慢食文化，指出不同的价值规则及其对应的组织模式共存于食品系统④。也有研究指出一个企业或一个产品价值链可以整合多种价值规则，比如原产地保护认证（PDO）和公平贸易认证产品整合了公共性（原产地保护、生产者社会关怀等）、内部性（与原产

---

① Eymard-Duvernay F., "Conventions De Qualité Et Formes De Coordination", *Revue économique*, Vol. 40, No. 2, 1989.

② Rosin C., Campbell H., "Beyond Bifurcation: Examining the Conventions of Organic Agriculture in New Zealand", *Journal of Rural Studies*, Vol. 25, No. 1, 2009.

③ Ponte S., "Convention Theory in the Anglophone Agro-Food Literature: Past, Present and Future", *Journal of Rural Studies*, Vol. 44, No. 12, 2016.

④ Murdoch J., Miele M., *Culinary Networks and Cultural Connections*: a Conventions Perspective, *The Blackwell Cultural Economy Reader*, Malden: Blackwell Publishing, 2004.

地和生产者之间的联系）和工业化（标准化的认知方式）多个价值
规则①②。

上述案例暗含的第二个主题是所有相关行动主体都是公约体系（即价
值规则体系）构建过程的参与者。在食品系统中，政府部门、生产者、消
费者、零售商、设计公司、加工商都参与和影响食品质量价值规则的构
建③。成功的沟通协调能够形成一致的食品价值规则认同，并满足不同主体
的期待与需求④。在消费者参与食品治理价值规则构建方面，Callon 等人从
消费行为特征出发，认为消费者的选择受到产品使用经历、家人、朋友、大
众媒体评价等多重信息来源的影响⑤；一些学者则提出"生态公民""食品
公民"的概念，认为消费者主观价值认同下的消费行为是重塑食品价值链
或食物体系的重要推动力⑥⑦。

从主体间经济政治关系出发，学者们也指出不同主体的价值诉求存在差
别，在价值规则构建的过程中都会争取对自己更有利的价值规则⑧。因此，
大量学者关注加强生产者、消费者直接联结的新型食品系统组织模式，这些
模式更加关注"内部性"、"公共性"、"绿色"、"声望"和"灵感"等价值

① Ponte S., Gibbon P., "Quality Standards, Conventions and the Governance of Global Value Chains", *Economy and Society*, Vol. 34, No. 1, 2005.

② Trabalzi F., "Crossing Conventions in Localized Food Networks: Insights from Southern Italy", *Environment and Planning A: Economy and Space*, Vol. 39, No. 2, 2007.

③ Callon M., Meadel C., Rabeharisoa V., "The Economy of Qualities", *Economy and Society*, Vol. 31, No. 2, 2002.

④ Kirwan J., "The Interpersonal World of Direct Marketing: Examining Conventions of Quality at Uk Farmers' Market", *Journal of Rural Studies*, Vol. 22, No. 3, 2006.

⑤ Callon M., Meadel C., Rabeharisoa V., "The Economy of Qualities", *Economy and Society*, Vol. 31, No. 2, 2002.

⑥ Vermeir I., Verbeke W., "Sustainable Food Consumption: Exploring the Consumer 'Attitude-Behavioral Intention' Gap", *Journal of Agricultural Environmental Ethics*, Vol. 19, No. 2, 2006.

⑦ Hatanaka M., "Beyond Consuming Ethically? Food Citizens, Governance, and Sustainability", *Journal of Rural Studies*, Vol. 77, 2020.

⑧ Arce A., "Food Sources and Expressions of Power in Global Food Coordination and Rural Sites: Domination, Counter Domination and Alternatives", *International Journal of Sociology of Agriculture*, Vol. 16, No. 2, 2009.

规则。学者们将这些模式统称为"替代性食物体系"，具体形式包括社区支持农业、巢状市场、农夫市集等，认为这些模式能够摒弃大型企业的控制，增强生产者和消费者的自主性①。同时大型企业也会从这些价值规则入手争取主动权，比如公平贸易认证最初是由非营利组织主导，为保护农产品国际贸易中小农的经济社会利益而建立，主要遵循"公共性"价值规则。星巴克、沃尔玛等大型加工零售企业为了保持其在产业领域内的主导地位，主动将公平贸易纳入经营模式。它们进入公平贸易带来双重影响，一方面扩大了公平贸易交易总量，认证体系覆盖更多农户；但另一方面其核心目标仍然是市场利润，并会导致"最低保护价格"这一核心机制不能充分覆盖产品生产的经济、社会、环境成本②。

（二）不同食品生产消费组织模式与产业兴旺带动乡村振兴的路径

公约理论表明"食品质量"是一个社会构建的概念，在特定的时间、空间和社会群体中基于不同价值规则具有不同的质量属性，且产生了不同的食品生产消费组织模式。区分不同的食品生产消费模式，识别其背后的主导食品质量价值规则和协调组织方式，定位政府在不同模式中应发挥的功能和作用，有助于农业产业发展在乡村振兴中发挥多元功能。

基于现有的食品系统实践和研究，根据主导的食品质量价值规则和协调组织模式可以将食品系统分为三种模式，分别是大生产模式、食品认证模式与食品网络模式（见表2）。食品质量价值规则物化为食品产品脱离不了相应的物质文化基础，因此不同生产模式有其相对更为适宜的生产区域，同时对乡村振兴的影响维度也存在差别。

---

① 杨嬛、王习孟：《中国替代性食物体系发展与多元主体参与：一个文献综述》，《中国农业大学学报》（社会科学版）2017年第2期。

② Bacon C.，"Confronting the Coffee Crisis：Can Fair Trade，Organic，and Specialty Coffees Reduce Small-Scale Farmer Vulnerability in Northern Nicaragua?"，*World Development*，Vol. 33，No. 3，2005.

表2　食品生产消费组织模式与产业兴旺带动乡村全面振兴的多元路径

		模式1:大生产模式	模式2:食品认证模式	模式3:食品网络模式
1. 主导价值规则(食品质量属性)		市场、工业化	内部性、公共性、绿色、工业化	内部性、公共性、绿色、声望、灵感
2. 产业兴旺带动乡村全面振兴的路径		价格竞争导向的规模化农业生产	第三方认证支持下的适度规模化农业生产:社会和生态价值、社会信任基础上的标准化认证	内源性、特色化与差异化的农业生产:生产者、消费者深度互动基础上的多元价值认可(社区支持农业、农夫市集、巢状市场等)
3. 适宜区域类型		耕地等自然资源禀赋、生产基础条件好	—	山地、丘陵等耕地资源相对有限,农耕文化、生态资源丰富或亟须保护
4. 与乡村振兴的内在联系	产业兴旺	提升生产效率、保障粮食安全	较高效率下的多元产业形态	丰富多元的农业产业形态
	生态宜居	—	保护资源、生态环境	保护资源、生态环境
	乡风文明	—	提升农业生产者的荣誉感和幸福感	保护与利用传统文化,提升农业生产者的荣誉感和幸福感
	治理有效	—	促进乡村社会和谐发展	促进乡村社会和谐发展
	生活富裕	提高农民收入	提高农民收入	提高农民收入
5. 食品质量治理模式		政府主导食品安全与食品质量基本标准约束下的质量管理	政府推动、多主体参与的食品认证体系建设与实践	政府引导,生产者、消费者等多元主体互动基础上形成多元化"公共池塘资源"式的食品治理价值规则共识与实践
6. 政府角色	一般性	法律法规制定与监管,食品价值规则宣传引导与实践,农业技术研发与应用支持		
	针对性	最低标准制定与监管	认证平台搭建、支持与监管	价值引导、网络建设支持与规范

　　大生产模式接近于现有研究中定义的常规食品系统,是指由市场和工业化价值规则主导的食品子系统,注重扩大生产规模、促进产品标准化、提高生产效率和价格竞争力。其生产消费组织模式特点为产业上下游(农资提供、农产品与食品加工销售)不断集聚,农户作为生产者其产业链获益比例不断缩减,因此必须通过多种形式扩大生产规模、延长产业链条才能保证

农户利益①②。由于强调规模化与市场竞争，这一模式更加适合耕地等自然资源禀赋较好、生产基础条件好的区域，比如耕地资源丰富的平原地区。这一模式在乡村振兴中能够通过提高生产效率促进产业发展，在保障粮食等重要农产品产量上发挥重要作用，同时在适度规模经营基础上可以有效提高农民收入。

食品网络模式接近于现有研究中定义的替代性食物体系，是指由内部性、公共性、绿色、声望、灵感等多元价值规则主导的食品子系统，其核心的生产消费协调组织模式是生产者、消费者互动基础上形成的食品价值认可，我国已经出现社区支持农业、巢状市场、农夫市集等多种实践模式，影响范围不断扩大③。这一模式不单纯追求大规模生产带来的效率和价格竞争力，还让农户在组织模式上减少对大规模农资、加工销售企业的依赖，与消费者之间建立持续的良性互动，在经济收入上获得较大比例的收益，在生产方式上减少对农药化肥等化学农资的需求④。因此它对于山地、丘陵等耕地资源相对有限的区域和小规模生产农户更为友好，能够更好地利用地方生态资源和农耕文化资源，从经济、社会、文化和生态多个方面赋予食品及其生产过程新的价值。

食品网络模式能够通过产业发展发挥多重功能，促进乡村振兴的全方面实现。内部性和公共性价值规则有助于保护和利用乡村传统文化、促进乡村社会和谐发展；绿色价值规则有助于消费者和生产者共同促进农业的绿色可持续发展；声望和灵感价值规则尊重和认可生产者在生产中的感情投入和创新意识，有助于提升农业生产者的荣誉感和价值感，改变社会长期以来对于

---

① Van Der Ploeg J. D. , Jingzhong Y. , "Schneider S. Rural Development through the Construction of New, Nested, Markets: Comparative Perspectives from China, Brazil and the European Union", *Journal of Peasant Studies*, Vol. 39, No. 1, 2012.

② 叶敬忠、张明皓：《小农户为主体的现代农业发展：理论转向，实践探索与路径构建》，《农业经济问题》2020 年第 1 期。

③ 杨嬛、王习孟：《中国替代性食物体系发展与多元主体参与：一个文献综述》，《中国农业大学学报》（社会科学版）2017 年第 2 期。

④ 司振中、代宁、齐丹舒：《全球替代性食物体系综述》，《中国农业大学学报》（社会科学版）2018 年第 4 期。

农业"低端"和农业生产者"低能"的偏见。在这些规则的综合支持下，这一模式通过增加单位产品的附加值来提升农民收入。食品网络模式中不同生产者基于不同的生产资源和机制规则组合形成丰富多元的农业生产形态，比如种养结合、农旅结合、一村一品特色生产、小型生产销售联盟等，是实现农业生产自然系统和社会系统多样化的重要保障。

食品认证模式则是大生产模式与食品网络模式向彼此靠拢的形式，是在认可内部性、公共性、绿色等价值规则基础上，结合工业化价值规则建立的中间模式。其核心协调组织方式是通过标准化的认证来实现社会和生态价值、社会信任在更广范围内的认可和运转。大生产模式主导者，如星巴克、沃尔玛等企业通过此模式可以获得新增价值规则带来的附加值；对于食品网络模式中的农户，获得食品认证可以扩大其生产销售规模，扩大其可触及的消费群体。相较于大生产模式和食品网络模式对于资源禀赋的依赖，是否采用食品认证模式更多取决于生产者对自身生产方式的定位。大生产模式下的生产者认可内部性、公共性、绿色等价值规则，可以自主调适生产消费组织模式，按照地理标识、公平贸易、绿色食品、有机食品相关规范进行生产，并获得相关组织认证；食品网络模式下的生产者若想转变为食品认证模式，则应该按照相关认证标准规范自身生产过程，并扩大规模，以达到认证生产规模要求，出于利益诉求，转变原则是认证后价值提升水平超过认证相关成本。食品认证模式与乡村振兴也存在多维度的内在联系。公平贸易促进食品系统对生产过程中生产者福利的关注，提升农户的收入和生计水平，并促进农户间合作；有机食品、绿色食品、森林管理认证则能够促进农业生产中的生态环境保护。总体而言认证模式既能够避免大生产模式带来的同质化的大生产，促进生产模式的多样化，还能在一定程度上提高生产效率、扩大农户生产规模。

（三）不同食品生产消费组织模式下产业兴旺带动乡村振兴的政府角色分析

以上分析表明，在不同食品质量价值规则支撑的食品生产和消费组织模式中，政府、生产者、消费者、食品加工和经销商等主体都发挥了不同功能，因此政府应针对不同模式完善对应的食品质量治理模式，建设相应的产业兴旺带动乡村振兴路径，明确其核心治理路径和角色，从而通过农产品提质增效带动乡村全面振兴。

首先，不同食品生产消费组织模式下产业兴旺带动乡村振兴的路径存在差异，其背后的质量治理核心路径存在差别，政府在其中发挥的治理作用相应也有所不同。大生产模式的主导规则是市场和工业化，这一模式构建的主要推动力来自农业生产者和相关市场主体，子系统参与者追求的主要是具有价格竞争力的产品，对食品质量的诉求以食品外观和达到食品安全为主。因此这一模式下食品质量治理应该由政府主导，在现有技术标准和社会发展水平下，制定具有强制性的食品安全和食品质量标准，通过法律规章的形式明确不同主体在落实食品质量标准中所承担的责任，并在食品生产、流通、消费等环节加强监督，强制各主体严格执行各项法律规章和标准①。

食品认证模式的主导规则是内部性、公共性、绿色和工业化，这一模式构建的根本动力来自部分社会公众对于高质量农产品以及地方生产方式、农业生态、农民生计可持续的共同追求②。由于这些追求符合社会公众利益，因此政府是认证模式的重要推动者。公众诉求是这一模式产生和发展的内在动力，各类社会组织和社会大众参与是认证模式有效运转的重要保障。有研究指出与西方国家食品认证体系的建设与运转由社会倡导推动不同，我国有机、绿色食品等相关认证体系建设都由政府主导，缺少社会公众和相关社会组织认可，在社会共识建设、信息披露和监管上缺少社会参与，公众对食品认证的认可度不高③。因此，食品认证模式中价值规则的建立离不开广泛的

① 汪全胜、宋琳璘：《现代治理视野下食品质量安全监管机制的完善路径》，《宏观质量研究》2021 年第 1 期。
② Barham E.，"Towards a Theory of Values-Based Labeling"，*Agriculture and Human Values*，Vol. 19，No. 4，2002.
③ Scott S.，Si Z.，Schumilas T.，et al.，"Contradictions in State-and Civil Society-Driven Developments in China's Ecological Agricultural Sector"，*Food Policy*，Vol. 45，2014.

社会共识，政府应该更好地发挥推动作用，引导和促进社会公众、市场主体参与到社会共识的构建中，建立多元化多主体参与、符合不同价值规则的认证体系，在此基础上通过政策法规规范认证产品的申请、生产、销售环节，严格监督和惩罚相关违法和违规行为，保障符合价值规则的产品能够转化为消费者可信任的认证产品。

食品网络模式的主导规则是内部性、公共性、绿色、声望和灵感，这一模式的内在动力根植于生产者和消费者对于农业生产和乡土生活的多元化追求：有人关注食品安全和环境可持续发展；有人关心农民及其社区的生计可持续发展；有人向往传统的乡村生活环境和生活模式；有人看重乡土社会中蕴藏的传统文化，这些追求通过不同方式与农业生产建立了多样化的联结，从而形成了价值多元、形式多样的实践模式。与食品认证模式相比，这一模式没有形成在全社会范围内广泛认可的价值规则，而是在生产者、消费者等一定范围的主体间形成"公共池塘资源"式的价值规则体系和紧密的相互联系[①]。"公共池塘资源"嵌入地方的生态、社会和文化系统中，难以形成大范围内广泛适用的标准化规则体系，而是因地制宜、因人制宜，体现出地方特色和参与主体的主观诉求。因而，在食品网络模式中政府应定位自身为引导者和规范者，发现和支持基层的创新性实践，同时要基于公共利益从市场和乡村秩序层面规范相应活动，避免出现一哄而上、少数人投机牟利等乱象。

其次，在不同食品生产消费组织模式下政府除承担不同的特殊性角色外，还应承担一系列一般性角色，完善食品质量治理体系，促进农业发展带动乡村全面发展。主要包括三个方面，第一是法律法规制定与监管。具体而言在不同模式下也存在差异，大生产模式下政府是强制性标准和规则的制定者和监管者；食品认证模式下政府是认证体系建设和实施规则的建立者，保障自愿参与者的权利，并监督其履行责任；在食品网络模式下，

---

① 叶敬忠、丁宝寅、王雯：《独辟蹊径：自发型巢状市场与农村发展》，《中国农村经济》2012 年第 10 期。

政府主要是确保参与者行为符合食品、市场参与和乡村发展领域的一般规则和要求。

第二是多元食品价值规则的宣传引导与实践，具体包括通过多种形式宣传地方特色农产品和文化、公平贸易、农业生态保护、绿色发展的知识及意义，并让公众了解这些信息与食品认证标识、不同类型食品和乡村产品之间的内在联系，引导公众消费相关产品。比如由中央政府设立"中国农民丰收节"、地方政府组织丰富多彩的节日活动就是做好农耕文化和乡村文化宣传的重要手段。同时政府作为重要的消费主体，可以通过政府购买的形式支持体现多元价值的农产品，从需求层面促进食品认证模式以及食品网络模式的发展。在美国、欧洲，公共部门消费是推动有机农业生产等绿色可持续生产模式发展的重要动力。

第三是农业技术研发与应用支持。前面谈到从价值规则到相应的产品离不开资源投入和相应生产技术，我国在绿色农业生产技术方面的投入产出以及技术转化与生产需求之间还存在较大差距。2021 年农业农村部等六部委印发《"十四五"全国农业绿色发展规划》，指出科技是我国农业发展，特别是农业绿色发展的短板，要求健全绿色技术在内的农业技术创新体系，增强农业绿色发展的科技动力。因此政府需要在育种、农资投入、种植技术、产后保存加工等多个环节加大相应投入，并促进公共机构、市场主体参与到绿色技术的推广应用中来。

四 结论与建议

产业基础差异是区分城市和农村的基本要素，因此符合乡村内在特征的"振兴"离不开农业产业的振兴。农业产业兴旺与生态宜居、乡风文明、治理有效、生活富裕有着千丝万缕的联系，构建内在机理清晰、行动规划明确的产业发展路径是实现产业兴旺带动乡村全面振兴的制度基础。本文从政策高度重视的农业高质量发展和社会普遍关注的食品质量视角切入，认为随着消费者需求和消费能力变化，社会价值、文化的多元化，食品质量多元视角有助于建立农业产业发展与乡村振兴五大要求之间的多维度联系，更好地认识农业产业发展对于乡村振兴的基础性和多元化功能，并为确定乡村农业产业发展路径提供理论指导。

本文基于经济社会学中的"公约理论"引入"食品质量多元属性视角"，分析了食品质量价值规则中"市场""工业化""内部性""公共性""绿色""声望""灵感"与乡村振兴五大要求"产业兴旺、生态宜居、乡风文明、治理有效、生活富裕"之间的内在联系，从宏观和微观层面基于食品质量多元属性视角探讨促进乡村振兴议题。"公约理论"指出食品质量价值规则是社会构建的产物，政府、生产者、消费者和其他主体都是价值规则构建的参与者，不同的价值规则组合形成了不同的食品生产消费组织模式。本文根据主导价值规则和协调组织模式将食品系统分为三类子系统，分别是大生产模式、食品认证模式和食品网络模式，深入分析了不同模式与乡村振兴的内在联系，根据其特征探讨了不同类型食品子系统的食品质量治理核心路径，以及政府在治理中的针对性和一般性角色。

本文认为政府应在现有的政策基础上，从以下几个方面促进多样化的食品生产消费系统发展，构建和完善农业产业兴旺带动乡村全面振兴的政策思维和政策措施。第一，在政策体系构建上，充分认识食品系统的多样性，构建农业产业兴旺带动乡村全面振兴的系统政策思维。根据不同食品子系统背后的价值规则和生产消费模式、利用地方资源构建相应产业发展规划，明确不同的管理和支持方式。第二，在政策具体实施中，一是注重发挥政府购买引导消费导向的功能，帮助公众建立有利于农业农村可持续发展的食品价值规则，并形成社会共识。当前政府购买农产品正从"消费扶贫"转向"消费助农"，应该将政府购买从简单强调"扶贫"，转向支持多元特征的农业，比如地方特色文化农产品、公平贸易、绿色、有机等，创造新的市场消费需求。二是政府加强对于食品网络模式中生产、消费行为的支持，促进相应生产、消费组织的建设和发展及相关网络和平台的建立，在社会公众中培育多元食品质量的宣传者和拥护者，拓展公众在食品质量治理中的参与广度和深度。

作者：杨嬛、谭蓉、王家合，华中农业大学公共管理学院（武汉，430070）

中国式乡村治理面临的核心问题和破解路径

——基于政党功能结构均衡理论视角

赵守飞

内容提要 基于政党功能结构均衡理论，乡村治理是中国共产党的乡村党组织在乡村场域中领导多元治理主体，基于利益联结，利用治理资源，解决公共问题并提供公共服务，助力乡村人民群众生产便捷、生活富裕以及全面自由发展的过程。村党组织行政性功能过强而社会性功能严重缺失，致使其功能结构失衡，这是乡村治理面临的核心问题。解决乡村治理问题的关键在于解决村党组织的功能结构失衡问题，切实确立"把党带回来"的理论自觉、政策自觉和实践行动自觉，强化村党组织的社会性功能，优化其行政性功能，真正激活乡村社会活力，切实将村庄群众组织起来参与乡村治理。

关 键 词 乡村治理 政党功能结构 行政性功能 社会性功能

"乡村治理"是中国农村社会学界乃至中国社会科学界在立足中国实际和实践、解决中国问题的长期探索过程中构建的一个标识性概念[1]。乡村治理居于国家建设和社会发展的基础性地位，无疑是整个国家和社会治理的基石，乡村治理水平的高低直接关系国家治理现代化的实现进程[2]。为了高质

---

[1] 刘燕舞：《乡村治理：一个中国农村社会学的标识性概念》，《陕西师范大学学报》（哲学社会科学版）2024 年第 4 期。

[2] 陈文胜、汪义力：《论中国乡村治理现代化的逻辑转换》，《贵州社会科学》2023 年第 12 期。

量推动中国乡村治理现代化建设实践，我们需要从理论上梳理清楚乡村治理面临的核心问题是什么及其破解路径。

一　乡村治理是什么

若无特别说明，本文要研究讨论的乡村治理是中国式乡村治理，是当下中国需要推进的乡村治理。基于政党功能结构均衡理论[①]，我们认为乡村治理是中国共产党乡村党组织在乡村场域中领导多元治理主体基于利益联结，利用治理资源，解决公共问题和提供公共服务，助力乡村人民群众生产便捷、生活富裕和全面自由发展的过程。基于上述定义，我们认为推进乡村治理的关键因素有四个，分别是村党组织在场引领、乡镇党委政府的领导和管理、乡村人民群众组织化群体行动、乡村人民群众和村集体（村庄共同体）利益联结正向发展。

（一）村党组织在场引领

中国的问题关键在党，乡村治理也关键在党。乡村社会在相当程度上正是通过党组织而不是政权组织加以治理的[②]。村党组织是乡村治理的核心主体，是关键领导主体。村党组织在场引领主要体现在价值引领、制度引领、组织引领三个方面。

[①]　现代政党理论认为，政党应具备行政性与社会性两类功能，前者表现为政党执掌公共权力的强制性功能，后者表现为政党动员社会力量的感召性功能。参见王云骏《执政党的社会性功能及其建构》，《南京大学学报》（哲学·人文科学·社会科学）2015 年第 4 期。政党功能结构均衡理论认为：中国共产党加强行政性功能发展才能够有效执掌行政权力并利用行政力量，加强社会性功能发展才能够领导社会发展并掌握社会力量；中国共产党的行政性功能和社会性功能是平等合作和互补协同关系、不是主导依附关系，只有两项功能均衡发展才能够有效保障党的领导执政地位和保障党的使命责任完成；中国共产党不能过于倚重任何一项功能，不论是让行政性功能遮蔽甚至取代社会性功能，还是让社会性功能遮蔽甚至取代行政性功能，都会导致党组织功能结构紊乱并削弱中国共产党的领导执政地位、影响党的使命责任达成。

[②]　徐勇：《"政党下乡"：现代国家对乡土的整合》，《学术月刊》2008 年第 8 期。

1. 价值引领在场

价值引领通过政策宣讲和政治宣传等手段向基层社会传递特定的政治价值和文化观念，强化基层社会的政党认同和政治参与①。村党组织（村党委、党总支、党支部）和党员需要在乡村公共空间、公共行动和公共话语中宣传社会主义核心价值观、宣传"以人民为中心"尤其是"以村庄农民群众为中心"价值理念、宣传通过乡村振兴"让村庄人民群众共同富裕和全面自由发展"价值理念。村党组织和党员要明确反对任何违背社会主义核心价值观、违背"以村庄农民群众为中心""让村庄人民群众共同富裕和全面自由发展"等新时代社会主义价值理念的官僚主义、形式主义、资本至上主义、个体至上主义的言行。村党组织要激励和约束党员积极参与乡村治理，要让党员积极行动起来去组织村庄人民群众，要让党员成为践行新时代社会主义核心价值观的模范和标杆。村党组织价值引领的关键在于，以村党组织书记为代表的村两委干部能够维护村庄的公平正义，办事公道，并且热心、周到、及时地为村民办实事、办好事。

2. 制度引领在场

村党组织要积极组织村庄人民群众通过法定性流程和灵活性民主协商方式将"社会主义核心价值观、共同富裕观、人的全面自由发展观"社会主义价值理念纳入村规民约，并落实到村规民约的相关具体制度中。村党组织要高高举起依法治村的大旗，积极宣传并推动落实上述制度，通过制度来引领村庄人民群众积极践行社会主义核心价值观、共同富裕观、人的全面自由发展观，来约束和惩戒任何违背上述价值观的言行。

3. 组织引领在场

村党组织的组织引领主要体现在两个方面。一是，在村党组织内按照网格地域或者功能需要建立最贴近村庄人民群众的更微观的党组织。如果村党组织是党委或者党总支，可以根据需要在网格（村民小组、自然村）

---

① 彭勃、杜力：《"超行政治理"：党建引领的基层治理逻辑与工作路径》，《理论与改革》2022年第1期。

建立网格党支部。如果村党组织是党支部，可以根据需要在网格（村民小组、自然村）建立网格党小组。也可以根据功能需要在村庄集体经济组织、合作经济组织、社会组织中建立党支部或者党小组，例如人居环境治理党小组、互助养老党小组、公益志愿巡逻党小组等。二是，在村庄"微观"领域，村党组织把村庄人民群众组织起来，组建村庄集体经济组织、合作经济组织和社会组织。例如，村党组织可以根据村庄实际需要组建强村公司、农民专业合作社和家庭农场等经济组织，组建村民议事会、村协商委员会、网格村民理事会、村新乡贤理事会、互助养老服务队等群众性社会组织。

村党组织的组织引领在场不是村党组织作为"科层体系"式的"行政机器"自己包办乡村公共事务，也不是通过强制性的行政命令让村庄人民群众参与乡村治理。村党组织对于乡村治理的组织引领主要目的在于把包含党员在内的村庄人民群众组织起来，在于让组织起来的村庄人民群众即各种村庄社会组织和经济组织作为"扁平组织"来办理村庄的各种"小事"①。如此，方能保持党与群众的"骨肉"联系，赢得民心，保障"全过程"的人民当家做主，消除执政隐患，化解执政风险，维护长期执政的安全和正当性②。

（二）乡镇党委政府的领导和管理

乡镇党委和乡镇政府是乡村治理的领导和管理主体，其领导和管理主要

---

① "科层体系"是办大事的机构，办不了小事；"扁平组织"才能办小事。小事都发生在没有法律规定或法律模糊的地带，无从执法。何况，对广泛存在的导致轻微失序的小事只能法不责众。全世界没有任何政府能付得起管"小事"的高昂成本。世上没有任何官僚体系专管小事，人民中五花八门的矛盾需要人民组织起来自己解决。没有了自己的社区扁平组织，没有了自己的"乡绅"，人民丧失了公共生活，就会变成自私自利、一盘散沙的个人。若社区里发生各种污泥浊水的事而没人管，人们可能就会对正义逐渐丧失信心。若日常生活中缺乏公正，中华民族的公共伦理道德就会丧失基础。潘维：《"科层体系"与"扁平组织"》，《文史博览（理论）》2014 年第 6 期。
② 潘维：《以小为大 以下为上：化解执政风险的必由之路——关于"群众路线"的当代理论与实践》，《中国领导科学》2022 年第 1 期。

体现在乡村治理价值引领、行政目标任务下派、乡村治理目标和行动指引、政策资金人力支持、督导公共服务提供和公共问题解决五个方面。

1. 乡村治理价值引领

在乡村治理价值导向上，村党组织必须接受乡镇党委的领导。村级党组织在场引领是乡镇党委领导下的价值引领。鉴于在乡村治理诸多场景下，乡镇党委和乡镇政府是"联合行动体"，村党组织、村民委员会和村集体经济组织等乡村治理主体都需要接受乡镇党委政府的乡村治理价值引领。

2. 行政目标任务下派

乡镇党委政府可以把上级党委政府布置安排的工作任务和本级党委政府筹划的发展目标，依法下派分解给村党组织和村民委员会，由"村两委"协助办理。

3. 乡村治理目标和行动指引

乡镇党委政府可以依法指引村党组织、村民委员会和村集体经济组织议定治理目标和开展治理行动，可以依法监督纠偏其违背村庄人民群众利益的治理目标和治理行动。

4. 政策资金人力支持

乡镇党委政府需要在政策资金和人力上支持乡村治理，为乡村治理有效运行提供必要的政策保障和资金人力支持。

5. 督导公共服务提供和公共问题解决

乡镇党委政府需要为村庄人民群众提供法定的公共服务，需要指导支持村两委依法生产、提供公共服务，需要监督村两委为村民群众提供公共服务情况，需要督促指导监督村两委解决村庄公共问题。

（三）乡村人民群众组织化群体行动

乡村人民群众是乡村治理的主要主体，没有乡村人民群众参与的乡村治理是形式化和象征性的乡村治理。但是，乡村治理的关键因素并非村庄群众原子化的个体参与，而是乡村人民群众组织化的群体参与行动。"群众组织起来了，才成为人民。有了人民，才有人民的权利和权力"①。乡镇党组织和乡镇政府引领乡村治理的核心任务就是通过村党组织把村庄群众组织起来，使村庄群众成为村庄经济组织和社会组织的成员，让村庄群众依托其所在的群众组织参与乡村治理行动。

（四）乡村人民群众和村集体利益联结正向发展

人们之参与乡村治理，往往是利益使然。乡村党组织要想把乡村人民群众组织起来必须在乡村人民群众和村集体之间建立利益联结。这个利益联结可以归结为政治利益联结、物质利益联结、文化精神利益联结和情感利益联结四个方面。其中物质利益联结是关键。在生产水平相对不高的广大乡村场域，企图忽视物质利益联结的群众组织化行动很难成功，即使短期内产生成效也难以可持续运行。当然，在关注物质利益联结的基础上，乡村党组织也需要创新各种有利于村庄群众组织起来的政治利益、文化精神利益和情感利益联结方式方法。乡村人民群众和村集体利益联结的主要工具是积分制和清单制。积分制可以通过遵守村规民约获得利益激励、不遵守村规民约受到利益损失方式让村民和村集体之间发生持续性利益互动并维持长期的利益联结。

二　乡村治理面临的核心问题

中国共产党超越了被资本、利益、地方、党派、泡沫民意等绑架的竞争式政党，始终坚持以"为人民服务"为根本宗旨。这一宗旨在中国共产党的历史进程中得到了充分的体现，从革命时期到建设时期，再到改革开放和现代化建设时期，中国共产党始终把人民利益放在首位，致力于实现

---

① 潘维：《信仰人民》，载鄢一龙等：《大道之行：中国共产党与中国社会主义》，中国人民大学出版社，2015，序言二第1页。

人民的根本利益①。作为使命性政党，中国共产党承担着代表与表达、分配与整合、服务与引领等复合角色②。中国共产党不仅是国家的领导核心，也是社会各阶层的代表和整合力量，致力于实现我们中国的繁荣富强和人民的幸福生活、致力于实现全世界人的全面自由发展和人类最终解放的使命③。

作为使命型政党，中国共产党不仅需要有执政思维，需要执掌政府政权成为执政党，组织利用政府行政力量实现其肩负的使命；也需要有革命思维，需要组织领导人民群众改变社会成为革命党，组织社会力量实现其肩负的使命。执政思维和革命思维两种思维兼顾、执政党和革命党两个面相兼容是中国共产党的优异品性和治理优势。我们不能够用革命思维和革命党面相遮蔽替代执政思维和执政党面相，也不能用执政思维和执政党面相遮蔽取代革命思维和革命党面相。没有获取执政权之前，中国共产党作为革命党需要秉承革命思维、走好群众路线、做好群众工作，需要组织教育引导服务发展群众，通过群众工作夺取政权，获得政府行政力量。获得政府执政权后，中国共产党作为执政党既需要秉承执政思维、利用政府行政力量推动社会发展和人民生活富裕；也需要继续秉承革命思维，做好群众工作，组织引领社会力量监督和制约政府，依法执政，竭力避免执政党的"目标替代"，即竭力避免执政党"组织的正式目标在组织演进中被少数寡头的利益替代，而忽视了组织自身的目标与使命"④。

当下的中国，作为执政党的中国共产党需要科层性党组织，主要体现为乡镇党组织及其以上层级的党组织。科层性党组织的主要功能是党组织的行

---

① 汪波：《西方政党政治与超政党体制：比较与竞争——兼论中国政党制度生命力》，《社会主义研究》2014 年第 6 期。

② 唐亚林：《使命型政党：新型政党理论分析范式创新与发展之道》，《政治学研究》2021 年第 4 期。

③ 徐俊忠：《关于新中国政治文明与政治类型的思考——兼谈中国共产党的政治定位》，《开放时代》2020 年第 4 期。

④ 李锋：《组织理论视野下的中国共产党自身建设经验及启示》，《中国井冈山干部学院学报》2021 年第 6 期。

政性功能。党组织的行政性功能表现为执掌公共权力的能力，主要是指制定法律和法规、构建制度和机制、运用暴力与强制等能力①。具体言之，党的行政性功能主要表现为通过其领导机关和干部队伍，对国家机关、经济组织、社会团体等进行领导和管理，以实现国家意志、维护社会秩序和推动社会发展。

当下的中国，作为革命党的中国共产党需要功能性党组织，主要体现为城乡社区和社会经济组织中的党组织。功能性党组织的主要功能是党组织的社会性功能。党组织的社会性功能表现为政党动员社会力量的能力，主要是指思想意识感召、沟通社会组织、动员民众力量、协调多方利益和化解社会矛盾等能力②。

具体而言，党的社会性功能主要表现为通过其组织网络和群众工作，对人民群众进行思想教育、政治动员、组织协调、服务保障等，以实现人民利益、社会和每一个人的全面自由发展。党的社会性功能行使包括但不限于深入基层了解民意，倾听群众呼声，关心群众疾苦，解决群众困难，引导群众参与社会建设和发展，提高人民群众的思想觉悟和文化素质，促进社会和谐稳定和全面发展。

在乡村社会，乡村党组织是科层性党组织和功能性党组织兼容的复合型组织，需要兼顾党组织的行政性功能和社会性功能，需要党组织行政性功能和社会性功能的均衡发展。在乡村社会，当下中国共产党面临的问题是乡村党组织基本上完全成为"科层性党组织"，其以"科层性党

① 参见〔意〕G. 萨托利《政党与政党体制》，王明进译，商务印书馆，2006；〔英〕艾伦·韦尔《政党与政党制度》，谢峰译，北京大学出版社，2011；〔法〕让·布隆代尔、〔意〕毛里齐奥·科塔主编《政党政府的性质——一种比较性的欧洲视角》，曾淼、林德山译，北京大学出版社，2006。以上转引自王云骏《执政党的社会性功能及其建构》，《南京大学学报》（哲学·人文科学·社会科学）2015 年第 4 期。

② 参见〔意〕G. 萨托利《政党与政党体制》，王明进译，商务印书馆，2006；〔英〕艾伦·韦尔《政党与政党制度》，谢峰译，北京大学出版社，2011；〔法〕让·布隆代尔、〔意〕毛里齐奥·科塔主编《政党政府的性质——一种比较性的欧洲视角》，曾淼、林德山译，北京大学出版社，2006。以上转引自王云骏《执政党的社会性功能及其建构》，《南京大学学报》（哲学·人文科学·社会科学）2015 年第 4 期。

组织"的行政性功能遮蔽甚至取代了"功能性党组织"的社会性功能，由此导致乡村党组织功能结构失衡。其中，尤其关键的是村党组织行政化非常严重，村党组织行政性功能过强而社会性功能严重不足导致村党组织功能结构严重失衡。有学者指出了党的社会性功能弱化可能带来的严重后果：以有组织的科层体系面对无组织、无权力的群众，某些政府官员就可以胆大妄为甚至贪污腐败；若日常生活里缺少自组织、缺少公正，群众就可能被迫自保、自私自利、占他人和公家的便宜；若现代化惠及的人越来越少，文化和体育日渐属于少数人，高素质属于少数人，群众就可能不再信任党和政府，不再与党和政府同心同德，就可能对反党言论听之任之；对群众生活中的"小事"处理缺乏公正，群众可能就"无赖化"，就同情和效仿"钉子户"，就让政府疲于维稳，迫使政府也"无赖化"，经济建设的"大事"就办不成了①。由此，我们认为村党组织功能结构失衡是乡村治理面临的核心问题。破解乡村治理核心问题，关键在于破解村党组织的功能结构失衡问题。

三　破解乡村治理核心问题需要"三个自觉"

破解乡村治理核心问题，需要切实确立"把党带回来"②的理论自觉、政策自觉和实践行动自觉，强化村党组织的社会性功能，优化村党组织的行政性功能，推动村党组织功能结构均衡发展。

（一）确立"把党带回来"的理论自觉

分析中国式乡村治理问题不能够忽视甚至无视中国的宏观社会结构。我们认为中国的宏观社会结构不是"国家中心主义"，也不是"社会中心主

① 潘维：《信仰人民》，《党的生活（黑龙江）》2017 年第 3 期。
② 景跃进：《将政党带进来——国家与社会关系范畴的反思与重构》，《探索与争鸣》2019
　年第 8 期。

义"，而是"政党中心主义"①。政党中心主义的内涵是政党在一个国家的政治变革与社会治理的关键环节中发挥核心作用②。林尚立指出："……在国家与社会关系中，作为中国社会领导核心的中国共产党具有决定性的作用。我们可以把党作为政治力量归结到国家的范畴，并由此来分析国家与社会关系，但是问题在于党作为一种组织力量，与社会有着密切的关系。这就意味着中国社会的权力关系与一般国家（包括西方国家）有很大差别。这种差别决定了我们不能像研究其他国家那样，直接用国家与社会的二分法来研究中国问题，要充分考虑到党作为一种特殊的政治力量在国家生活、社会生活以及国家与社会关系中的重要作用。"③ 基于此，景跃进认为"不能孤立地运用国家与社会关系范畴来分析当下的中国政治现实，而必须考虑政党的因素"④。由此，他认为"国家与社会二分法需要被政党、国家和社会三角关

---

① 杨光斌是"政党中心主义"理论的较早提出者也是深入论述者。杨光斌指出：英国—美国的国家建设力量主要是商业集团，为此证成的学说便是捍卫个人权利的自然权利或社会契约说，进而形成了社会科学理论脉络上的社会中心主义，其关键词包括但不限于理性人假设、社会契约说、自然权利、个人主义、宪政主义，其核心假设是"理性人"。与英国相比，德国作为现代国家形成较晚，商业力量脆弱，以军国主义为基础的官僚制把国家组织起来，从而产生了社会科学脉络上的国家中心主义，关键词是官僚制、国家主义等。在中国，晚清以后遭遇总体性社会危机，国家四分五裂，社会呈现一盘散沙的局面，谁来将这样的"国家"组织起来？商业力量固然靠不住，官僚机器也随国家分裂而衰败了，国家急需新的组织——政党。带有旧军阀政治遗产的国民党完不成孙中山"以党领军、以党建国"的设想，这个巨大使命最终由共产党完成了。对这种完全不同的国家建设路线，社会中心主义和国家中心主义都不能给予解释，只能基于这个历史而形成与社会中心主义和国家中心主义相对应的政党中心主义。参见杨光斌《以中国为方法的政治学》，《中国社会科学》2019 年第 10 期。
② 张翔：《在自由民主主义与专制主义之间：政党中心主义的起源分析》，《社会主义研究》2015 年第 1 期。
③ 林尚立：《集权与分权：党、国家与社会权力关系及其变化》，《复旦政治学评论》2002 年第 1 期。
④ 景跃进在对自身研究反思的一个小结中提道：他曾经用"单结构双功能"这样的术语来描述村委会的组织性质与承担功能之间的关系。所谓"单结构"是指村委会的性质是群众性自治组织，所谓"双功能"是指作为一种自治组织，它既要承担自治功能又要承担行政功能。这样的叙述在方法论上显然无视村党支部这一最为重要的组织之存在，故注定是片面的、不切合现实的。今天看来，除了其他因素外，导致这种认识偏差的方法论原因是没有处理好党与国家的联系，没有关注这一问题的复杂性。景跃进：《国家与社会关系视野下的村民自治——读徐勇教授的〈中国农村　村民自治〉》，《中国书评（香港）》1998 年 5 月 12 日。

系所丰富"①，需要将"将政党带进来，将国家与社会关系二分法发展为政党、政府与社会关系三分法。"②

在国家—社会关系的分析框架下，研究者提出了"集权的简约治理"③"科层治理"④"实体治理"⑤ 和"半正式治理"⑥ 等乡村治理理论。这些理论主要围绕"政府与村社的互动均衡"⑦ 讨论"国家或者政府的角色、功能和责任问题""国家和农民的关系问题"和"村庄社会（村民）的角色和功能问题"问题。基于政党、政府与社会关系的分析框架，在乡村社会场域中，政府、村庄社会和村民都是在党组织领导下参与乡村治理的行动主体。我们认为乡村党组织是乡村治理的领导者和核心行动主体，需要关注面临"乡村党组织功能结构均衡"问题的乡村党组织自身的改革和创新，着眼于"乡村党组织自身角色与功能"的与时俱进，着眼于乡村党组织和乡镇政府及其县区党政组织关系的调整，着眼于村党组织和村庄农民群众关系的调整。因此，我们认为，"乡村党组织功能结构均衡"问题是乡村治理需要讨论的元问题，"政府与村社的互动均衡"和"国家和农民的关系"问题是基于乡村治理"元问题"派生的问题，忽视乡村治理"元问题"讨论而单纯研究乡村治理"派生问题"难以真正把握乡村治理的运行逻辑和操作路径。我们认为基于"国家和社会"二分框架研究乡村治理问题是有局限性的，是不够彻底的。因此，我们要确立"把党带回来"的理论自觉，遵

---

① 景跃进：《党、国家与社会：三者维度的关系——从基层实践看中国政治的特点》，《华中师范大学学报》（人文社会科学版）2005 年第 2 期。
② 景跃进：《将政党带进来——国家与社会关系范畴的反思与重构》，《探索与争鸣》2019 年第 8 期。
③ 黄宗智：《集权的简约治理——中国以准官员和纠纷解决为主的半正式基层行政》，《开放时代》2008 年第 2 期。
④ 董磊明、欧阳杜菲：《从简约治理走向科层治理：乡村治理形态的嬗变》，《政治学研究》2023 年第 1 期。
⑤ 李怀印：《华北村治——晚清民国时期的国家与乡村》，中华书局，2008，第 14~16 页。
⑥ 谢小芹：《半正式治理及其后果——基于纠纷调解及拆迁公司参与的半正式行政分析》，《西北农林科技大学学报》（社会科学版）2014 年第 5 期。
⑦ 杨华、杨丽新：《行政赋能村社本位的乡村治理现代化实现路径》，《求实》2023 年第 1 期。

循"政党、国家和社会"三元分析框架研究乡村治理的核心问题，形成一个符合中国式乡村治理实际且能够指导乡村治理制度设计和实践运行的乡村治理理论。

（二）确立"把党带回来"的政策自觉

确立和实践"把党带回来"的政策自觉需要做好两个方面的工作。首先需要明确在乡村社会，尤其在行政村层面村党组织必须牢牢抓住村集体经济发展这个核心工作的政策自觉。其次要明确村党组织必须抓好群众工作的政策自觉。这两项工作是有机交融的。在当下的乡村，没有有效的群众工作，村集体经济发展就无法获得群众的理解和支持，也就基本沦为空谈。反之，没有村集体经济发展，群众工作也没有具体工作抓手和资源资金支持，也就基本沦为形式。我们认为，发展村集体经济和搞好村庄群众工作需要重点创新完善四项政策。

1. 创新完善"党管人才政策"

发展村集体经济和搞好村庄群众工作关键在人，关键在党管人才的政策在乡村振兴和乡村治理中的创新应用。党要有通过村集体经济发展和村庄群众工作这两个舞台来发现、培养和选拔干部与发现、培育和选拔人才的政策自觉。党需要把乡镇及其以上党政组织中的党员（包含党员干部）和入党积极分子有计划地下沉到村庄，需要有计划地把党的后备干部和拟提拔重用的干部放到村庄中去组织村民搞村集体经济发展和群众工作。因为，这种深入生活、联系群众的培育方式能够强化下沉村庄的党员干部对初心使命的认识，能够将基层治理场域中的技术性官僚转变为发现群众、联系群众、服务群众的政治家[1]。发展党员和选派培养干部需要让他们在党校封闭式学堂中学习理论政策，也需要让他们在村庄社会开放式学堂中熟悉民心民情和带领农民群众发展村集体经济和群众工作，为村党组织和村民委员会排忧解难，

---

[1] 彭勃、杜力：《"超行政治理"：党建引领的基层治理逻辑与工作路径》，《理论与改革》2022年第1期。

让村民们参与而非仅仅由党校教员评估学员们学习成效和工作能力。

党抓村集体经济发展和群众工作需要摒弃单一行政机制的强力推动，需要建立以政策引导和利益引导的柔性推动为主和指导性行政机制为辅的双重推动机制。实践证明，当下单纯通过行政方式为村集体经济发展定指标和下任务并把村集体经济发展纳入绩效考核指标方式推动村集体经济发展效果甚微。我们需要在政策上明确，要把村集体经济发展和群众工作作为拟选拔乡村干部和拟提拔县区及县区以上涉农相关党政干部的必要经历。党必须把那些在乡村社会中与村民群众打成一片、群众信赖拥护支持且助力村集体经济高质量发展和群众工作良性运作的党员和下沉村庄干部选拔出来，给予其更大的工作舞台和发展空间。因此，我非常赞同潘维的观点："选拔'党政体系'干部必须以服务基层社区组织两年为必要条件，使党政干部全部来自基层，有群众工作经验，并因组织群众自治、解决社区'小事'的本领而升迁。把'群众'组织成'人民'的能力是我党最重要的干部资源，也应是组织路线的核心标准。"[①]

2. 创新完善"项目下乡政策"

2006 年取消农业税后，国家不仅不再从农村汲取资源，而且大规模向农村转移支付，过去主要靠农村内生供给的农村基本公共物品也基本上被国家包揽。当前国家资源主要通过项目下乡，国家直接设计项目、管理项目及对项目进行检查验收评估。基于这种"项目下乡政策"，国家进行项目建设基本上都是直接面对农户，乡村组织的主要工作是协助国家项目落地，乡村治理因此必然会以完成上级任务、接受上级检查为主要工作，也就必然会变得更加行政化，也就必然导致农村基层治理（乡村治理）低效。当前乡村治理中大量出现形式主义、治理内卷以及农民的客体化现象，这显然是农村基层治理低效的表现。[②] 因此，党需要创新完善"项目下乡政策"，放弃主要依靠自上而下行政机制和行政政策工具推进项目落地的政策安排。党需要

---

① 潘维：《信仰人民：中国共产党与中国政治传统》，中国人民大学出版社，2017，序言第 16 页。
② 贺雪峰：《资源性质如何影响村级治理》，《学海》2024 年第 2 期。

遵循行政机制和社会机制协同原则，既要开发更多更科学的行政性政策工具，也要开发更多的社会性政策工具，推进项目下乡落地实施。

当前，最迫切的是要创新完善"下乡项目资金分配配比制度"。我们认为，项目下乡资金可以分成不需要申报的所有村庄都有的"普惠性下乡项目资金"、需要村庄自行申报的不是所有村庄都可以获得的"竞争性下乡项目资金"和上级党政部门评价工作优秀村庄可以获得的"激励性下乡项目资金"。其中，对"普惠性下乡项目资金"额度要采取"保底"原则，保障底线，要能够切实保障村庄具备基本的水利、交通和环境等生产生活基础设施和养老扶弱助幼等民生条件。对"竞争性下乡项目资金"额度要采取"竞争"原则，保障"选优"，增强村庄党组织组织村民群众向乡镇及其以上党政部门申报项目的积极性、主动性和创造性，让想干且有能力干的下乡干部和在村党员与村民群众有更多的资源干事情，激发乡村社会发展的活力。对"激励性下乡项目资金"额度采取"扶强"原则，保障"奖优"，推动强村优先发展，激励强村带动弱村联村发展。同时，村级以上党组织要给那些能够有效盘活村庄资源且能够获得乡镇及以上党政部门政策项目资源的村两委干部、下沉村庄干部和在村党员以政治荣誉、国家公务员岗位和职务、物质补贴和精神利益表彰等激励。

3. 创新完善"绩效考评政策"

在县级及以上层面，要坚持抓大抓少和重指导轻命令原则，改革农村基层命令性全面精细化考核评价制度，加强指导性考核评价为主的农村基层治理考核评价制度建设，切实减轻农村基层治理工作负担。我们的调研表明，县级及以上党政部门对于乡镇和行政村制定了过于全面系统和详细具体的考核评价指标，导致乡镇村庄治理负担过重和治理资源严重短缺，乡村干部只能"以自己的时间健康资源填补乡村人力资金资源短缺""五加二和白加黑"工作。即使如此，乡村干部也难以真正完成考核评价任务，导致其用形式主义台账和报表来疲于应付上级考核评价现象日益严重，最终导致基层治理数据严重失真，导致乡村社会活力难以激发。因此，我们建议县级及以上党政部门面对乡村资源外流和长期短缺的现实，主要抓农村基层党组织的建好建强，抓乡村干部队伍建设，抓党员参与村庄公共事务和公益事业建设情况、农民群众组织化程度、村级议事协商成效、村集体经济发展情况、农民群众民生服务满意度、乡村治理积分制落实情况等少数关键性重大工作的考核评价，对其他众多具体微观的农村基层治理任务尽可能不采用命令性考核评价而采用指导性考核评价，让乡镇有合理自主权，让村庄有依法自主权，让乡镇村庄可以结合乡村实际问题和村民实际需求进行制度创新、可以实事求是主动精心地开展治理工作，而不是被动应付、疲于奔命和难顾实际地开展治理工作。

在乡镇层面，乡镇党委政府主要考核村民对于村干部（下乡干部）的满意度、村两委（乡村振兴工作队）争取上级项目资金额度、村集体经济经营性收益、村民群众上访次数和社会负面影响力等几个关键性指标，其他的指标都不通过行政方式考核，而是通过作为项目申报的条件激励村干部积极作为。由此，让村两委干部可以从各种繁杂且难以有效做实的行政性事务工作中解放出来，专心做那些他们有能力和资源且能够做好的乡村振兴工作。绩效考评是村干部开展乡村振兴和乡村治理工作的指挥棒，这个指挥棒不改变，现在乡村社会活力严重缺失的问题破解不了。当这个指挥棒优化完善了，村党组织和村两委干部就会有更大的动力去强化其社会性功能和优化其行政性功能，做好村集体经济发展和群众工作。

4. 创新完善"新型村集体经济发展政策"

"加强集体经济实力是坚持社会主义方向，实现共同富裕的重要保障"[1]。农村集体经济是加强党的农村工作和密切农村党群关系的主要载体，是推动乡村治理现代化建设的主要工作抓手，需要从三个方面创新完善"新型村集体经济发展政策"

首先，为村集体经济发展创造更多的政策空间。我们的调研表明，相对于对家庭农场和农民专业合作社的政策支持，当前涉农部门给予村集体经济

---

① 习近平：《摆脱贫困》，福建人民出版社，1992，第193页。

组织发展的政策空间较小。因此，今后需要在政策上明确不管是实施家庭农场培育计划，还是实施农民合作社规范提升行动，党都需要把它和发展壮大新型农村集体经济密切结合，一定要控制片面强调保障"小农经济"和培育壮大新型农业经营主体，有意或者无意轻视忽视发展新型农村集体经济的政策安排出台。

其次，需要大力发展乡村融合经济。党要全力鼓励有条件的农村集体经济组织与农户和新型农业经营主体共同组建混合所有制经营实体，发展混合所有制经济。需要大力鼓励村集体经济组织统筹利用乡村土地资源、人才资源、空间资源、特色产业资源和地域文化资源等，进一步完善乡村功能布局，发展特色产业、休闲观光、农创文旅、农耕体验、康养基地等多产业业态，推动产业融合发展。需要重点支持新型农村集体经济组织领办农业专业化社会化服务组织，要以新型农村集体经济组织为关键运营主体牵头培育农业专业化社会化服务联合体和服务联盟，要围绕发展新型农村集体经济的目标将先进适用的品种、投入品、技术、装备导入小农户。需要把健全农业专业化社会化服务体系、发展农业生产专业化社会化服务产业作为新型农村集体经济发展的重要路径。需要处理好发展壮大新型农村集体经济和协同推进农村各项改革的关系。

最后，协同推进农村各项改革要围绕发展壮大新型农村集体经济展开。农村承包地"三权分置"改革、农村宅基地制度改革、农村集体产权制度改革、供销合作社综合改革、集体林权和草原承包经营制度改革、政府涉农投入保障机制改革、乡镇财税体制改革等都必须确保能够发展壮大新型农村集体经济，不能有损新型农村集体经济的发展壮大。要避免目前不少地方村集体名义上具有农村土地所有权，实际上就只是一个虚的招牌，很少能够利用村集体土地权拥有必要收益权和合理经营权的尴尬状态。要把发展壮大新型农村集体经济作为推动农村改革试验区集成创新的核心内容，积极试验探索新型农村集体经济发展路径。要围绕发展壮大新型农村集体经济这个目标，抓好财政支持、金融支持、土地配置、产业发展、人才支撑、科技创新等改革举措集成，推广成熟的改革举措，放大新型农村集体经济发展改革的协同效应。发展壮大新型农村集体经济不是不要市场，而是要让党的农村工作重心回到把农民组织起来、利用市场机制推进农业农村现代化，而不是简单地把农民和农业推向市场。

（三）确立"把党带回来"的实践行动自觉

确立"把党带回来"的实践行动自觉需要明确乡村治理的位阶，需要在行动上做好强化村党组织的社会性功能和优化村党组织的行政性功能工作，高质量地推动村党组织功能结构均衡发展。

乡村治理位阶是乡村治理所处的位置和阶段，是描述当下乡村治理实际状况的一个操作性概念。我们认为当下中国乡村治理可以划分为软弱涣散式治理、看守维持式治理和进取发展式治理三个位阶。看守维持式治理是当前乡村治理的常态，当消极的主客观治理因素叠加时，看守式维持式治理就"看守"不了、"维持"不住，由此向下滑向软弱涣散式治理；当积极的主客观因素叠加时，看守维持式治理就会向上进入进取发展式治理。从我们安财乡建院〔安徽财经大学中国乡村（小岗）振兴研究院的简称〕专家团队近十年来扎根在乡村一线实地调研和赋能乡村治理的实践来看，我们认为当下中国乡村治理情况是：极少数村庄为软弱涣散式治理，大多数村庄为看守维持式治理，少数村庄为进取发展式治理。

对看守维持式治理可以从治理资源、治理主体和治理效果三个方面加以说明。一是从治理资源层面上说，乡村看守维持式治理主要表现为村庄治理资源出于市场吸引和行政统筹等原因长期外流、村庄治理资源长期匮乏[①]，尤其是以村书记为带头人的村干部手中可以利用的治理资源长期短缺，村干部开展群众工作没有实质性的以治理资源为依托的工作抓手和工作积极性。二是从治理主体上说，看守维持式治理主要表现为乡村治理的关键少数——

---

① 黄辉祥、薛雨薇：《看守式治理：资源流失情境下的乡村治理"失效"的实践逻辑与优化策略》，《广西大学学报》（社会科学版）2024 年第 4 期。

乡村干部消极应付村庄治理、村民基本不参与乡村治理。在压力型体制驱使下，乡镇党委政府和干部长期面临权责不等、财政拮据、工作被动、形式主义等"体制性困局"①，往往采取任务下沉的方式缓解自身压力。乡村干部主要以维持村庄稳定、不出大乱子为工作核心，乡村干部长期以台账资料、会议汇报和场景展示等形式化方式完成上级交办事务为主要工作内容，很少直接参与村民群众的组织、引导、服务和发展工作。乡村地区青壮年劳动力大量外流，其人口构成以基本不再具备劳动能力的老年人、不享有议事权利的未成年人以及部分不具有议事能力的群众为主。除少数留守村庄的乡村贤达外，大部分留村村民受教育程度不高、政治敏感度较低，信息识别判断及问题决策能力也相对匮乏，习惯于被动服从与接受指令。此外，受传统观念或实际体验的影响，部分村民对乡村治理的运作模式及程序缺乏了解与信任，难以主动参与村级治理②。三是从治理效果上说，看守维持式治理主要表现为乡村治理长期在低效、无效和失效的治理状态中徘徊变化不定。乡村干部以纯粹"看守者"的角色参与乡村治理，具有严重的"守摊子"思想，在工作过程中遵循"求稳不求进"的低趋高避原则，只完成基本工作，缺乏切实推动群众组织化参与乡村治理的积极性、主动性与创造性，对于村庄发展的要求无法很好地回应，从而导致村庄治理效能低下、发展缓慢③。村干部的治理行为与活动需要受到外界力量的敦促与监督，长期处于被"看守"状态，工作开展重形式而轻成效、重维持而缺进取。乡村主要呈现"管理多、治理少""重管理、轻发展""有秩序、缺活力"的管理（管控）状态。

看守维持式治理导致的最核心问题就是乡村社会活力严重缺失，其形象化的场景就是干部干、群众看、有些群众在"指点抱怨"、有些群众

① 周少来：《乡镇政府体制性困局及其应对》，《社会科学文摘》2020 年第 1 期。
② 黄辉祥、薛雨薇：《看守式治理：资源流失情境下的乡村治理"失效"的实践逻辑与优化策略》，《广西大学学报》（社会科学版）2024 年第 4 期。
③ 黄辉祥、薛雨薇：《看守式治理：资源流失情境下的乡村治理"失效"的实践逻辑与优化策略》，《广西大学学报》（社会科学版）2024 年第 4 期。

在"挑刺捣乱"、有些群众在"上访维权"，农民群众消极参与乡村治理并在农村公共事务和公共事业建设中"等靠要"行为普遍化存在。乡村社会活力严重缺失已经严重影响乡村全面振兴和农民全面发展。因此，党和国家需要"以制度建设为主线"，进一步推动全面深化农村基层治理体制机制改革，加强农村基层治理制度体系建设，加强村党组织引领的群众工作和领办的新型村集体经济发展，有效激发和增强乡村社会活力，有效抑制软弱涣散式治理和看守维持式治理中的消极因素，有效创造出进取发展式治理所需要的更多积极因素。为此，我们认为需要重点开展以下两项行动。

一是持续开展村党组织的群众工作能力提升行动。开展这项行动的目标是让村党组织高度认识在新时代加强群众工作的重要性和迫切性，切实践行新时代群众路线，有效提升村党组织的群众工作能力，有效推动更多的群众参与乡村治理和村集体经济发展，助力乡村振兴。

这项行动需要牢固树立一个理念：不论过去、现在和将来，乡村党组织都要坚持一切为了群众、一切依靠群众，从群众中来、到群众中去，把党的正确主张变为群众的自觉行动，把群众路线贯彻到乡村全面振兴行动之中。

这项行动需要搭建尽可能多的群众公共活动场所：要充分利用乡、行政村和自然村的房屋、广场、树下等空间，进行科学合理的布置安排，赋予必要的党建元素，使其成为群众的公共活动交流空间，成为村党组织开展群众工作的平台。

这项行动需要创新应用便捷易行的群众工作方法：顺应新时代群众工作方式、生活方式、娱乐方式、沟通方式的变化趋势，创新应用党员干部家访、党群连心说事制、党员社工介入制、新时代文明实践积分制、微公益创投、红色旅行论坛、小手拉大手、少儿夏令营等新时代群众工作方法和工作载体，充分利用专业社工力量，创造更多的机会和平台让党组织和群众互动交流，将党的温暖更便捷顺畅地传导给农民群众，让党的方针政策被农民群众舒心快乐地接受。

需要开展一系列喜闻乐见的群众活动：开展乡村春晚、元宵节游园猜谜、清明文明祭祀、端午节包粽子送温暖文化演出、中秋节赏月、九九重阳敬老文化演出、村 BA、农民运动会、少年儿童趣味运动会、乡村公益市集等一系列群众喜闻乐见的节日庆典活动、公共文化和体育活动，让农民群众在专业人员的引导协助下自编、自演、自赏，让人民群众真正参与到党组织支持组织的群众活动中来，加强对群众中积极分子的表彰宣传、对群众中消极落后分子的合理批评教育，引领凝聚更多的群众参与乡村社会治理，助力乡村振兴。

二是持续开展村民协商自治能力提升行动。这项行动的主要目标是：完善村民协商自治组织建设，加强党建引领下的乡村协商民主制度建设，提高村民"自我协商、自我管理、自我服务、自我教育、自我监督"的能力和水平。其主要任务如下。

第一，完善村民协商自治组织体系。在乡镇政府设立乡镇协商委员会，在行政村建立村协商委员会，在网格（自然村、村民小组）建立村民理事会，确保乡、行政村和网格三个层面的协商自治组织在乡村党组织领导下有序高效开展协商自治工作。

第二，加强乡村协商民主制度建设。制定农村社区协商民主建设操作手册，指导村协商委员会和村民理事会规范化运作，形成乡、行政村和网格上下贯通联动的村民协商自治工作格局。

第三，激发网格协商自治活力。赋予网格村民理事会参与其所在网格的村民家庭积分收集、上报和监督评价工作职责，让积分制工作下沉到网格，激发网格协商自治活力。

第四，畅通村情民意收集反馈渠道。乡镇层面深入开展"乡镇多方联席协商日"和"村情民意联系日"活动，行政村层面开展"村协商议事日"活动，网格层面开展村庄周协商议事例会活动。

第五，营造村民协商自治良好氛围。支持社会力量参与农村社区管理和服务；支持专业社工介入推进乡村协商自治工作；加强乡镇政府层面、行政村层面和网格层面的村民协商自治平台建设，强化驻乡村单位共建共治共享责任；实行行政村事务准入制度，精减归并考核评比，保障村党组织和村民委员会协商自治时间、精力。

作者：赵守飞，安徽财经大学中国乡村（小岗）振兴研究院（蚌埠市，233030）

乡村振兴背景下公共精神的重塑与再利用[*]

——基于鲁南Z村的调研

肖盼晴　兰长洋

内容提要　探究乡村公共精神的重塑路径是乡村振兴研究的重要内容。在乡村振兴进程中，乡村社会正处于向半熟人社会转变的阶段，呈现陌生化的趋势，导致外部力量难以有效引入，内部力量难以有效激活，乡村公共性逐渐式微，从而妨碍了乡村公共精神的重塑。尽管已有研究对乡村公共精神的重塑进行了一定的探讨，但对乡村公共精神具体重塑机制的讨论仍有不足。对鲁南Z村乡村振兴实践的案例研究表明：在乡村振兴的过程中，内外力量的有效互动是重塑乡村公共精神的前提条件。乡村公共性的重构被视为乡村公共精神重塑的纽带，最终实现了乡村公共精神重塑的目标。随着乡村公共精神的不断强化，乡村振兴的发展动力稳步提升。形成了乡村振兴与乡村公共精神相互促进的机制。

关　键　词　乡村振兴　结构洞　公共精神

习近平总书记指出："乡村不仅要塑形，更要铸魂。"[1] 重塑公共精神是

---

*　本文是 2023 年湖北省哲学社会科学研究项目"权能拓展背景下的集体成员权及其实现机制研究"（项目编号：23G080）的阶段性成果。

[1]　习近平：《坚持把解决好"三农"问题作为全党工作重中之重》，《新西部》2021 年第 1 期。

实现乡村振兴的铸魂工程。目前,乡村面临内外力量间不断加剧的张力。外部力量若显著强于内部力量,乡村资源可能被掠夺。反之,地方经济建设能力会遭受损害。当前,乡村正逐渐向半熟人社会转变。乡村发展缺乏村民内在认同支持,公共性逐渐消解,容易出现"外动内不动"的问题。在此背景下,有效整合内外部力量以重塑公共精神成为实现乡村振兴的关键。因此,在乡村振兴实践中,乡村公共精神重塑策略是亟待研究的课题。

一 文献梳理与问题提出

随着城市化推进,乡村日益边缘化,如何重振乡村成为急需研究的课题。2024 年中央一号文件强调"改进创新农村精神文明建设,推动新时代文明实践向村庄、集市等末梢延伸"①。重塑乡村公共精神是加强农村精神文明建设的工作重点,能够为乡村振兴战略提供内在支撑。然而,当前公共精神呈现明显的弱化趋势。反思公共精神弱化的成因,积极探寻重塑公共精神的有效实现方式,关乎乡村振兴。目前,关于乡村公共精神的研究主要涉及如下方面。

一是关于乡村公共精神的学术内涵的研究。乡村公共精神内在地蕴含公共性②、参与性③和利他性④,是乡村社会成员对在公共生活中参与公共事务或活动、公共空间建设的主观认可以及客观上的行动遵循⑤。二是关于乡村

---

① 《中共中央国务院关于学习运用"千村示范、万村整治"工程经验有力有效推进乡村全面振兴的意见》,《人民日报》2024 年 2 月 4 日。

② 江尧、卢旭东:《数字资本主义视域下公共精神的异化与重构》,《广西社会科学》2024 年第 2 期。

③ 吴开松:《简论公共精神的现代内涵》,《光明日报》2008 年 11 月 4 日。

④ 韩玉芳:《公德意识·公共伦理·公共精神》,《北京日报》2012 年 2 月 27 日。

⑤ 袁祖社:《"公共精神":培育当代民族精神的核心理论维度》,《北京师范大学学报》(社会科学版) 2006 年第 1 期。

公共精神的现实价值的研究。乡村公共精神为乡村振兴汇聚主体性力量[①]，发挥内在秩序力量的作用，以柔性方式化解乡村矛盾。通过引导村民参与到乡村公共事务或活动，乡村公共精神有助于培育村民的公共意识[②]。三是关于乡村公共精神缺失的成因的研究。国家和村民地位不对称与国家的正式制度与乡村的非正式制度不协调造成了公共精神缺失的现实困境[③]。四是关于乡村公共精神重塑对策的研究。现有研究从不同层面对乡村公共精神重塑的相关问题有所涉及，但多数研究从宏观角度展开[④]，相对缺乏微观视域下对乡村公共精神重塑进行论述的成果[⑤]。

综上所述，现有研究为探讨重塑公共精神的议题奠定了基础，但仍存在一些不足。目前的研究主要在学术理论层面对乡村公共精神的内涵进行分析，相对缺乏实践层面的研究。此外，现有研究虽然在宏观层面强调公共精神重塑需要乡村内外主体之间的互动，但在微观层面上结合具体案例进行深入分析仍显不足。因此，本文拟通过对鲁南 Z 村乡村振兴实践的研究，结合理论与实践，探讨如何有效重塑乡村公共精神的问题。

二　重塑乡村公共精神的两种理论逻辑

学术界已对乡村公共精神的重塑议题进行了一定探讨。新内生式发展理论和结构洞理论备受关注，前者从宏观层面关注内外互动，后者则从微观层面专注于公共性重构。然而，仅依赖内外力量互动或公共性再构造难以实现乡村公共精神重塑。因此，为了更好地探索乡村公共精神的重塑之道，须将这两种理论创新性结合。

---

① 陈洪连、孙百才：《乡村振兴战略背景下乡村公共精神的缺失与重塑》，《长白学刊》2022 年第 3 期。

② 祝丽生：《乡村振兴视阈下现代公共精神之塑造》，《行政与法》2021 年第 5 期。

③ 张润君、任怀玉：《乡村振兴精神及其培育》，《甘肃社会科学》2020 年第 3 期。

④ 吴春梅、石绍成：《乡村公共精神：内涵、资源基础与培育》，《前沿》2010 年第 7 期。

⑤ 彭晓旭：《新乡贤参与乡村治理的内在机理与实践逻辑：以广东 Z 村为例》，《北方民族大学学报》2020 年第 4 期。

（一）新内生式发展理论

新内生式发展理论从宏观角度关注内外部主体间的良性互动[1]，其核心在于通过内外资源的有效整合，激活乡村发展的内生动力。乡村公共精神作为重要的内生动力，其重塑过程实质上也是内生动力的激活过程。然而，公共精神难以重塑的重要原因之一是自上而下和自下而上关系的裂痕逐渐扩大，导致重塑过程中难以平衡内外部主体的定位。新内生式发展理论通过外部和内部激活的方式，平衡内外部主体，推动公共精神重塑。其中，外部激活是指政府、社会和村民三类主体共同作用，促使外生动力向内生动力转变，实现内外主体之间的良性互动[2]。内部激活则侧重发挥村社理性的作用，通过有效的制度供给满足多元主体需求，促进内外主体的有效结合[3]。资源、参与和认同在内外部激活过程中扮演关键角色[4]。

（二）结构洞理论

结构洞理论从微观角度关注内外部主体间的有效连接。公共精神弱化的重要原因为乡村走向半熟人社会，导致公共性渐趋消解[5]。在此情形下，结构洞理论关注公共性的重构，为研究公共精神重塑提供了工具。该理论通过连接内外主体来赋能公共性的重构，并强调调整内部主体间的结构关系以适应公共性重构中关系结构变化的要求。一是针对内外部主体关系的断裂。通过填补结构洞的"搭桥"方式解决信息不对称问题，聚合村民、地方政府

① 王兰：《新内生发展理论视角下的乡村振兴实践——以大兴安岭南麓集中连片特困区为例》，《西北农林科技大学学报》（社会科学版）2020 年第 4 期。
② 闫丽娟、孔庆龙：《政府扶持、社会助力与农民行动——人口较少民族乡村发展的内源动力新探》，《西南民族大学学报》（人文社科版）2016 年第 7 期。
③ 温铁军、董筱丹：《村社理性：破解"三农"与"三治"困境的一个新视角》，《中共中央党校学报》2010 年第 4 期。
④ 张文明、章志敏：《资源·参与·认同：乡村振兴的内生发展逻辑与路径选择》，《社会科学》2018 年第 11 期。
⑤ 吴理财、刘磊：《改革开放以来乡村社会公共性的流变与建构》，《甘肃社会科学》2018 年第 2 期。

以及企业等多元主体，实现资源聚合与治理合作。二是针对内部主体间存在的重复关系和社会结构同质化现象。通过嵌入新结构洞的"嵌洞"方式，在过密主体间引入新的人、组织、机制等结构洞，梳理重复关系，增加不同主体间连接方式，拓展关系网络并提升其质量与异质性，吸引地方政府和市场的关注，推动乡村内外主体良性互动。

（三）两种理论的结合

新内生式发展理论旨在从宏观角度通过内外力量有效互动来重塑公共精神。然而，该理论在探讨内外力量如何互动以实现重塑公共精神的具体机制方面尚存不足。相比之下，结构洞理论专注于微观层面的多元主体间公共性重构，以实现公共精神的重塑。然而，该理论的视角相对偏于微观层面对公共精神重塑的具体机制进行讨论，相对缺乏宏观情景下的拓展性讨论，两种理论详情对比见表1。

表1　新内生式发展理论与结构洞理论的对比

	新内生式发展理论	结构洞理论
优势	从宏观层面入手，在开放情境下对内外力量结合进行讨论	从微观层面入手，提供通过主体间公共性重构以实现公共精神激活的具体机制
不足	相对缺乏内外力量结合以重塑公共精神的具体机制	视角偏向于内部情境，相对缺乏开放视角下对公共精神重塑的讨论

若要探索乡村振兴背景下如何重塑乡村公共精神，需融合两种理论，在兼顾宏观开放性与微观自主性的基础上，构建乡村公共精神重塑的逻辑框架（见图1）。其内涵在于乡村内外部力量的有效互动结合重构了乡村各主体间的公共性，公共性的重构进一步推动了公共精神的重塑。

1. 内外部力量的有效互动是重塑乡村公共精神的前提

乡村公共精神重塑离不开外部资源的注入，也要动员内部参与。一是有效引入外部资源，优化村内基础设施，科学规划村庄发展，以促进把外部力量和内部力量更好地联结起来。二是激活内部资源，通过制度重建和合作模式重构保障村民在乡村发展过程中的权益，有效激活内部主体积极性，突破资源流转不畅的壁垒，实现内外社会网络的资源整合。

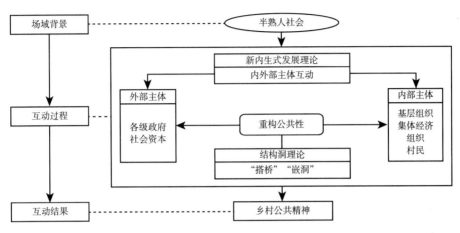

图1　乡村公共精神重塑机制

2. 重构乡村公共性是重塑乡村公共精神的纽带

在半熟人社会背景下，关系断裂阻碍了内外力量的结合。乡村公共精神重塑离不开利益互嵌，也要增加情感连接，以有效统合内外部主体、提升其内聚力。一是内外部主体间的利益互嵌，以资源整合促进关系结构调整，重建公共空间和组织公共活动，加强多维互动。二是增加情感连接。纵向上，以地方政府统合机制调动各方积极性和主动性，强化村民的主体地位，以增强多元主体对地方政府的认同。横向上，地方政府以公共利益最大化原则为指导，以正式制度与非正式制度相结合的方式引导各方力量有序参与公共事务。资源、认同与参与的三重叠加促进了各主体间的内聚力提升，最终实现了乡村公共精神的重塑。

三　乡村公共精神弱化的背景透视

随着城镇化推进，乡村人口逐年减少，不可避免地陷入了空心化和陌生化的境地。空心化现象使得在外部力量引入上面临挑战。同时，陌生化现象导致村民对公共事务或活动的参与不足，内部力量难以得到激活。内外力量缺乏互动，加剧了公共性式微趋势，导致了乡村公共精神的弱化。

（一）资源开发匮乏：外部力量难以引入

内外主体断裂是乡村发展面临的主要挑战。乡村的封闭性和稳定性，阻碍了资源和信息的流动，形成了封闭结构。乡村振兴首先要考虑打破封闭结构，形成新的开放性结构以引入外部力量。然而，外部力量引入过程中面临双重结构化困境。

1. 基于压力型科层制，地方政府作为外部主体之一，进入乡村面临三重困境

一是受制于信息有限性，难以准确评估村庄农业情况。行政逻辑和市场逻辑相互消解，导致项目下拨和资源分配不均的问题。二是村民的分散性使得资源引入面临高昂交易成本。地方政府在投入或获取资源时，必须与分散的村民进行洽谈，交易成本大幅增加。加之，乡村经济集体化程度较低，地方政府难以实现对资源的高效开发。三是地方政府受限于考核压力，产业发展以项目制为核心，追求即时成果，形塑了发展的非持续性。项目制以政策分解传导任务压力，由于中央的乡村振兴政策覆盖范围广，但具体指向相对模糊，这导致地方政府在任务细化时承受更多执行压力，影响政策执行。目标设置与其实际能力不匹配，导致执行者为完成高指标任务，选择性执行考核任务以降低问责风险。

2. 基于城乡二元结构，乡村存在制约外部力量引入的三大因素

一是交通可达性不佳。乡村交通缺乏统一谋划，外通内联水平低，无法畅通城乡经济循环。运输服务供给能力弱，城乡客运、物流综合服务水平有待提高。二是基础设施老化。生产性、生活性、人文性等基础设施供给总量不小，但不平衡不充分的矛盾突出。存在重建设轻管理、管护机制不健全等问题。三是乡村人才匮乏。城乡差距导致青壮年人才持续外流。并且人才结构失衡，表现在年龄和专业两方面。老龄化导致人才队伍断档问题越来越明

显。技术人才文化程度不高，知识局限于种植养殖等领域，缺乏电商、乡村旅游等新知识和技能，与产业发展脱节。

（二）村民参与不足：内部力量难以激活

在培育乡村公共精神的过程中，提高村民参与公共生活水平是激活内部力量的关键。参与公共生活并非简单的参与，更包括在参与过程中形成的认同。参与是内外部力量关联的纽带，认同则是在参与基础上形成的持续动力。然而，参与、认同的缺乏阻碍了内部力量的激活。

1. 村民参与不足导致政治冷漠

在乡村发展过程中，行政权力嵌入不可避免。但具体制度嵌入时常表现出异化和越界。国家通过项目制和财政转移支付的方式向乡村输入资源，在资源下沉改变乡村弱势地位的同时，塑造了村民对行政权力的依附，间接助长了地方政府的话语权。当地方政府被赋予一定的自主裁量权时，可能会过度关注政绩而将服务村民的责任置于次位。科层制体系以及按资排辈的话语表达惯习阻碍村民在公共事务中的发声。过度行政化导致村民边缘化。加之，村民面临着更大的刚性货币压力，缺乏利益刺激使村民产生"多一事不如少一事"的消极情绪。

2. 村民主体性缺位导致认同下降

在乡村发展过程中，村民主体性缺位问题凸显，这与地方政府长期占据主导地位、压缩自治空间密切相关。地方政府作为行政体，缺乏直接与村民互动的条件，通常需通过非正式组织如乡贤等进行沟通。然而，当前乡村出现了普遍性精英俘获现象①。乡贤在关系网络中具有绝对的话语权，使村民无法与其竞争产业资源。政策导向与村民需求的错配加剧了公共资源悬浮困境。此外，青壮年人口的外流导致村庄缺乏足够数量的行动主体来支撑公共

---

① 李祖佩、曹晋：《精英俘获与基层治理：基于我国中部某村的实证考察》，《探索》2012年第5期。

空间的正常运转，呈现公共空间的"无主体化"现象①。由于"人不在村"，公共场所逐渐冷清，公共活动逐渐减少；而"心不在村"导致村庄舆论约束机制不足，进而影响了乡村社会的运转，表现为"面子贬值""舆论失灵""社会资本流失"等问题，进一步削弱了村民的认同。

（三）村庄内聚力缺失：乡村公共性式微

外部力量难以引入导致多元主体缺乏利益互嵌，缺乏情感联结又使内部力量难以被激活以形塑多元主体内聚力，由此引发了公共性式微的问题，主要表现在公共价值理念缺失、公共空间消失，以及公共组织功能弱化等方面②。公共性的式微使得村庄缺乏内聚力，难以提振公共精神。

1. 个体理性逐渐超越公共理性

外部力量难以有效引入，导致村内组织发展面临资源瓶颈，加剧了社会组织结构不完备、运行机制不规范、职责定位不准确等问题，进而影响了社会服务的效果，使村民难以享受公共利益。长期资源匮乏导致乡村内部主体关系复杂化和利益失衡化。村内组织各自为政，缺乏利益互嵌，运行逻辑偏向组织内部利益，忽视了集体与公共利益。公共责任意识和规则的逐渐失效导致村民疏离公共事务和活动，使得公共性渐失乡土底色。在涉及村庄发展的重大公共选择时，村民缺乏互助意识和利他精神，个人利益凌驾于公共利益之上。公域与私域的失衡导致公共性的式微，表现为对公共规则的选择性忽视、公共生活参与程度下降，以及缺乏集体主义精神。

2. 乡村基层组织动员能力弱化

内部力量难以激活，多元主体间缺乏情感联结，从而阻碍了社会资本的培育，使得村委的组织和动员能力不足。村委的组织功能表现不佳，难以有效调动社会资源、激活当地资源以及有序组织公共生活。同时，村委的动员能力不足，难以引导多元主体进行协调合作，形成利益一致的公共需求和集

---

① 郭明：《乡村公共空间的"无主体化"现象及其缓解》，《深圳社会科学》2023 年第 1 期。
② 王丽：《善治视域下乡村治理的公共性困境及其重构》，《行政论坛》2022 年第 3 期。

体行动。这导致村庄的资源配置和公共服务供给水平相对较低。村委的虚浮化和边缘化加剧了公共性的式微，主要表现为多元主体间矛盾的显化、多元主体对公共事务的疏离，以及多元主体在乡村建设中的缺位。

四　乡村公共精神重塑的路径选择

乡村发展陷入内外力量难以结合的困境。针对资源开发匮乏的问题，县政府和村委通过"搭桥"的方式，有效引入多种外部力量，协同开发乡村内部资源。同时，针对村民认同下降和参与不足问题，村委通过"嵌洞"的方式推动乡村内部结构的调整与优化，激活内部力量。村庄在内外力量的有效互动的基础上实现公共性重构，最终实现公共精神的重塑。

（一）搭桥：外部力量的有效引入

村庄与外部世界之间存在社会网络断裂，导致其社会网络呈现封闭性和稳定性。在这种情况下，村庄内部呈现结构洞固化且数量有限的特征。由于村庄与外部世界之间仅存在弱联系，二者被视为相互独立的社会网络系统。为促进内外联通，县政府和村委需要在地方政策、乡村规划和发展活力等三个层面上寻求解决方案。

1. 政策推动下的基础设施提升

县政府主导，村委会、乡贤"搭桥"畅通内外资源。针对乡村发展痛点，县政府致力于沭河整治、道路网络搭建、人居环境提升。村委会通过自身在场性满足外部主体诉求，将内外资源有效对接。当个体与集体利益相冲突时，乡贤通过"搭桥"，发挥调解作用，实现共赢。基础设施提升助力村庄摆脱了政策依赖症，为后续外部资本有效引入奠定了坚实基础。

2. 政府主导的统一布局规划

在项目制的背景下，县政府以"Z村村庄规划"实现推行国家发展战略的目标。国家部门以实现乡村振兴"发包"，县政府以村庄规划"打包"，Z

村以居住区、农业园区、旅游区三区同建"抓包"，进而实现了分级治理。县政府制定的政策相较于乡村制定的政策具有更高的政治势能①，更有利于外部力量引入。村委会为社会资本"搭桥"协调项目资源，并输送政策资源。外部力量有效引入的关键在于有效整合乡村内部资源②。在农地"三权分置"制度下，通过统一规划土地资源，缓解产业发展中用地紧张问题。将分散居住的村民集中搬迁安置，实现了村民社区化。有效整合土地和人力资源，为外部力量发展提供了内部资源支持。

3. 社会力量注入发展活力

县政府和村委通过传播 Z 村故事，吸引社会力量共建 Z 村。乡村关系网络中新加入的主体可能与原有主体间存在冲突，威胁乡村稳定③。县政府和村委通过创新合作模式，实现多方共赢，避免冲突。在县政府统筹下，建立了国企注资、民营企业参与，集体组织、村民共享的共富模式。村民以土地或资源、资金入股"一村一社"项目，加速了产业的培育。

（二）嵌洞：内部力量的有效激活

村庄与外部世界共处于一个较大的社会网络，其中存在相互连接，具有非重复关系的行动者。县政府和村委在其中有效"嵌洞"，使村民、地方政府、社会力量相互连接。通过这种方式，实现了内外社会网络的资源整合，有效激发各主体的积极性，从而共同推动了乡村内部力量激活。

1. 基于贡献度的多方合作模式

激活内部力量首先通过模式设计确保村民分享发展成果。村委根据资源禀赋确定好运角、Z 村红、乡福里、乐游柳四大产业通过创新的合作模式进

① 贺东航、孔繁斌：《重大公共政策"政治势能"优劣利弊分析——兼论"政治势能"研究的拓展》，《公共管理与政策评论》2020 年第 4 期。
② 许经勇：《我国农村要素市场发育之剖析》，《吉首大学学报》（社会科学版）2016 年第 6 期。
③ 郭珍、刘法威：《内部资源整合、外部注意力竞争与乡村振兴》，《吉首大学学报》（社会科学版）2018 年第 5 期。

行"嵌洞"（见表2）。一是好运角项目。通过收益共享"嵌洞"，由国企投资建设，村集体共同运营。国企、村集体获取前端项目收入，村民获取后端服务收入。二是Z村红项目。通过红色旅游区进行"嵌洞"，国企、村集体通过商铺经营和提供就业的方式，实现景区三方共建。三是乡福里项目。通过对民宿生活区进行"嵌洞"，Z村通过经营权、使用权流转，对闲置宅基地统一规划。主要方式为引进社会力量作为经营方，大力发展非遗手造、民宿等幸福小院经济。四是乐游柳项目。通过培育柳编合作社进行"嵌洞"，"临沭柳编"以自身生产体系、合作模式创造相对竞争优势。发挥老人和妇女存量优势。

表2　多方合作模式

序号	项目	合作模式
1	好运角	国企建设+村集体协助运营+后端群众增收
2	Z村红	国企运营+村集体所有+村民就业
3	乡福里	社会经营主体合作+村集体主导+群众参与
4	乐游柳	龙头产业+地理标志+群众参营

2. 制度重建引导村民参与

激活内部力量的关键在于将村民从原子化引向集体化。在原有网络中嵌入新结构洞，打破现有制度结构，形成新制度安排。通过制定正式规则和强化非正式激励机制促进内部力量激活。一是正式的"新党员大会"制度。村委将村民大会与党员大会相结合，拓展村民参与渠道，拉近干群联系，并缓解基层力量不足的问题。通过正式制度"嵌洞"，村委梳理了重复关系，建立村委与村民新联系，促进政策高效运行。二是非正式的"小院议事会"制度。其设立初衷在于促进村民更有效地参与村务的讨论与决策。村委组织村干部与村民在选定的村民家中举行固定时间和临时场地的会议。村民及时反映问题，推动其积极参与治理。三是多方共赢的积分超市制度。"好日子积分超市"旨在将村民与其他行动者一同嵌入以"事缘"为基础的乡村治理①。为此，村委实施了"美德+积分+金融"的治理新路径。数字技术赋能乡村振兴②，村民通过微信小程序完成任务、获取积分。积分可在金融机构中提高信用额度，也可在积分超市中兑换商品。通过积分兑换实现多方共赢。村民获得实惠，超市、金融机构薄利多销，镇村两级无须再投资即可实现有效治理。

（三）内聚力提升：乡村公共精神的重塑

公共精神重塑的核心在于重构公共性。关系网络的特征对公共性重构具有显著影响，可通过密度和集中度指标来评估③。密度反映主体间互动频率，而集中度描述网络围绕某一节点来组织的程度。在外部力量引入上，集中度不断提高，人际权力不断集中于特定结构洞，占据结构洞的行动者具有较高影响力④。而在内部力量激活上，密度逐渐提高。在频繁互动中形成共享规范，推动网络内部形成信任⑤。Z 村关系网络呈现较高密度和集中度特征，促进了多元关系的重构。高密集度促进断裂主体重联和互动频率提高。高集中度使得关键行动者能有效组织公共生活。宏观层面的内外主体互动频率提高与微观层面的多元主体间公共生活有效组织共同重塑了公共性。以公共性重构为纽带，实现了乡村公共精神的重塑。

1. 资源是公共精神的基础

外部力量的有效引入为公共精神的重塑提供了必要的前提，其关键在于以外部资源激活地方资源。在激活红色资源的过程中，持续深挖"钢八连"

---

① 唐丽霞、丁悦：《激励、引导和规制：乡村振兴中农民主体作用何以有效发挥？——基于积分制、村规民约和农村综合信用体系的对比分析》，《贵州社会科学》2022 年第 8 期。

② 曾祥明、胡元：《数字技术赋能乡村振兴的关键点与发展进路》，《贵州师范大学学报》（社会科学版）2024 年第 1 期。

③ 姜佳将、周永广：《乡村旅游地社会网络对组织有效性的影响机制研究——以杭州龙坞茶村和山沟沟村为例》，《内蒙古师范大学学报》（哲学社会科学版）2011 年第 2 期。

④ 张蒙萌、李艳军：《农户"被动信任"农资零售商的缘由：社会网络嵌入视角的案例研究》，《中国农村观察》2014 年第 5 期。

⑤ 罗家德、李智超：《乡村社区自组织治理的信任机制初探——以一个村民经济合作组织为例》，《管理世界》2012 年第 10 期。

所展现的沂蒙精神。县政府发挥沂蒙精神对村民的价值引领作用，通过多样化的活动形式提高村民参与度，强化其公共意识，提高文化素养与情感归属水平，加深村民对村落共同体的情感与价值认同，为公共性重构提供情感基础。此外，城建集团在"钢八连"抗日战斗遗址建造红色文化教育基地，重建了公共空间，为公共性的重构提供了重要载体，通过共享空间重建乡土场景，传承文化传统和集体记忆。同时，村委组织了红色年俗和村史讲解等公共活动，满足了村民的精神文化需求。通过深挖红色资源、重建公共空间和组织公共活动，实现了公共性的重构，推动乡村公共精神的复苏。

2. 认同是公共精神的保障

内部力量的激活为公共精神的重塑提供了必要的支撑，其关键在于强化多元主体对公共权威的认同。乡贤在村庄发展中扮演着关键的角色，占据着重要的结构洞。在发展规划制定过程中，县政府倾听乡贤的意见，并通过制度和模式创新，对乡贤"制度赋权"，有效解决了精英俘获问题。在政策协商过程中，乡贤发挥着中介作用，促进村民需求畅通表达，密切干群关系，提升村民对公共权威的认同和自愿合作意愿，从而提高了公共性。政府针对基层组织弱化问题，通过制度安排赋权农村基层组织，释放其能动性。引导村民关注公共利益，重构了乡村公共生活的"集体"场域，提升公共性，村民在与政府的良性互动中形成了认同。认同的生产与再生产是村民持续参与公共生活的重要动力[①]。在从互动到认同的这一主观意识转变中重塑了公共精神的情感逻辑，并在后续互动中不断得到强化。

3. 参与是公共精神的动力

内外部力量的有效互动为公共精神的强化提供了动力，其关键在于内外力量互动过程中确保村民主体地位，赋予其决策权，使发展成果更广泛惠及村民。县政府和村委通过多种合作模式，重构乡村公共规则，包括制度化村民参与公共事务的协商和决策过程，制定奖罚细则、发展愿景等。将村民参

---

① 颜玉凡、叶南客：《认同与参与——城市居民的社区公共文化生活逻辑研究》，《社会学研究》2019年第2期。

与公共事务制度化和正式化，有效激发了村民的主体意识。同时，村委注重建立非正式规则，包括正向激励和负向激励制度，既保障了村民参与公共事务，又避免了乡村公共事务过度行政化。整合基层政府、社会力量和村集体，激发村民建设村庄的主体性。

五　乡村公共精神的再利用

在乡村振兴的过程中，内外部力量的有效互动促成了乡村公共性的重构，进而塑造了乡村公共精神。这种公共精神的重建推动了乡村振兴，并与其形成了相互促进的紧密联系。随着乡村振兴的持续推进，公共精神被赋予了新的内涵，进一步巩固了其基础。同时，公共精神通过加强村民之间的信任、提升村民对村庄的认同，以及激发村民的主体性，为乡村振兴注入了发展动力。

（一）乡村振兴强化乡村公共精神

乡村振兴和公共精神在本质上都旨在服务于农村发展，两者间具有内在契合性。乡村振兴过程潜移默化地培养村民和村庄基层组织的文化自觉。通过创新赋予公共精神现代生命力，持续激发其主动性和创造性。乡村振兴对公共精神强化有很好的推动作用。

1. 乡村振兴赋予公共精神新内涵

在乡村振兴的过程中，地方政府、企业等外部力量深入挖掘和细致梳理村内特色资源，并对其进行阐释和符号化。建立村前广场和村史展览室等公共空间，强化了公共精神的物质和精神基础。随着发展水平的提升，村民不断产生文化新需求。这些新要素不断滋生公共精神，赋予其新内涵。村民主动参与公共事务，关注公共利益，进一步培育和滋养公共精神。在各种公共事务中，新要素如公平正义思想和创新精神不断赋予公共精神新内涵。面对新问题，创新精神激励村民运用创造力来解决公共问题，进一步强化了公共精神。在处理公共性事务过程中，公平正义思想使村民习惯于用公共规则去思考，将涉及村庄发展的各种利益矛盾置于公共规则下判断，从而激发村民内心的公共价值认同，强化了公共精神。

2. 自主发展意识筑牢公共精神根基

伴随乡村振兴的深入推进，乡村发展主体性地位被重新确认。乡村发展变被动为主动，有效地改变了自上而下的资源供给模式，使村民积极参与其中。分配型民主被视为激活内部动力的重要手段。资源由村民通过民主决策来分配。在乡村振兴过程中，国家主要负责一些村级组织无法有效组织供给的公共资源，并将一些乡村发展必需的但又非仅能依靠国家供给的公共资源直接分配给村级组织，赋予组织更多权力。组织在与村民协商后决定资源的具体用途。形成一种自上而下的内生机制。在决策过程中，村民积极表达自身需求偏好，激发公共参与的主体自觉，强化了公共精神。

（二）乡村公共精神助力乡村振兴

随着现代性对乡村社会的渗透，村民间、村民与集体间的关系日渐疏远，信任日益弱化。村庄共同体的情感属性逐渐减弱。然而，乡村通过重塑公共精神，遏制了这种减弱趋势，并助力乡村振兴。公共精神对乡村振兴的促进作用主要体现在以下三个方面。

1. 村民间的信任强化

随着内外力量的结合，村民与地方政府、社会力量持续互动，村民间联系沟通增多。公共精神激发村民参与乡村建设的内在动力，村民间原本脆弱的信任被强化。在公共精神引导下，村民真正愿意在事关村庄发展的公共项目中建言献策、敢于评价批判。村委通过各种合作组织，将原子化的村民整合到组织中，实现再集体化。合作组织进一步加强了村民间的凝聚力，从而强化了公共精神，增进了村民间的信任。

2. 村民对村庄的认同强化

在乡村振兴的进程中，乡村内部的文化资源得到有效挖掘，筑牢了乡村公共精神的根基。这有效地解决了半熟人社会下村民归属感和认同感下降，以及责任与义务意识不足的问题。以公共精神为支撑，村民逐步形成了对村庄发展的共识，提升了对村庄的认同感。

3. 乡村振兴主体性力量的汇聚

实现乡村振兴的关键在于激发村民主体性。公共精神的重塑过程也是村民主体性不断提升的过程。在关乎乡村发展的重要公共事务中，公共精神有助于协调个人利益和村庄集体利益，推动内外资源高效配置，凝聚力量共同推动乡村振兴。村民公共精神的重建过程中蕴含着共建、共治、共享格局所需的公共协作理念，能够有效调动村民参与乡村建设的积极性。

作者：肖盼晴、兰长洋，华中师范大学中国农村研究院（武汉市，430079）

"一体两翼"：乡村治理现代化的一个理论框架[*]

邱春林

内容提要 乡村治理现代化是国家治理现代化的有机组成部分，是中国式现代化的题中应有之义。实践中，中国式乡村治理现代化已初步形成以"一体两翼"为核心内容的理论框架，一体即以乡村治理效能现代化为主体，既是目标，也是结果；两翼即乡村治理体系现代化、乡村治理能力现代化，两翼共同助推实现乡村治理效能现代化。乡村治理体系由乡村治理组织体系、乡村治理内容体系、乡村治理运行体系构成，乡村治理能力由组织领导能力、统筹协调能力、执行落实能力等构成，乡村治理效能现代化涵盖制度优势转化为治理效能、乡村治理共同体建设、乡村美好生活需要不断得到满足等。要以乡村治理体系现代化为基础，以乡村治理能力现代化为关键，以实现乡村治理效能现代化为主体，共同助推中国式乡村治理现代化实现高质量发展。

关 键 词 中国式乡村治理现代化 乡村治理效能 乡村治理体系 乡村治理能力

一 问题提出与综述

乡村治理现代化是国家治理现代化的有机组成部分，是中国式现代化的

* 本文为国家社科基金一般项目"中国式乡村治理现代化研究"（项目编号：23BKS073）、山东省社科规划研究专项"中国式乡村治理现代化道路研究"（项目编号：22CXSXJ06）的阶段性研究成果。

题中应有之义。2013 年 11 月，党的十八届三中全会首次明确把"完善和发展中国特色社会主义制度，推进国家治理体系和治理能力现代化"作为深化改革的总目标。党的十九届四中全会对推进国家治理现代化做了系统周密部署安排，明确了"三步走"的战略目标。习近平总书记在党的二十大报告中强调要进一步完善社会治理体系，"健全共建共治共享的社会治理制度，提升社会治理效能"。①

我国乡村治理实践已取得显著成效，初步形成了一套比较有效的乡村治理运行体制机制，但不可否认的是，对应国家治理体系和治理能力现代化的现实需要，新时代乡村治理现代化进展也面临着严峻的挑战，既有时代主题转换的背景，又有强化党的自身建设的现实考量，同时，也有伴随改革开放发展而出现的社会矛盾的变化调整，由此带来的乡村社会矛盾的凸显，尤其是"中国式现代化"已成为时下研究热点，对中国乡村治理现代化的相关研究也在不断深入，涉及乡村治理模式，乡村治理主体，乡村治理现代化的内涵、实现路径、体制机制，数字赋能乡村治理等问题。

就乡村治理现代化这一主题来说，学界主要关注这样几个方面的研究。一是关于乡村治理模式研究，主要从治理模式类型、治理模式发展和治理创新路径剖析等不同视角出发提出其相应观点。如俞可平从国家治理角度提出了善治模式②；陈文华、李海金则提出了政党统领社会的中国式乡村治理现代化模式③。冯石岗等剖析了我国乡村治理模式变迁发展趋势④；陈松友等从自治、法治与德治方面分析了中国乡村治理体系内在逻辑与实践指向⑤。

---

① 《习近平著作选读》（第一卷），人民出版社，2023，第 44 页。
② 俞可平：《推进国家治理体系和治理能力现代化》，《前线》2014 年第 1 期。
③ 陈文华、李海金：《政党统领社会：新时代中国式乡村治理现代化的演化逻辑》，《理论月刊》2023 年第 1 期。
④ 冯石岗、杨赛：《我国乡村治理发展趋势初探》，《吉林师范大学学报》（人文社会科学版）2014 年第 1 期。
⑤ 陈松友、卢亮亮：《自治、法治与德治：中国乡村治理体系的内在逻辑与实践指向》，《行政论坛》2020 年第 1 期。

唐皇凤等梳理了新时代乡村治理模式生成逻辑与优化路径[①]；韩喜平等认为新中国成立以来农村社区治理模式实现了现代化转型[②]。二是关于中国式乡村治理现代化进程研究，学界对乡村治理现代化进程做了较多梳理：主要涉及对中央苏区、抗日根据地的乡村治理研究，新中国成立以来的乡村治理，以及改革开放以来的乡村治理研究，如许福海对抗战时期根据地乡村治理做了分析[③]。袁金辉对中国乡村治理发展做了回顾、展望[④]；刘丰华、蒋永穆、吕德文、丁志刚等从不同视角对新中国成立 70 年来乡村治理做了梳理；王晓莉分析了从"一五"到"十三五"期间乡村治理变迁问题[⑤]。高其才等对改革开放 40 年中国特色乡村治理体制做了梳理[⑥]；赵秀玲总结了党的十八大以来中国乡村治理重要变革[⑦]；燕连福等从四个阶段梳理了党的百年乡村治理历程[⑧]。三是关于中国式乡村治理现代化主体与影响要素研究，学界从多元治理主体和要素问题等方面做了探讨。如郭正林认为乡村治理是多元主体对乡村社会公共事务进行协同共治的过程[⑨]，桂华提出乡村治理受国家能力、乡村行政体制和基层治理转型影响观点[⑩]，邓纯东认为需关注治理主体思想政治素质及其正确执政理念[⑪]。学界对多元治理主体的认识较一致，但

---

① 唐皇凤、汪燕：《新时代自治、法治、德治相结合的乡村治理模式：生成逻辑与优化路径》，《河南社会科学》2020 年第 6 期。

② 韩喜平、王思然：《新中国成立以来农村社区治理的模式演进与现代化转型》，《江淮论坛》2021 年第 3 期。

③ 许福海：《试论抗战时期根据地乡村治理模式的建构（1937—1945）》，《安徽文学（下半月）》2007 年第 10 期。

④ 袁金辉：《中国乡村治理的回顾与展望》，《云南行政学院学报》2016 年第 1 期。

⑤ 王晓莉：《中国百年乡村建设的历史沿革与有效性初探》，《行政管理改革》2021 年第 4 期。

⑥ 高其才、池建华：《改革开放 40 年来中国特色乡村治理体制：历程·特质·展望》，《学术交流》2018 年第 11 期。

⑦ 赵秀玲：《十八大以来中国乡村治理重要变革》，《福建论坛》（人文社会科学版）2018 年第 10 期。

⑧ 燕连福、程诚：《中国共产党百年乡村治理的历程、经验与未来着力点》，《北京工业大学学报》（社会科学版）2021 年第 3 期。

⑨ 郭正林：《乡村治理及其制度绩效评估：学理性案例分析》，《华中师范大学学报》（人文社会科学版）2004 年第 4 期。

⑩ 桂华：《面对社会重组的乡村治理现代化》，《政治学研究》2018 年第 5 期。

⑪ 邓纯东：《治理能力现代化与干部队伍建设》，《理论视野》2020 年第 4 期。

对乡村治理主体发展变迁特色与原因等其他影响要素剖析提炼不够。四是关于中国式乡村治理现代化实现路径研究，学界从国家治理、制度创新等不同视角做了探讨，如：王浦劬概括了新时代乡村治理现代化的根本取向、核心议题[①]；陆益龙、李光达概括了中国式乡村治理现代化的本质要求，提出完善乡村自治与公共治理有机融合的现代化路径[②]；何显明等提出多元政府主体协同治理观[③]；孔祥成等认为"三治结合"将乡村治理推向"中国式现代化"[④]。此外，肖唐镖提出从民主、科学、法治等方面推进乡村治理[⑤]，祝天智从农地"三权分置"视角分析了乡村治理现代化问题[⑥]。徐勇认为中国式基层治理现代化的基本路向涵盖国家对基层社会治理的现代化、基层社会自我治理的现代化，以及国家与社会的良性互动[⑦]。五是关于中国式乡村治理现代化经验研究，学界从国家治理角度、阶段性历史经验等方面进行了探讨，如白启鹏等从政治、思想建设等方面总结改革开放 40 年乡村治理现代化经验[⑧]，李楠总结了推进乡村治理现代化的四点经验[⑨]，刘海军、丁茂战从制度、体制、运行等方面总结了乡村治理现代化经验[⑩]。

综上，可以看出学界关于中国式乡村治理现代化研究已从治理模式、治理进程、治理主体、治理经验等方面进行了探讨并做了回应，但对乡村治理

---

① 王浦劬：《新时代乡村治理现代化的根本取向、核心议题和基本路径》，《华中师范大学学报》（人文社会科学版）2022 年第 1 期。

② 陆益龙、李光达：《中国式乡村治理现代化的本质要求与路径选择》，《江苏社会科学》2023 年第 2 期。

③ 何显明、张鸣：《重塑政府改革的逻辑：以"最多跑一次"改革为中心的讨论》，《治理研究》2018 年第 1 期。

④ 孔祥成、刘芳：《中国乡村治理现代化的演进逻辑与路径选择》，《江淮论坛》2022 年第 2 期。

⑤ 肖唐镖：《乡村治理创新的动力、理念和空间分析》，《国家行政学院学报》2009 年第 2 期。

⑥ 祝天智：《农地"三权分置"背景下乡村治理现代化研究》，《学术界》2021 年第 8 期。

⑦ 徐勇：《中国式基层治理现代化的方位与路向》，《政治学研究》2023 年第 1 期。

⑧ 白启鹏、秦龙：《中国共产党百年农村党建的成功经验与启示》，《学习与实践》2021 年第 9 期。

⑨ 李楠：《中国共产党推进乡村治理现代化的百年历程与基本经验》，《国家治理》2021 年第 15 期。

⑩ 刘海军、丁茂战：《乡村治理现代化的历程、经验与进路》，《国家现代化建设研究》2022 年第 3 期。

现代化丰富实践的梳理总结和理论概括还有较大拓展空间，目前有学者提出了以"体系－能力－效能"为核心内容的中国式乡村治理现代化的理论框架。① 基于此，本文从实践梳理出发，对党领导人民扎实推进乡村治理现代化的丰富实践进行初步梳理，提炼出以"一体两翼"为核心内容的乡村治理现代化的理论新框架，所谓"一体"即以实现乡村治理效能现代化为主体，"两翼"即乡村治理体系现代化和乡村治理能力现代化。推动中国式乡村治理现代化要以乡村治理体系现代化为基础，以乡村治理能力现代化为关键，以实现乡村治理效能提升为主体，这是中国式乡村治理现代化高质量发展的必由之路。

二　乡村治理体系现代化

乡村治理体系现代化是基础。这一体系包括现代乡村治理组织体系、现代乡村治理内容体系、现代乡村治理运行体系，三者共同构成现代乡村治理体系，为实现乡村治理效能现代化提供助力和保障。

（一）现代乡村治理组织体系

乡村治理组织体系的现代化是关键。从现代乡村治理组织体系的纵向构成来看，可以分为三个层面，即中央、地方和基层；从组织体系的横向构成来看，现代乡村治理体系既包括组织体系自身，也包括各自职能及其关系等。

中央层面的现代乡村治理组织是现代乡村治理组织体系的顶层，由中共中央农村工作领导小组统筹负责，由其牵头负责统筹处理农村改革发展中关系全局的热点难点问题，从顶层设计上更加有效地处理乡村治理改革发展中遇到的深层次问题。无疑，这就大大加强了党中央对农村工作的领导。

---

① 丁志刚、熊凯：《中国式乡村治理现代化：一个理论分析框架》，《行政与法》2023 年第 12 期。

地方层面的现代乡村治理组织是现代乡村治理组织体系的中间所在，主要指省市县这一级组织，也就是省、自治区、直辖市，设区的市、自治州、县、自治县，不设区的市和市辖区。有关调研分析显示：地方层面的现代乡村治理具体体制机制基于历史传统和客观实际的差异，实际上存在不同运行模式，总的来说，可以概括为四种模式。第一种模式是在党的农村工作领导小组下设立办公室，办公室设在各级政府农业农村局。第二种模式是在各级党委内部设立农村工作部（农办），具体负责农村基层党的工作和党的建设。第三种模式是建立地方党委与政府整合而成的农村工作综合领导部门。党委和政府分别成立相应的农村工作委员会，党委下设农村工作委员会（简称农工委），政府下设农村工作委员会（简称农委），实际运行中两者一般实行合署办公。由此形成的农村工作综合部门的典型特点就是兼有党务和行政两套职能。① 此外，在一定时间内还有一种特殊模式，即第四种模式，党的农村工作领导小组与政府的新农村建设领导小组合署办公。

基层乡村治理组织则是现代乡村治理组织体系的基础所在，主要是指乡镇党委和村党支部，《中国共产党章程》对此有明确界定②；此外，《中国共产党农村基层组织工作条例》《中华人民共和国村民委员会组织法》（以下简称《村组法》）等对乡村基层治理的主要内容均有相应规范和安排。譬如对乡村治理主体来说，对主要涉及乡镇党委、政府与"两委"等之间的职责、关系和具体运行等做了明确规范和统一要求。

客观来说，乡村治理组织体系的现代化就是通过强化现代乡村治理组织体系建设，从而进一步把党的组织优势切实转化为乡村治理效能。

（二）现代乡村治理内容体系

现代乡村治理内容体系涵盖了自治、法治和德治等内容。

---

① 邱春林：《中国式乡村治理现代化高质量发展的现实思考》，《理论学刊》2024年第3期。
② 《中国共产党章程》第三十三条规定：街道、乡、镇党的基层委员会和村、社区党组织，领导本地区的工作和基层社会治理，支持和保证行政组织、经济组织和群众自治组织充分行使职权。第三十四条规定：党支部是党的基础组织，担负直接教育党员、管理党员、监督党员和组织群众、宣传群众、凝聚群众、服务群众的职责。

自治是基础。村民自治是现代乡村治理内容体系的重要内容。村民自治是基层群众的首创，凝聚着党和基层群众的集体智慧，更是基层群众参与民主政治，践行全过程人民民主、共建美好乡村的现实载体。村民自治始于20世纪80年代初期，并在实践中不断完善和发展，逐步实现了制度化、法治化，1998年出台的《中华人民共和国村民委员会组织法》就是法治化、制度化的一个里程碑，为村民自治提供了相应的法律保障。村民自治作为我国基层民主政治建设的一项创新制度，在基层治理中扮演着亦官亦民两种不同的角色，它初步明确了村民在自治事务中的主体地位，客观来说，在实践中还存在一些不足之处，表现为村民自治组织行政化色彩比较浓，村委会的职权比较集中，相应的监督和制约难以有效落实，客观上导致村民自治权受到一定程度的影响，村民自治的形式与实质呈现不平衡的状态，这种形式性的自治客观上对村民自治的合法性产生了消解作用。

法治是保障。法治是现代乡村治理内容体系的重要内容。特别是随着改革不断深入，乡村治理多元化、复杂化态势日益凸显，如何保证乡村社会实现可持续的发展并保持社会稳定？如何确保乡村治理能够实现可预期性、可操作性、可救济性等？唯有法治才能进一步凝聚乡村治理的共识和力量，唯有法治才能进一步推动乡村治理可持续健康发展，这是乡村治理法治化的题中应有之义。实践中，推进乡村治理法治化，就要切实将乡村治理各项事务纳入法治化的轨道，尤其是对广大人民群众最关心的利益，要能够依法保障，让人民群众安心放心。此外，推动乡村治理法治化，还要着重推动构建实现基层群众的法治素养不断提升的长效机制，将学法、知法、懂法、守法、用法内化为群众的自觉行为，实现基层群众法治素养和法律意识不断提高。

德治是支撑。德治是现代乡村治理内容体系中不可或缺的重要组成。德治本质上也是一种自治，它不由政府机构强制来保证实施，而是将这种德治规范内化为群众的自觉行动。德治的这种润物细无声功能更为乡村治理现代化提供了传统文化的滋润和支撑。德治在乡村治理中对规范村民行为、调整农村社会关系、推进乡村振兴具有重要的作用，相比法治和自治，德治作用的发挥更能体现出文化的穿透力、长久的感染力。德治是从中国历史传统社会管理经验借鉴而来，将家族伦理与国家伦理融合为道德标准，感化教化人们，从而产生社会自律性信仰，规范人们的行为，作为中华优秀传统文化的重要内容，它也是推动乡村治理现代化的重要资源。对此，就需要按照习近平总书记在庆祝中国共产党成立 100 周年大会上所提出的"两个结合"要求，[①] 秉承"古为今用""推陈出新"的基本方针，把握"创造性转化、创新性发展"的根本内核，切实推进德治的传承创新和发展，不断推进乡村治理内容体系的现代化。

现代乡村治理内容体系是一个开放的体系，涵盖自治、法治和德治，其中自治是基础，法治是保障，德治是支撑，三者相辅相成。德治在乡村治理中具有相对独立性，但只有与法治相互配合，才能更好推动乡村治理现代化。究其原因，基于德治自身的天然特性，道德标准具有模糊性，对具体道德的理解就有随意性、笼统性，而法具有确定性，被滥用和随意解释的余地较小；道德主要依靠人们内在情感力量来实现。从根本上来说，引导人们普遍向上向善最终还要靠一个既合乎人之情理又尊重普遍规范的制度和社会结构。

（三）现代乡村治理运行体系

现代乡村治理体系现代化是乡村治理体系现代化的重要内容。从乡村治理结构及其运行来看，现代乡村治理运行体系主要由内部运行结构和外部运行结构构成。

内部运行结构，一般是指按照具体的制度条文规定而形成的村级组织的内部结构[②]，主要包括村党支部、村民委员会等，核心是村党支部，也是落实党的全面领导的具体载体和体现；村委会则是村民自治组织的载体，是乡

---

① 习近平：《在庆祝中国共产党成立 100 周年大会上的讲话》，人民出版社，2021，第 13 页。
② 马宝成：《乡村治理结构与治理绩效研究》，《马克思主义与现实》2005 年第 2 期。

村基层治理体系内部运行的关键，村委会作为村庄事务管理机构，其职责涉及本村的重大事项和涉及村民利益的大事。

外部运行结构，一般是指在当前的农村村级组织机构及其运行实践中，基层政治权力（包括党的权力和政府权力）参与其中并对乡村内部治理产生一定影响。从这个角度来看，乡村治理外部结构事实上也是其实际运行模式的一个方面。从乡村现行"两委"关系视角来看，党领导下的乡村治理结构及运行机制主要有两种：一种是"两委"分立，书记、主任分设；另一种模式就是"两委"一体化，书记、主任"一肩挑"。"两委"成员分立分设，可以彼此互相监督，从实际运行来看，其优点在于可以较好落实农村事务的民主管理和民主监督，不足之处在于两委之间在实际运行中可能会出现互相扯皮、推诿等现象。"两委"一体化，即书记、主任"一肩挑"，又称为"两推一选"①，其优点在于可以加强党的集中统一领导、精简干部数量、实现降本增效、提高两委办事效率，不足在于容易导致权力集中、混淆两委职能，对此要突出对权力进行制约监督，厘清"两委"各自职能并使之实现制度化、规范化和法治化。

在现代乡村治理体系中，乡村治理组织体系是关键所在，乡村治理内容体系则是基础，而乡村治理运行体系为乡村治理体系现代化提供了具体运行载体和依托。

三　乡村治理能力现代化

乡村治理能力现代化是关键。乡村治理能力从本质说是指运用党和国家制度来管理乡村社会各方面事务的能力，包括党、政府和乡村基层其他各类治理主体的治理能力，乡村治理能力现代化是指各类治理主体的能力能够适

---

① "两推一选"指产生村党组织候选人的过程，"两推"指党内推荐支委候选人和党外推荐支委候选人，"一选"就是由党组织内全体有选举权的党员无记名投票选举支委人选。"两推一选"是全国各农村党组织实行最广泛的一种换届选举方式，该工作政策性强，涉及面广，直接关系到农村改革、发展和稳定的大局。

应乡村治理现代化的需要，有助于提高乡村治理效能，就其内容来说主要包括组织领导能力、统筹协调能力、执行落实能力。

（一）组织领导能力

中国式乡村治理现代化的实现有赖于基层党组织的坚强领导，而乡村治理的复杂烦琐，则进一步凸显了做好农村基层组织建设的重要性。新修订的党章第三十三条对此做了明确规定：街道、乡、镇党的基层委员会和村、社区党组织，统一领导本地区基层各类组织和各项工作，加强基层社会治理，支持和保证行政组织、经济组织和群众性自治组织充分行使职权。《中国共产党农村基层组织工作条例》对乡村基层党组织的地位和作用也有相应明确规定，对乡镇党委、政府与"两委"这四个主体间的职责、关系和具体运行机制等进行了厘清：基层组织作为联系群众的桥梁和纽带，是党在农村全部工作和战斗力的堡垒和基础，在组织设置上，设立乡镇党的基层委员会、村党支部。

基层党组织的领导一般体现在三个方面：一是政治领导，二是思想领导，三是在重大问题上的领导。党的十九届四中全会提出到建党 100 年时，"在各方面制度更加成熟更加定型上取得明显成效"；到 2035 年，"各方面制度更加完善，基本实现国家治理体系和治理能力现代化"；到新中国成立 100 年时，"全面实现国家治理体系和治理能力现代化"。[①] 任务并非轻轻松松就能完成，切实加强党的组织领导能力建设是关键，对此需要高度重视。一是贯彻党管农村原则毫不动摇。习近平总书记指出："无论农村社会结构如何变化，无论各类经济社会组织如何发育成长，农村基层党组织的领导地位不能动摇、战斗堡垒作用不能削弱。"[②] 践行党管农村原则，首先要管好乡村基层组织建设，确保党支部在农村各项工作中始终居于领导地位；其次，要管好民生，民生是最大的政治，要围绕农民基本生活保障、乡村教育、就

[①] 《习近平新时代中国特色社会主义思想基本问题》，人民出版社、中共中央党校出版社，2020，第 164 页。

[②] 习近平：《论"三农"工作》，中央文献出版社，2022，第 102 页。

业、医疗、交通等基本公共服务等做好文章，让农民感受到改革发展40多年带来的红利，不断提高广大农民群众的幸福感、获得感；最后，要管好乡土人才，重视乡土人才培养，支持下乡支农、返乡创业，为各类乡土人才提供便利、创造条件。二是坚持基本制度不动摇，推动村民自治持续完善发展，通过进一步加强基层群众自治组织建设，完善村民代表会议制度，健全更为科学规范有效的村务公开制度，为乡村基层自治提供制度支持和保障。

（二）统筹协调能力

随着乡村治理主体日益多元化，不同治理主体间的关系渐趋复杂，实现中国式乡村治理现代化，需要充分调动各治理主体的积极性、主动性和创造性，对统筹协调能力提出了更高要求。在乡村治理实践中，乡镇党委、乡镇政府、村党支部、村委会、各类民间组织以及广大农民都是乡村治理主体，乡村治理主体包括在乡村治理中扮演着不同角色的各类组织、机构和个人，各自发挥着自己独特的作用。对于其他治理主体而言，基层党组织领导地位虽然存在，在具体的领导模式上却悄然发生某些变化，许多基层乡镇政权组织与村委会正自觉不自觉地改变着自身的治理方式，共建共治共享成为乡村治理现代化的一个发展趋势。

一是乡镇党委和村党支部。作为党在农村的基层组织——村党支部，是党在农村全部工作和战斗力的基础。党的十九大从顶层设计上进一步勾勒出乡村治理新图景，"党委领导、政府负责、社会协同、公众参与、法治保障"[①]，构建"自治、法治、德治"乡村治理新格局，为实现乡村治理现代化夯实基础。

二是乡镇政府。乡镇政权有所为在很大程度上决定了国家对乡村社会的治理效果。乡镇政府代表国家主导乡村治理，是国家主导乡村治理最基础最前沿最有力的一级政权，也是联系人民群众最紧密、最直接的基层单位，其作用和地位不容忽视，在现实乡村社会中，农民对于国家的认知和感受，主要通过乡镇一级政

---

① 《习近平谈治国理政》第三卷，外文出版社，2020，第38页。

府来获得，国家大政方针也需要通过乡镇政府这一基层组织来落地。

三是广大农民。农民是我们实现中国式乡村治理现代化不可或缺的治理主体之一，农民人数占优势，农民在社会生活中具有强烈的积极性、主动性和创造性。经济基础决定上层建筑，农业生产的主要承担者是农民，并且农民在农业等各领域创造了物质财富、精神财富等，为国家包括城市发展提供粮食和基本生活必需品，保障了人们能够吃饱饭，解决了生存问题，在这一方面农民的作用和地位是任何其他阶层所无法替代的。

四是村民自治组织是乡村治理的基本载体。村民自治本身就是农民的伟大创造，在党的支持和引导下，进一步规范发展上升到国家层面，实现村民自治的法治化、规范化、制度化。村民自治实践主要是通过村民委员会、村党组织、村民代表会和村民小组等形式来实现，在法律的范围内，实现了全过程人民民主的真正落地。作为村民自治组织，村民委员会具有三个典型特点：一是群众性，二是基层性，三是自治性。彭真委员长对此曾给予高度评价，认为"有了村民委员会，农民群众按照民主集中制的原则，实行直接民主……他们把一个村的事情管好了，逐渐就会管一个乡的事情；把一个乡的事情管好了，逐渐就会管一个县的事情，逐步锻炼、提高议政能力"①。

五是乡村其他民间组织。伴随改革开放的不断深入，尤其是经济社会的发展，各种社会组织日益在经济社会生活中发挥着不可替代的特殊作用，在多元化参与式治理实践中扮演着越来越重要的角色，已经成长为社会治理和社会建设的重要参与主体，尤其农村社会组织②在自我服务、自我教育、自

---

① 彭真：《彭真文选（一九四一——一九九〇年）》，人民出版社，1991，第 608 页。

② 农村社会组织主要是指农民自愿组成、自主管理、自我服务的非营利性社会组织。农村社会组织大致可以分为两类：一类是以村落或村落联合体为单位的由农民自发组成的服务组织，即互益型组织，又可称为村庄组织；另一类是专门从事农村各种服务活动、协助农村发展的专业性服务组织，又可称为农村发展机构。在多元治理视域下的农村社会组织，扮演着越来越重要的角色，时代在改变，随着社会主义市场经济日益发展，多元主体的需求日益多样化，对于基层的社会治理，不能再像计划经济时代那样，政府包揽一切、实行一元化治理。

我管理，以及促进社会和谐、维护社会稳定、缓解社会矛盾等方面发挥着积极作用。

六是新乡贤成为乡村治理的重要主体。所谓"乡贤"，一般是指在乡村德治教化等公共事务中的德高望重者。今天来看，伴随着社会主义现代化进程加速，部分乡村精英进入城市，在城市中得到发展，成长为远离家乡的外出乡贤。新时代的乡贤在能力、威望等方面是推动乡村治理现代化的所需之才，其优势在于，既能较好地避免外来人才的陌生感与本土人才的视野局限，也兼具外来人才的经验与智慧，并且在乡村治理现代化进程中日益发挥着不可或缺的作用。

（三）执行落实能力

乡村治理现代化能否实现，执行落实能力是关键，它体现为对乡村治理所需人财物等诸多方面的保障能力。事实上，实现乡村治理现代化必须依赖党组织的强有力领导，依赖于强大的物质财力保障，依赖于一支专业人才队伍和相应的制度体系保障。

一是执行落实关键看党的领导。坚持党的领导是根本政治保证。党的领导是中国特色社会主义的本质特征，党领导探索形成了中国特色社会主义道路、理论、制度、文化等，形成了"五位一体"的总体布局和"四个全面"的战略布局等。正如习近平总书记所指出的："中国共产党领导是中国特色社会主义最本质的特征，是中国特色社会主义制度的最大优势，是党和国家的根本所在、命脉所在，是全国各族人民的利益所系、命运所系。"[1]

二是执行落实需要有相应的制度保障。无论是基层群众自治还是法治的落实都需要依赖具体制度，没有具体制度的支持就没有乡村治理现代化，比如村民自治作为乡村治理的重要内容，不断实现科学化规范化制度化，为有

---

[1]　习近平：《在庆祝中国共产党成立100周年大会上的讲话》，人民出版社，2021，第10~11页。

效推进全过程人民民主的落地落实提供支撑；再如农村集体产权制度改革，通过改革激发起基层群众的积极性主动性和创造性，为增加农民收入、为增强基层集体经济实力、为乡村治理财力保障提供强大支持；再如农业支持保护制度，作为一个农业大国，面临激烈的国际竞争和压力，其弱质农业显然亟须得到支持和保护，充分利用好国际规则，调整利用"黄箱"政策，扩大"绿箱"政策使用范围，推动我国农业竞争力不断提升，夯实粮食安全保障基石，也是实现乡村治理现代化的重要一环。

三是执行落实需要依法进行。乡村治理法治化一定程度上决定着乡村治理能否平稳运行，制约着乡村治理现代化进程。实际运行中，乡村治理法治化水平与乡村治理现代化还存在一定差距，需要进一步确立法治思维，加强法治建设，突出立法、执法、司法、守法，着力建构现代乡村治理制度规范体系，实现社会行为有预期、管理过程可公开、责任界定够明晰，从而推进乡村治理现代化。

四是执行落实需要具备坚实的物质保障。乡村治理现代化需要坚实的物质基础，乡村治理能力尤其执行落实能力强弱，具体体现在带动乡村发展集体经济上，体现在能否高效推动乡村经济建设实现高质量发展上，体现在能否带领群众实现共同富裕、实现向往的美好生活目标上。要在推动乡村治理现代化的实践中，赢得群众的支持，调动群众的积极性、主动性和创造性，实现共建共治共享。

五是执行落实需要相应的人才支持。乡村治理现代化不是空对空，推动乡村治理现代化需要落实到乡村治理实践中，这就需要大批专门人才。目前，我国社会老龄化问题日渐凸显，推动乡村振兴急需人才，推动中国式乡村治理现代化，需要把人力资源配置放在首位，创新乡村治理人才培养方式，培养新型职业农民，鼓励和引导各类人才下乡，为乡村治理提供可持续的人力资源支持是提升执行落实能力的当务之急。执行落实能力是乡村治理能力现代化的重要内容，强有力的执行落实能力是中国式乡村治理现代化实现高质量发展的可靠保障。

综上，乡村治理能力现代化是实现乡村治理现代化的关键一环。要在乡村治理实践中，不断提升党的组织领导能力、统筹协调能力和执行落实的能力，形成合力，共同助推实现乡村治理效能现代化。

四　乡村治理效能现代化

治理效能现代化是主体，也是治理体系现代化、治理能力现代化的目标和结果。对治理体系现代化、治理能力现代化的衡量最终体现在能否实现治理效能现代化上。乡村治理效能现代化体现为制度优势转化为治理效能、乡村治理共同体建设，以及乡村美好生活需要不断得到满足等方面。

（一）制度优势转化为治理效能

乡村治理制度优势能够及时转化为乡村治理效能，这是中国式乡村治理现代化的根本体现，也是推进乡村治理现代化的立足点和落脚点。改革开放之初，邓小平就指出，推进社会主义建设"还是要靠法制""搞法制靠得住"[①]，乡村治理也不例外。

面对实现乡村治理现代化的艰巨任务，需要发挥我们的制度建设优势，并及时将其转换为治理效能。在推进乡村治理现代化实践进程中，一是重点加强党的自身制度规范体系建设，出台了《中国共产党党内监督条例（试行）》《中国共产党纪律处分条例》《中国共产党党员权利保障条例》《党政领导干部选拔任用工作条例》《干部教育培训工作条例（试用）》等，再如2015年，中共中央又根据党建形势发展新需要，对《中国共产党廉洁自律准则》和《中国共产党纪律处分条例》做了修订，进一步推动了党的建设的法治化，也充分展示了党的制度建设成效。二是国家法治建设层面，事关乡村建设与治理方面的法律法规不断推出，如《中华人民共和国农村土地承包法》《中华人民共和国农业法》《中华人民共和国土地管理法》等，

[①]《邓小平文选》（第三卷），人民出版社，1993，第379页。

初步形成了依法治党、依法治村的制度规范体系。三是基层人民民主制度，以村民自治为载体，如《中华人民共和国村民委员会组织法》《中国共产党农村基层组织工作条例》等，充分保障基层群众实现全过程人民民主。

改革开放四十多年的实践证明：推动乡村治理现代化的进程，既是我们充分发挥我们制度建设优势的过程，也是我们的制度优势转化为治理效能的过程。具体表现为：一是始终高度重视"三农"工作，"三农"工作是全党工作的重中之重。从改革开放之初尊重农民的首创精神，到推广到全国的村民自治，再到设计推出各项强农惠农支农政策；从巩固和完善农村基本经营制度，到建立健全"三农"投入稳定增长的长效机制，再到乡村振兴，实现乡村治理现代化。二是乡村治理共同体建设在实践中得到不断创新和发展。乡村治理事关党在农村的执政之基。各类乡村治理主体为建设人人有责、人人负责、人人享有的共同体而做到分工协作、各负其责、协同发力，从而推动政府治理、社会调节、群众自治实现良性互动。三是构建了自治、法治和德治现代乡村治理新体系。自治、法治和德治三者之间既有联系也有不同，三者之间并不是简单的并列关系，三者之间动态互补、彼此包容，实现"三治合一"，共同助推实现乡村治理现代化。

（二）乡村治理共同体建设扎实推进

实践中我们把人民高兴不高兴、满意不满意、答应不答应作为检验工作的根本标准。考核乡村治理成效的标准也不例外。衡量乡村治理效能现代化的关键指标就是要看人民满意不满意、高兴不高兴、答应不答应，要看人民群众的主体地位是否得到体现、是否体现全过程人民民主，要看在乡村治理共同体建设中是否实现人人有责、人人尽责、人人享有，也就是是否实现乡村治理主体的多元化。多元治理主体既包括政府在内，也包括其他各类社会组织，涵盖各种营利性组织和非营利性组织等，多方共同形成多元共治模式，这是乡村治理效能现代化的标志性指标。

一是乡村治理主体实现多元化，人人有责、人人尽责、人人享有的乡村治理共同体建设扎实推进。与传统的乡村治理主体相比，现代乡村治理主体的外延有了进一步的扩大，不仅包括政府部门，还包括各种社会组织，通过搭建各类平台，各类治理主体发挥各自特长和优势，积极参与到乡村治理实践中。乡村治理主体结构不断优化，客观上，也使乡村产业发展、文化传承、便民服务等有了新的载体。多元治理主体参与转型发展的氛围逐步形成，推动了乡村治理效能现代化。

二是乡村治理共同体长效机制初步建构。"党委领导、政府负责、社会协同、公众参与、法治保障"的体制在实践中得到落实，呈现"一核多元"主体协同治理新格局。实践证明：农民是乡村治理共同体中不可或缺的重要组成部分，农民群众直接参与乡村社会治理，并在乡村治理实践中经受了历练；各类社会组织在乡村治理中的特殊作用进一步凸显，有利于拉近群众与政府之间的关系，也可以充当政府部门的"正衣镜"，实现对政府有关部门的社会监督，推动政府依法决策、依法行政，夯实共建共治共享的乡村治理基础。

（三）乡村美好生活需要不断得到满足

衡量治理效能现代化的重要指标就是农民对美好生活的向往是否实现，在推动乡村治理现代化实践进程中，农民的美好生活需要持续不断得到满足，则有力证明治理效能现代化的稳步实现。

推动中国式乡村治理现代化，必须尊重农民的主体地位。乡村治理现代化归根到底要依靠亿万农民，要尊重农民的首创精神、发挥农民的积极性。邓小平多次在不同场合指出："党只有紧紧地依靠群众，密切地联系群众，随时听取群众的呼声，了解群众的情绪，代表群众的利益，才能形成强大的力量，顺利地完成自己的各项任务。"[1] "党在农村实行任何一种政策，开展任何一项工作，都必须照顾农民的经济利益和尊重农民的民主权利。"[2] 要避

---

[1] 《邓小平文选》（第二卷），人民出版社，1994，第342页。

[2] 于建嵘主编《中国农民问题研究资料汇编》，中国农业出版社，2007，第1641页。

免这种情况：基层领导干部习惯于当主角，每每遇到新情况新问题之际，不愿意深入农民群众中去了解实际，往往代替农民自作主张、自行拍板，导致干群关系高度紧张。

坚持人民至上，农民的主体地位得到彰显，民生得到改善和保障。乡村治理最终是为了满足人民的美好生活需要，乡村治理现代化效果怎样，最终是老百姓说了算。无论是乡村厕所革命还是村规民约协同治理，无论是乡村环境整治还是红白喜事规范管理，乡村的事说到底还是老百姓自己的事，需要的是老百姓广泛参与、共建共治共享，乡村治理现代化才能有效推进。党的十八大以来，以习近平同志为核心的党中央，在推动乡村治理现代化实践中，紧紧依靠农民群众，顺利实现了全面建成小康社会的第一个百年奋斗目标，"打赢了人类历史上规模最大的脱贫攻坚战，全国八百三十二个贫困县全部摘帽，近一亿农村贫困人口实现脱贫，九百六十多万贫困人口实现易地搬迁，历史性地解决了绝对贫困问题"[1]，切实调动了广大农民的积极性、主动性、创造性，推动其投身于乡村治理现代化的伟大实践中，民生实现兜底，不断完善的农村社会保障制度和救助体系，切实保障了贫困人员的基本生活，守护好了人民群众的安全生活底线；城乡基本公共服务不断实现均等化，农村学有所教、劳有所得、老有所养、住有所居、病有所医得到基本保障。

五 结论与讨论

在整个国家治理体系中，乡村治理是不可或缺的有机组成部分。当代中国的乡村治理既是国家建构现代乡村社会的一个过程，同时也是一个由国家主导群众参与和创造的过程，两者是统一的并相互促进，共同推动了乡村治理的发展。党的十八届三中全会对国家治理体系和治理能力现代化问题做了相应安排，党的十九大则进一步启动实施了乡村振兴战略，2018 年，在中

---

① 《习近平著作选读》（第一卷），人民出版社，2023，第 6~7 页。

央"一号文"《中共中央 国务院关于实施乡村振兴战略的意见》中，进一步明确了加强农村基层基础工作的任务，指出要"建立健全党委领导、政府负责、社会协同、公众参与、法治保障的现代乡村社会治理体制，坚持自治、法治、德治相结合，确保乡村社会充满活力、和谐有序"[①]。

乡村治理现代化是中国式现代化的有机组成部分，实践中初步形成以"一体两翼"为核心内容的中国式乡村治理现代化的理论框架，其中，实现乡村治理效能现代化为主体，乡村治理体系现代化和乡村治理能力现代化为"两翼"，乡村治理体系现代化是基础，乡村治理能力现代化是关键，两者合力助推实现乡村治理效能现代化；乡村治理体系包括乡村治理组织体系、乡村治理内容体系、乡村治理运行体系，乡村治理能力包括组织领导能力、统筹协调能力、执行落实能力等；乡村治理效能现代化涵盖制度优势能够及时转化为治理效能，乡村治理共同体建设，乡村美好生活需要不断得到满足等。这一理论框架既具有鲜明的中国特色，凸显了党的领导、人民中心、社会主义本质，又契合乡村治理现代化发展的普遍规律，经济高质量发展提供了坚实物质保障，法治化进程加速提供有力保障，治理主体多元化调动各方积极性等。新时代新征程新任务，在推进中国式乡村治理现代化实践中，始终坚持以乡村治理体系现代化为基础，以乡村治理能力现代化为关键，以乡村治理效能现代化为主体，实现中国式乡村治理现代化的高质量发展，不断满足广大农民对美好生活的向往。

从中国式现代化进程来看，中国式乡村治理现代化是开放的、发展的，必须毫不动摇、长期坚持。面对新时代新征程新任务，实践中就要做到总结历史经验但不否定自己的历史，破除僵化思想但不动摇思想理论的根基，适应时代潮流但不迷失发展方向，借鉴世界各国乡村治理现代化的发展经验但不照抄照搬，不断推动中国式乡村治理现代化理论与实践取得新进展。

作者：邱春林，上海商学院马克思主义学院（上海市，201400）

[①] 《十九大以来重要文献选编》（上），中央文献出版社，2019，第167页。

农村合作金融组织异化及其回归路径探析[*]

——基于权力结构非均衡视角

谢宗藩

内容提要 农村合作金融组织异化突出表现在组织目标异化、治理异化及功能异化三个方面。从权力结构非均衡视角分析发现，合作金融组织异化本质上源于组织内外部权力结构非均衡。促使合作金融组织真正回归成为农民间资金互助的金融组织，应通过构建"有界政府+有能组织"，在均衡其内外部权力结构的基础上形成各权力主体制衡机制，实现农村合作金融组织功能回归。

关 键 词 合作金融组织 组织异化 权力结构

一 引言

"三农"问题仍是制约我国农村经济发展的问题，完善农村金融体系进而把资金"融入"农村是解决问题的关键所在。发达国家经验表明农村合作金融是解决农村信贷问题的重要途径[1][2]。但纵观我国农村合作金融组织发展历程，可以发现我国最主要的农村合作金融组织——农村信用合作社绝

---

* 本文为湖南省社会科学基金重点项目"湖南新型农村集体经济发展路径研究"（项目编号：23ZDB050）的阶段性成果。

① 郭磊：《美国农村合作金融发展研究》，《世界农业》2014 年第 11 期。

② 李巧莎、张杨：《日本农村合作金融发展、改革及启示》，《现代日本经济》2017 年第 3 期。

大部分时间不具有合作性质①，先后异化为"国家银行的农村基层机构"和"商业性金融组织"，中间虽曾开展农村资金互助社的"增量"探索，但一个不争的事实是，我国农村合作金融事业长期处于"低谷期"②，合作金融组织则长期处于异化状态，此情形是否表明我国农村地区已不需要合作性金融组织？对此学者们大多持否定态度，认为我国农村仍急需合作金融组织③，我国各地涌现出的新型农村合作金融组织还将是我国未来农村合作金融的希望所在④。更为重要的是，党中央、国务院仍坚持发展新型农村合作金融，2014年至2017年的中央一号文件多次提及要"发展新型农村合作金融组织"，虽然2018年后的中央一号文件未再提及合作金融，开始对发展合作金融持审慎态度，但2019年发布的《关于金融服务乡村振兴的指导意见》和《关于促进小农户和现代农业发展有机衔接的意见》，还是明确指出要探索新型农村合作金融发展的有效途径，并扶持农村资金互助组织发展⑤。2022年2月中央深化改革委员会第24次会议还进一步提出要"有效发挥商业性、开发性、政策性、合作性金融作用"⑥。为促使农村合作金融组织回归成为真正的合作金融组织，有必要深入探析我国农村合作金融组织异化的表现及成因，进而针对性探寻合作金融组织的"回归"路径，使之真正成为我国农村经济发展的金融基础。本文从权力结构非均衡的新视角出发，在分析农村合作金融组织异化表现的基础上，从外部权力结构失衡与内部权力结构失衡两个方面分析其异化成因，并针对性提出相关政策建议，以促成农村合作金融组织回归。

---

① 谢平：《中国农村信用合作社体制改革的争论》，《金融研究》2001年第1期。
② 崔长彬、潘长风、张正河：《中国新型农村合作金融：历史镜鉴与体系架构》，《经济问题》2022年第2期。
③ 白钦先、杨焱：《中国农村信用社未走上合作金融道路的历史与文化视角分析》，《西南金融》2014年第12期。
④ 王曙光：《中国合作金融的发展变迁》，《中国金融》2020年第2期。
⑤ 罗兴、马九杰：《不流于美好愿望：金融企业家与合作金融组织供给困境的破解》，《中国农村经济》2019年第8期。
⑥ 戴相龙：《发展新型农村合作金融组织》，《农村金融研究》2022年第3期。

二 现实困境：农村合作金融组织异化

（一）组织目标异化：经营目标由服务性转向营利性

农村合作金融组织经营目标异化导致其特有市场定位不清，呈现无法满足相应经济和社会发展需要的情景。合作金融组织须具备"自愿性、互助性、民主管理性以及非营利性"等区别于一般金融组织的基本特征[①]，其主要目标应为为入社农户提供"非营利"的资金融通服务[②]。虽然合作金融组织在适应不断加快的市场化进程中可将商业盈利作为其重要的经营目标之一，但其核心经营目标仍应是服务。我国农村合作金融组织却从服务性与营利性双重目标共存逐步异化为"以盈利为主要目标"，农村信用合作社作为正规合作金融的代表，理应是支持"三农"发展的主力军，却未真正在我国广大农村地区供给合作金融服务[③]，特别是 2003 年农村信用合作社开始推进商业化改革，已逐步变为农村商业银行，我国正规合作金融组织因此不存在。

（二）组织治理异化：治理模式由民主管理制转向精英控制

合作金融组织的本质特征为自筹资金并实行自治管理，即其治理模式应为"一人一票"的民主管理模式，但组织规模扩大与组织外部环境变化，对合作金融组织治理提出了越来越高的专业化要求，其治理模式也由社员自我经营、自我服务转向了专业人员（精英）控制经营，治理模式的这一转变自然导致合作金融组织治理逐步异化，组织民主管理制度逐步被虚置，而民主管理缺乏则使合作金融组织从未走上真正的合作金融道路。

---

① 谢平：《中国农村信用合作社体制改革的争论》，《金融研究》2001 年第 1 期。
② 刑琳：《发展与选择——农村合作金融的现实异化与法制创新》，东北师范大学出版社，2019，第 5 页。
③ 马晓楠：《中国农村合作金融的异化与回归》，《农业经济》2014 年第 4 期。

合作金融组织一般受两类精英控制。一是组织管理层精英化，合作金融组织规模扩大导致股东人数众多且每股份额较低，削弱了农民在合作金融组织中的经营决策权，且进一步提高了合作金融组织民主经营决策成本，这为组织管理层管理权力的扩张提供了条件；二是存在少数出资额较大的大股东，股权结构失衡易导致治理制度异化，组织内监事会成员往往由内部人员兼任，导致日常经营业务运营监管不合规，形成大股东控制合作金融组织的"内部人控制"现象，具体表现为收益分配资本化①，组织治理效率自然较差甚至出现金融风险。以河北省邢台市三地合作社非法集资案为例，该合作金融组织出现非法集资问题的原因为合作社被"精英"控制，合作社创始人以高回报率为饵吸引大量农户入社，但其日常业务运营监管"形同虚设"，业务范围突破地域限制，在全国16个省市进行非法集资活动，涉案金额高达80多亿元②。值得深思的是，合作社创始人还曾先后获得"新农村时代建设先锋"等称号，而这种精英标签为其控制合作金融组织提供了声誉支持。

（三）组织功能异化：组织本质功能不同程度弱化

农村合作金融组织首先作为一种经济组织，具有在特定范围内为农户提供资金融通服务进而配置金融资源的经济功能。而合作金融组织的"合作性"则决定了其在配置金融资源时应具有保障农民平等发展机会的社会功能，特别是为弱势农民群体提供基本金融服务以发挥其促进社会公平之功能。更进一步地，合作金融组织还可通过融通资金扩大农户生产规模的途径促进农村经济发展，进而在一定程度上发挥促进农村经济社会稳定的政治功能。但我国农村合作金融组织的三个组织功能在发展过程中均出现不同程度的异化。一是经济功能出现异化，不论是改制后的农信社还是新设立的合作金融组织均在市场竞争中出现商业化趋势并以利润最大化为经

---

① 王杨：《新型农村合作金融的异化及法律规制》，《农村经济》2018年第10期。
② 田光伟：《试论我国农村合作金融监管制度构建》，《农业经济》2016年第9期。

营目标，导致其将金融资源配置于能够带来较高利润的"非农"业务。二是社会功能异化，合作金融组织商业性的强化导致其合作性不断弱化，由公平服务广大农民群体转向追逐"盈利利己"业务，出现较为严重的信贷配给现象，将本就有限的信贷资金投向高收益的工商企业，"无视"广大小农户的资金需求，其公平性受到损害致使其社会功能严重异化。三是政治功能异化，政府部门允许或推动合作金融组织发展有其政治目标，即试图由其承担部分"支农惠农"职能，缓解农民生产生活资金短缺问题，进而促进农村经济发展并维持农村经济社会稳定。但合作金融组织从合作金融市场进入其并不具备优势的商业金融市场，只能通过"高进高出"[1]策略参与市场竞争，加之合作金融组织管理监督机制和风险控制能力均较弱，信贷风险不断积累，导致多次出现局部性金融风险，其促进农村经济社会稳定之政治功能异化，政府部门也因此无奈多次清理整顿合作金融组织[2]。

三 农村合作金融组织异化困境成因：权力结构非均衡

合作金融组织目标形成及其功能发挥受到组织参与方权力结构的影响，并在其发展历程中随着组织权力结构改变而改变。合作金融组织外部权力环境中最为关键的则是政府权力的影响，而内部权力环境则主要是组织成员间的权力结构，其中最为核心的是基于资本权力不平衡所形成的组织内部权力结构。政府权力推动合作金融组织发展是为实现其特定目标[3]，这一"真正"目标被掩盖于合作金融组织目标之中，而内部资本权力失衡则导致合作金融组织开始追求利润最大化，内外部权力结构失衡交织导致合作金融组织的合作目标被转化了，直接后果即合作金融组织在异化的道路上越走越

---

① 为吸引资金投入只能通过高集资利率增强自身竞争优势，而为了维持合作金融组织运转则只能通过高利率投放信贷，资金投放风险较大。
② 施同兵：《农村合作金融发展中政府行为的选择》，《中国行政管理》2013年第8期。
③ 张杰：《解读中国农贷制度》，《金融研究》2004年第2期。

远，我国农村合作金融组织发展也就因此遇上"一管就死、一放就乱"的"魔咒"①。

（一）合作金融组织外部权力结构非均衡

1. 中央政府权力干预

我国农村合作金融组织先后受中央政府和地方政府权力干预。首先分析中央政府权力干预如何导致合作金融组织异化。新中国成立后，分得土地的广大农户为扩大生产产生了较为强烈的资金需求，而农村资金缺乏导致农业生产增长缓慢并为高利贷滋生留下空间。为此中央政府在 1951~1955 年大力推动农村信用社筹建工作，我国农村合作金融组织迅猛发展②，该时期农村信用社虽规模较小但仍基本基于合作原则运营。但在内外部约束影响下，我国确立了工业优先战略，政府为筹集工业发展资本自然产生了控制农村金融资源支持工业发展的动机和行为，20 世纪 50 年代末国家权力干预下农村信用社逐步成为向计划经济过渡的工具，"官办"的农信社也因此丧失了独立性和合作金融性质③。中央政府权力干预下我国农村合作金融组织经历了"人民公社管理—农业银行管理—委托农业银行管理—人民银行监管—人民银行、银监会与地方金融部门共管"的过程④，从这一行政化色彩浓厚的管理历史演变过程就可发现政府权力对合作金融组织的干预程度：1958 年、1959 年、1969 年农信社管理权先后被下放至人民公社、生产大队和贫下中

---

① 罗兴、安雪洁、何奇龙、马九杰：《政府委托监管与农村合作金融监管"魔咒"的破解》，《农业经济问题》2022 年第 4 期。

② 1951 年 5 月中国人民银行召开第一次全国农村金融工作会议，并相继颁布《农村信用合作章程准则（草案）》和《农村信用互助小组公约（草案）》，1952 年底全国农村信用合作组织达 20067 个，1953 年"过渡时期总路线"的提出和"一化三改"（"一化"就是社会主义工业化，"三改"就是对农业、手工业和资本主义工商业进行社会主义改造）的迅速实施，加快了农村信用合作的发展步伐，1955 年上半年全国信用合作社发展到 15 万家，全国 80% 以上的乡建立了信用合作社。

③ 蒋永穆、王丽程：《新中国成立 70 年来农村合作金融：变迁、主线及方向》，《政治经济学评论》2019 年第 6 期。

④ 周昌发：《乡村振兴战略下的农村合作金融制度改进》，《科学决策》2020 年第 12 期。

农；又分别于 1962 年、1977 年、1979 年收归国家银行管理成为其基层附属机构①。1977 年国务院颁布《关于整顿和加强银行工作的几项规定》明确"信用社既是集体金融组织，又是国家银行在农村的基层机构"。中央政府权力干预使其"作为最强势的外部力量垄断了农信社的发展，实际上置换了社员地位并享有控制权"②，农信社成为政府将农村经济资源与剩余向工业和城市输送的工具③，自然"掩盖"了合作金融组织服务社员的最初目标。

改革开放后中央政府向地方政府和国有企业"放权让利"导致财政收入锐减，但国家以工业和城市优先增长的经济发展战略未发生根本性转变，加之开放后国有企业国际市场竞争能力偏弱的现实，中央政府基于国家经济安全及国企人员就业的考量，仍需对国有企业进行资金扶持，因此控制农村金融机构将分散的农村经济剩余集中并转移至城市则成为其"最优选择"，这集中表现在中央政府通过农业银行对农村信用社进行间接控制并"攫取"大量农业部门金融剩余用于支持城市经济部门发展，如图 1 所示，农信社农户存贷款差额的变动趋势较为明显地反映了中央政府权力的较强干预程度。但从农村汲取金融剩余须支付不小成本，随着汲取规模的不断扩大，国家控制农村金融资源的边际成本随着经济货币化水平的提高而递增，边际收益则呈递减趋势④，当控制农村金融资源的边际成本超过其边际收益时，中央政府对农信社的控制意图随之弱化，1996 年中央政府推动农业银行与农信社正式脱离行政隶属关系，表明中央政府正式放弃对农信社的控制，但中央政府向农信社放权并未使其功能实现回归，1994～2003 年农信社出现连年亏损，其融资功能反而不断弱化⑤。2003 年，为破解农信社困局，中央政府开

---

① 李爱喜：《新中国 60 年农村信用社改革发展的回顾与展望》，《财经论丛》2009 年第 6 期。
② 马君潞、田岗、金铁鹰：《利益不一致与农村信用社的发展和改革——基于新政治经济学视角》，《南开经济研究》2005 年第 3 期。
③ 温涛、冉光和、熊德平：《中国金融发展与农民收入增长》，《经济研究》2005 年第 9 期。
④ 胡士华：《农村合作金融功能异化的制度分析》，《重庆社会科学》2005 年第 2 期。
⑤ 施同兵：《农村合作金融发展中政府行为的选择》，《中国行政管理》2013 年第 8 期。

始推动农信社进行股份制改革，市场化改革虽使农信社再获新生，但也使这一合作金融组织"商业银行化"，在逐利过程中进一步异化为农村金融资源流向城市的"输出通道"。

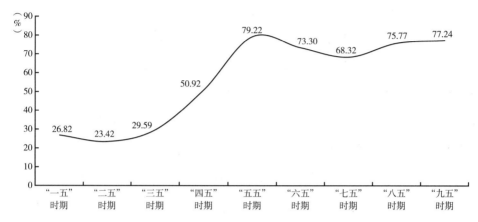

图1 各时期中国农村信用社农户存贷款差额较上期变动情况

2. 地方政府权力干预

2003 年的农信社改革体现了中央政府追求效率的改革偏好，但此次合作金融组织改革本质上是中央政府与地方政府间的金融分权改革，为了让地方政府承担解决农信社历史包袱和处置信用风险的责任，此次农信社体制改革的主要内容即设立由地方政府控制的省联社①。而地方政府为何愿意接受这一"烫手山芋"，最根本的原因在于其急于扩大财源，因为此次改革恰逢财政"分灶吃饭"实施十周年之际②，地方政府因财政分权面临着"钱包紧张"的困境，而金融资源渠道就意味着投资来源与经济增长，地方官员也会因此获得晋升政绩，地方政府自然表现出较为强烈的控制金融资源促进经济发展的动机，当中央政府将农信社控制权交给地方政府后，地方政府积极对合作金融组织进行干预，凭借其政治权力干预农信社的人事干部安排和信贷资金分配，使之服从地方政府"政令"，农信社在地方政府权力干预下表

---

① 马九杰、吴本健：《农村信用社改革的成效与反思》，《中国金融》2013 年第 15 期。
② 1993 年中央开始推动分税制改革，1994 开始实施分税制财政管理体制。

现出明显的"去合作化"和商业化倾向，信贷资金大量投向城市工商业，仍是农村金融资源转移至城市的"通道"，而且改革后的农信社也不再具有合作金融性质①。

　　需进一步提及的是，改革本质上是中央政府与地方政府的经济型分权改革，但在政府职能未根本转变的条件下地方政府未得到"完全"的地方治理权，地方政府在获得一定经济独立性的同时无须承担实质性责任，这一有利条件大大激发了地方政府争夺金融资源的动力，不仅通过控制农信社这一存量合作金融组织转移农村金融资源发展城市经济，还积极开辟新的金融资源转移渠道，农村合作基金会则是在此背景下由地方政府"联合"农业行政管理部门进行制度创新的产物，两者的权力干预均是为了获得创新收益，地方政府在这一过程中显著提高了农村金融资源控制力，而农业行政管理部门则直接参与分享资金融通带来的增值收益②，而地方政府权力过度干预导致农村合作基金会不断超越其经营范围，资金投向非农化且结构不合理，逾期和呆账资金大量产生，最终到了不得不取缔的地步③。当出现金融风险时地方政府为"甩包袱"，则以"没有独立决策权"为由将风险转嫁给中央政府，最终中央政府不得不为农村合作基金会风险"埋单"，并对此类合作金融组织进行了全面整顿。

　　为促成合作金融组织真正回归服务"三农"，2014 年中央政府再次通过一号文件提出"要在管理民主、运行规范、带动力强的农民合作社和供销合作社基础上培育发展农村合作金融"，接着 2015 年的中央一号文件中进一步提出"积极探索新型农村合作金融发展的有效途径，稳妥开展农民合作社内部资金互助试点"，山东省则在此文件精神指导下成为全国农村合作金融"新政"的唯一试点。山东试点取得了信用互助金额规模不断扩

---

① 朱乾宇、樊文翔、钟真：《从"水土不服"到"入乡随俗"：农村合作金融发展的中国路径》，《农业经济问题》2023 年第 3 期。

② 陈希敏：《制度变迁中农户金融合作行为研究》，人民出版社，2011，第 128 页。

③ 崔长彬、潘长风、张正河：《中国新型农村合作金融：历史镜鉴与体系架构》，《经济问题》2022 年第 2 期。

大的成绩①，大大缓解了农民融资难问题，但这一过程中也出现了依靠行政权力强制推动的问题，试点合作社数量快速增加背后虽有农民专业合作社强烈的内部信用互助需求在推动，但更主要的原因是在政府强制性推动下不少农民专业合作社"被试点"，而政府过度干预导致农民专业合作社内部信用合作试点绩效不甚理想②，山东省地方金融监督管理局局长刘晓就曾坦言："全省开展试点 444 家互助合作社，有 201 家没有开展实质性的互助业务，成了'空壳'。"③

总的来说，无论是新中国成立初期的农村信用社，还是改革后成立的农村合作基金会，抑或山东专业合作社内部的新型合作金融组织试点，均是在政府权力干预下成立运作，即使在组织创设之初具有合作性质，但政府权力介入导致其组织目标和功能被异化：中央政府权力对信用社的介入和控制使其演化为国家基层金融机构，并成为国家从农村抽取金融资源支持城市发展的工具；中央政府逐渐退出对信用社的控制后，试图促使其在地方政府的监管下恢复"合作"功能，但具有相对独立利益的地方政府又逐渐加强对农信社的控制，使其成为发展地方经济的融资渠道，导致农村合作金融组织的自主权力进一步"失落"。可见我国农村合作金融组织异化最为根本的原因在于其外部权力结构失衡，特别是政府权力的强势地位导致农村合作金融组织仅是在名义上追求合作功能，实则成为政府控制金融资源的工具。

（二）合作金融组织内部权力结构非均衡

科学规范的治理权力结构是农村合作金融组织稳健运行的基础。农村合作金融组织治理机构主要由"三会"组成并形成组织决策运行体系的"权

---

① 山东省新型农村合作金融组织试点全年累计信用互助金额由 2015 年 1748.4 万元上升至 2022 年的 7249.66 万元。数据来源：http://dfjrjgj.shandong.gov.cn/channels/ch05617。

② 游碧蓉、唐征、陈宁：《农村合作金融组织的形式选择与发展建议》，《福建农林大学学报》（哲学社会科学版）2021 年第 2 期。

③ 张泰来、范佳：《444 家互助合作社，201 家是"空壳"》，《齐鲁晚报》2019 年 7 月 19 日。

力金字塔"①：由全体社员组成的社员大会是农村合作金融组织的权力机构；负责日常经营管理工作的理事会是合作金融组织业务执行部门；监事会则按照章程规定和社员大会授权对农村合作金融组织的经营活动进行监督。但农村合作金融组织在实际运行过程中，社员代表大会、理事会和监事会等组织"徒有虚名"，未能充分发挥各权力主体相互监督制约的作用。治理权力结构失衡则极易导致"内部人"权力控制问题，这是导致合作金融组织异化的重要原因，我国农村合作金融组织大多机构设置简单，理事会和监事会的决策机制、激励机制和监督机制并不完善，业务运营、收益分配和风险管控方面全由社长决定的情况较普遍②，这进一步导致合作金融组织民主管理虚化。而民主管理控制一直是合作金融组织最核心的原则③，"同票同权"的均衡权力结构本是其有效治理的基础，亦是合作金融组织内部权力制衡的核心机制，本来社员无论入股多少均享有平等民主管理权，但牵头创建合作金融组织的精英，大多为具有一定社会地位或有一定经济实力的大户，这类出资较多的信用大户具有强势地位，为获取更多利益会采取规避合作金融组织原则的措施强化其对组织的控制权④，导致合作金融组织形成和发展受少数精英"控制"，而出资较少的普通农户则处于依附地位，自身谈判能力弱则难以有效维护其自身权益，安徽"小井庄社区发展合作社"就出现了较为严重的"内部人控制"现象，该社主任违规向合作社多次借款共计 12 万元并迟迟不归还，导致社员矛盾严重激化，合作社仅运营一年多就以失败告终⑤，像此类"第一年合伙，第二年散伙"的合作金融组织在我国并非个案。

资本权力侵蚀合作金融组织利益不仅体现在对治理权的控制上，还体现在对剩余分配权的控制上，虽然合作金融组织治理机制尝试在成员控制权与

---

① 何广文：《合作金融发展模式及其运行机制研究》，中国金融出版社，2001，第 93~94 页。
② 孙飞霞：《新型农村合作金融组织的发展瓶颈与路径选择》，《学术交流》2015 年第 7 期。
③ 苑鹏：《中国特色的农民合作社制度的变异现象研究》，《中国农村观察》2013 年第 3 期。
④ 谢宗藩：《农村合作金融发展探析》，《合作经济与科技》2024 年第 5 期。
⑤ 常伟：《农村资金互助合作组织风险防控问题研究》，《中州学刊》2016 年第 2 期。

其提供资金之间建立对应关系，但权力结构失衡易导致合作金融组织出现信贷资金配置不合理以及经营盈余分配不合理的现象，陈东平和周振对浙江省M社的调研就发现，农村资金互助社对出资多的社员特别"偏爱"："在M社的资产负债表上，股金不仅享有'应付股利'，还享有'应付盈余返还'和'应付剩余盈余'，且后两者之和约与'应付股利'相当。"① 因此，资本权力非均衡将不可避免地导致合作金融组织内部治理出现某种程度的"异化"。究其原因，资源是权力的重要来源②，资源不平等同时也是合作金融组织内部权力结构非均衡的成因。因资金资本使用成本并不低，很多合作金融组织须支付一定的额外成本才能吸引更多资金或防止资金流失，这一成本即在"法定"组织权力架构内给予资本要素所有者一定的额外控制权，具体表现在给予信用大户一定的额外收益。特别是普通社员以资金需求方身份加入合作金融组织时，信用大户作为资金供给方自然具有更强话语权，当合作金融组织发展普通新社员的成本近乎零时，普通成员作为资金需求者缺乏与精英成员讨价还价的能力则成显然之事，而普通社员在缺乏替代融资渠道的情形下退出合作金融组织，则可能面临信贷来源断绝的情况，因此普通社员若想保住合作金融组织这一融资渠道则会选择向资本权力"妥协"，并不会强烈要求与大户"同权"，而是将之视为自己获得资金使用权"理应"支付的成本。

四 农村合作金融组织功能回归：有界政府＋有能组织

（一）有界政府：组织外部权力结构均衡

农村合作金融组织外部权力结构失衡是其异化的重要原因，农村合作金

---

① 陈东平、周振：《农村资金互助社的内部治理机制缘何"异化"？——社员合作博弈的视角与来自浙南M镇的证据》，《江苏社会科学》2012年第2期。
② 〔美〕彼德·M.布劳：《社会生活中的交换与权力》，李国武译，商务印书馆，2016，第200页。

融组织的历次"转向"变迁均受到政府权力这一外部因素的重要影响，政府权力的强势地位决定了合作金融组织改革变迁结果的"不甚如意"，这在一定程度上反映了国家治理目标与合作金融组织发展诉求之间存在的摩擦。而农村合作金融组织的生命力在于其自下而上发展及自我民主管理的本质内涵，政府过多介入极易造成农村合作金融组织发展"偏移"。但组织脆弱性及风险性又决定了农村合作金融组织在与外部市场开展活动时离不开政府的约束与保护①，完全排斥政府权力的作用亦无法达到农村合作金融组织发展的目标。所以政府部门应成为"有界政府"，将自身权力重点介入以下领域。一是中央政府着重构建良好政策环境，废止抑制农村合作金融组织发展的相关政策；并联合地方政府进一步完善基础设施以降低金融交易成本和风险，包括法律规则、监管体系、信息网络等各项金融基础设施。二是地方政府在合作金融市场发展初期应加大对农村合作金融组织的扶持力度②，通过完善税收优惠政策，以及提供必要资金帮扶、人力支持、业务指导等方面的扶持措施，扩大其资金来源并提高其资金运作能力，从而推动农村合作金融组织高效发展。三是政府应在农村合作金融组织进入正轨后逐步退出，并将行政权力重点用于完善法律法规，通过法律制度供给约束政府自身及资本权力。与此同时，政府权力还应在合作金融组织监管上面发挥作用，通过提高违规处罚标准以及加大审查力度等方式，成为治理合作金融组织内部权力结构失衡的外部力量，有效防止合作金融组织违规行为发生。

（二）有能组织：组织内部权力结构均衡

合作金融组织内部权力结构问题主要是普通成员与精英成员之间权力结构非均衡，而两者之间的权力失衡源于两者所占有的资本数量大小，若无外力约束合作金融组织则易成为为信用大户服务的股份制信贷组织，出现组织

---

① 游碧蓉、唐征、陈宁：《农村合作金融组织的形式选择与发展建议》，《福建农林大学学报》（哲学社会科学版）2021 年第 2 期。

② 张德元、张亚军：《关于农民资金互助合作组织的思考与分析》，《经济学家》2008 年第 1 期。

目标和功能"异化"，因此政府部门应助力合作金融组织形成有效的内部权力制衡机制，即使允许资本大户获得更多利益，其他普通组织成员的权力也应对其形成制衡，从而将合作金融组织内部权力失衡限定在一定范围，从而使其成为既能吸引社会资本投入又能为弱势成员提供有效金融服务的"有能组织"。一是通过增强普通组织成员权力的途径约束资本权力的扩张，政府可以帮扶合作金融组织解决外部融资问题，提高普通组织成员谈判能力，并利用现代化信息化手段建立线上交流平台，从而降低监督成本从而激发普通成员的监督积极性；二是通过限制精英成员权力的方式将其权力影响限定在可允许范围之内，政府可通过完善合作金融组织信息披露制度达到此目的，即对合作金融组织应披露信息的内容和频率进行强制性规定，同时在严格区分"股金"和"存款"的基础上坚持"成员导向型盈利分配"方向，在根据交易量分配的前提下适当兼顾按股分配①，同时探索剩余控制权动态配置机制②，从而形成资本权力制衡机制以妥善处理组织中大小股东利益冲突关系；三是建立权力结构均衡的组织架构，在坚持合作制及封闭性前提下，依据"进退自愿"和"权利均等"原则成立社员代表大会，还可进一步通过优化合作金融组织社员投票权制度设计③，促使由大会选举产生的理事会以及监事会能够有效有力执行日常业务和履行监督职能，从而形成权力主体间的相互制约制度。

五　结语

本文在分析农村合作金融组织异化困境的基础上，从权力结构非均衡视角出发深入分析合作金融组织异化成因，并据以提出针对性政策建议。农村

---

① 王杨：《新型农村合作金融的异化及法律规制》，《农村经济》2018 年第 10 期。

② 刘西川、杨梦瑶：《风险保障金与合作金融组织剩余控制权动态配置——基于 SY 资金互助社的案例研究》，《管理世界》2024 年第 7 期。

③ 孟飞：《合作金融组织社员投票权制度设计》，《西北农林科技大学学报》（社会科学版）2013 年第 6 期。

合作金融组织异化突出表现在组织目标异化上，而组织目标异化则导致其治理异化，治理异化则进一步导致其功能异化，而组织异化本质上源于组织内外部权力结构非均衡。要使合作金融组织真正成为弱势群体"抱团取暖"的金融组织，从而达到缓解农民和小微企业融资困难的目标，合作金融组织权力结构均衡是关键，通过均衡组织内外部权力结构，在保障各利益主体利益的基础上实现农村合作金融组织支农助农之功能目标。目前我国广大农村地区正规合作金融组织仅是少数，实践中更多的仍是准正规和非正规合作金融组织，这不仅是农村金融供需矛盾的具体体现①，也是地方政府权力审慎防范农村金融风险的结果，因此政府应合理并有限运用其权力对农村合作金融组织进行正确引导并有效监管。因此，本文对农村合作金融组织异化的分析仅是出发点，更重要的是要找到合作金融组织功能回归的落脚点，分析的最终目的在于通过促使合作金融组织权力结构均衡推动其组织功能回归，通过构建"有界政府+有能组织"助力各类农村合作金融组织实现可持续发展。

作者：谢宗藩，湖南师范大学中国乡村振兴研究院（长沙市，410081）

---

① 王杨：《新型农村合作金融组织社员权的法律保障——以农村资金互助社为研究视角》，《中国农村观察》2019 年第 1 期。

《乡村治理评论》稿约

　　《乡村治理评论》是由湖南师范大学中国乡村振兴研究院、中国农村发展学会乡村治理专委会创办的学术集刊。本刊秉承宜居宜业和美乡村愿景，担负中国式乡村治理现代化使命，立足中国乡村治理实践，服务中国乡村治理，打造乡村治理研究高地。为办好《乡村治理评论》，热诚面向国内外专家、学者征稿，现将有关事项告知如下：

　　来稿主题：关于中国乡村治理理论与实践的学术论文、研究报告等均欢迎投稿。

　　来稿要求：

　　1. 文章篇幅：10000～20000 字，优秀稿件不受字数限制。

　　2. 稿件基本信息：题目、作者及单位、邮编、内容摘要、关键词、正文、参考文献等。

　　3. 文稿应语言规范、资料可靠、数据准确、方法适当、引证规范，具有创造性、科学性、前瞻性，重复率最高不超过 15%。

　　4. 本刊实行同行专家匿名审稿制度，对来稿有删修权，不同意删修的稿件请在来稿中声明。

　　5. 引文采用当页脚注，格式参照社会科学文献出版社书稿注释要求。

　　6. 征稿邮箱：zhgxcfx@163.com

　　热切期待您的大作！期望各界朋友大力支持！

《乡村治理评论》编辑部

2024 年 5 月 25 日

图书在版编目（CIP）数据

乡村治理评论.2024年.第2辑：总第2辑/陈文胜
主编.--北京：社会科学文献出版社，2024.12.
ISBN 978-7-5228-4711-5

Ⅰ.D638

中国国家版本馆 CIP 数据核字第 2024QS9682 号

乡村治理评论　2024 年第 2 辑（总第 2 辑）

主　　编 / 陈文胜

出 版 人 / 冀祥德
责任编辑 / 桂　芳
责任印制 / 王京美

出　　版 / 社会科学文献出版社·皮书分社（010）59367127
　　　　　地址：北京市北三环中路甲 29 号院华龙大厦　邮编：100029
　　　　　网址：www.ssap.com.cn
发　　行 / 社会科学文献出版社（010）59367028
印　　装 / 三河市龙林印务有限公司

规　　格 / 开本：787mm×1092mm　1/16
　　　　　印张：14.75　字数：219 千字
版　　次 / 2024 年 12 月第 1 版　2024 年 12 月第 1 次印刷
书　　号 / ISBN 978-7-5228-4711-5
定　　价 / 88.00 元

读者服务电话：4008918866